仙人の遺道を傳ふる

百歲長壽法

仙人の遺道を伝ふる

百歳長寿法

青柳南冥

自序

鶴は千年、龜は萬年の齡を保ち、蛟龍は海千山千の修業を經て、昇天の勢を發揮する、余輩は百歳の修業を積んでから、龜鶴蛟龍と其靈力を爭つて見ようと云ふのが、余か仙道修業に熱心しつつある所以である。

大隈さんが、我輩は百二十五歳まて生きると放言しながら、八十五歳の若年で死んでしまうたのは何ふ云ふ譯乎、天命盡きたる乎、人事の盡さざるあるに因る乎、大隈さんのように、何故に百二十五歳まで生き得らるる、又は何ふすれば生き得ると云ふ根據を示さずして、漫然と我輩は百二十五歳まで生きると云ても、世人は誰も承知は出來まい。

余の本著は、決して左様な漠々たる空言ではない、仙人の仙經、道士の道法を參酌して、健康長壽法を實際に修道せる經驗と、道士仙人の實際に行つた經驗を辿つて説くのである。

人間は死にたくない、君の馬前に討死し、國家の爲め一命を抛つ塲合は兎も角、靜淨なる塲合には、あくまで國家社會の爲に盡し一家の爲に働らくべく、執念深く生き永らへて、百年でも二百年でも、奮闘を繼續して見たい、而して最後に死んでも、魂魄此世に留まつて、自己が一代に仕殘した事業は、靈力を以ても片付けると云ふ意氣込が無くてはならぬ、それでこそ人間として生れ、萬物の靈長として生息した眞の價値があると云ふものだ。

仙經に、一身を周流して生きるものは氣である、苟くも内に傷む所無く、外に感ずる所無ければ決して病氣は起らぬと云て居る、本文に說く所の調氣、胎息、嚥液は、無病長壽の原動力であるが、之を現代醫學上から詮議するならば、人間の五臟六腑を整調し、血をして枯れしめず、常に澤々として其血管を周流せしむるを云ふのである。

佛蘭西のメチニコフと云ふ學者は、人間は生活官能さへ完全に保養して置けば、決して死ぬるものではないと云ふ說を主張して、不老不死の法を發見せんと苦心し、多年研究して居つたそうだが、假令人間が不死を得るに至る能はざる迄も、如何にかして健康長壽の法を研究し、それを實驗して見たい、今日のような科學萬能の世の中に爲つても、不老長壽の方法か發見されぬと云ふことは、實に殘念至極である。

現代日本の學者などは、此貴重なる問題には、まだ爪先も觸れて居らぬが、支那では幾千年、日本でも幾百年の昔に於て、此貴重るな問題を解決せんとし、爲政者も、學者も、道士も、仙人も、容易ならざる苦心と實驗とを經て、其眞道を傳へたが、後の凡々たる俗物は之を研正し、實行するの力を發揮する能はずして、貴重なる問題を有耶無耶に葬り去つたのは、返へす〲も遺憾である。

余は、今仙書道書を渉獵して、先人の遺道を酌み、余の實驗と綜合して之を發表する、余は讀者が之に依りて刺戟せられ、仙道の嘆賞すべき秘奥を益々深く研究して、威大なる體力を養成し、不病長壽することが出來れば、著者の滿足にして、而して國家の一大幸福である。

大正十三年孟秋

青柳南冥

百歲長壽法

內容目次

第一篇　百歲長壽法の前に論ず……一
身體髮膚之を父母に受く敢て毀傷せざるは孝の初め也……人間としての價値……醫者の厄介に依て辛ふして生を保持して居る……長壽は人間お互の仕合せ……極樂淨土……肉體精神は車の兩輪……醫法や調息法は現代人の發明ではない……日本朝廷にて用せられた健康長壽法は支那の道書から出て居る……踏む可き道は一つである……黃帝の句。

第二篇　大隈さんの百二十五歲說は破滅……九
大隈八太郎の昔より亂淫漁色……八十五歲で亡くなつた……大隈さんは百二十五歲まで生きると言つた……百二十五歲說の根據……僕は突飛とも法螺とも思はぬ……百歲や百

二十歳は易々と生き得らるる……不老不死の藥……天命の不公平……哲學の無價値……
百二十五歳說の破滅……彭祖の句。

第三篇　天の命數論……………一四

天命と云ふ事に付て大々的議論がある……墨子列子の對天觀念……墨子の崇天主義……
列子の輪廻不息說……善人が夭折し惡人が長壽するも天命乎……天命の是非　宇宙の
眞理は不可解……孔子の對天感念……孔孟と天命說を排斥す……道經及仙經の天命論……
……天命說の努力……不思議なる死生問題……ヘッケル博士の死生觀……露國百歲翁の主
唱者……人間の生命の哲理……僕は東洋の天命說を壓伏し得たりと信ずる……列子の句
……老子の句。

第四篇　人間の活動期……………三一

匆々として一夢の如し……大したことの出來ないのは當然……文明の競爭に打勝つ國が

余は調息の術を得たり……氣の停滯……空心靜坐……臍下丹田……坐するには臀肉を以て席上を壓す……兵法家白井鳩州に傳ふ……天眞無爲の道……沈痾固疾を治す……老莊の骨髓……櫻寧室主人は天保年間の醫家平野元良也……老子の句……莊子の句……陰符經の句

第十二篇　貝原益軒の養生訓……………………………一一〇

陰陽の氣天に在て流行す……然れば氣上り喜べば緩む……臍下三寸を丹田と云ふ……眞氣を臍下に收むるの法……呼吸……天地の氣……兩腎の間去ること五寸……臍上より微息往來す。

第十三篇　貝原益軒の頤生輯要……………………………一一五

道者は常に氣を關に致す……難經……丹田は生命の本道……丹田は氣の本……人身虛空の處皆氣……調氣の術……身輕くして百病消滅す……蘇氏養生訣……胎息を調ふれば神愈々凝る……元氣。

第十四篇　黄帝と岐伯の壽夭問答……一一二
上古の人は春秋百歳に亘りて動作衰へず……今人は陰陽の理、壽夭の法を知らず……道を以て生く……天地父母の元氣……父母の氣の兩盛を受くる者は長生す……身體肥大にして皮膚緩なる者は長生す……百病は氣より生ず……癲癇は胎病……邪痰逆上すれば頭中亂る……仙　の句。
第十五篇　臞仙人の長壽法……一三〇
精は身の根本……魂は陽にして魄は陰……魂は天に飛び魄は地に落つ……精氣を養へは長生す……病を療するの大法……全精……全氣……全神……胎息論……人能く津液を食へは長生す……錬の法……手心を熱摩し　兩眼を熨す……仙經の句。
第十六篇　太乙仙人の七禁文と養生法……一三九
言語を少ふして内氣を養ふ……色慾を戒めて精氣を養ふ……滋味を薄ふして血氣を養ふ

第十九篇　陰陽論……精液增進と貯藏法……一五六
一陰一陽之を道と云ふ……夫婦の道は陰陽造化の道……一牝一牡……一婦一夫……牝牡相須ち……雌雄相合するの理……世間不修道の盲漢陰陽配合の理を知らず……孤獨寂寞は短命……夫婦翕鳴して長生す……調氣の奥義……女の狐狸時代に男は既にへこ垂れる……一日に再泄す……六十歳なれば精を閉ぢて泄らす勿れ……道書の句。
第二十篇　陳仙人の調氣嚥液法と醫術の連鎖……一六一
五臟寒溫順逆の義……血……血弱ければ形衰ふ……病人の語聲を聞て病氣の在所を知る……腎を病む者は寢て汗出つ……陳仙人の治病法……孟春の治病……仲春の治病……季春の治病……孟夏の治病……仲夏の治病……季夏の治病……孟秋の治病……仲秋の治病……季秋の治病……孟冬の治病……仲冬の治病……季冬の治病……藥を服せずして病を治す……道書の句。

第二十三篇　內觀呼吸論……………………………………一八七
呼吸の如何なるものなるかを生理的に説明す……健康長壽の大靈藥……酸化組織を構成する物質と酸素……內觀呼吸の大眼目……錬丹內觀の秘法……錬氣術……精神感應の結果……腹の力……廣成子の句。
第二十四篇　仙道修業と余が體力の變化……………………一九二
靜坐の中心は臍下三寸の下丹田……達道達人……四十五十で早や既に黃泉の客……人間の制慾に偉大なる効力……僕は曾て大喫煙家……僕は曾て大酒家……僕は曾て好色家……煙草も酒も女も嫌いに爲つたのではない……想像の出來ぬ程健康の體力を養成した……僕は此く頭と手と多忙……赤裸々と爲つて僕の經驗より得たる成績を語り得る光榮を荷いつつある……轉た今昔の感に堪へぬ……道書の句。
第二十五篇　調息三昧論……………………………………二〇二

複雜多忙の職業に從事して居る吾人は靜坐ばかりをして居る譯には行かれ……壽命三百六十歳に達することは難から，……七百歳の壽を得た仙人彭祖の調息法…… 仙人の謂ゆる胎息……海女と胎息……溫厚篤實なるべき修業者……僕は滿腔の熱心と希望とを以て修道を繼續す。

第二十六篇　岡田式靜坐法の破滅……二〇八

東京の眞唯中に靜座法の大道場……四十九歳を一期とせる岡田の死……幾千萬の同法門人去就に迷ふ……岡田式靜坐法の價値は零……不病不死法は呼吸法の大眼目……岡田式の逆呼吸は呼吸の變則……人間自然の呼吸に反す……逆呼吸は古き氣が凝滯する……水月の邊に突起を生した人さへある……潜伏せる病魔を驅逐し襲來せる病魔を驅逐するは困難……僕の宣傳する仙道內觀法は岡田式とは正反對……岡田式靜坐法の破滅。

第二十七篇　印度に傳はる對太陽呼吸……二一六

肺病患者の新福音

讀書乏米頻說……仙人霞に飲んで長命す……清新潑溂の氣分……物積博士の對太陽呼吸談……印度の精神療法……毎朝太陽に向て禮拜し深呼吸す……驚く可き實力……北里博士の肺結核と深呼吸論……結核菌……初期の結核患者は深呼吸で恢復……肺臓全局部に一種異様の力……對太陽呼吸と強肺術……道書の句。

第二十八篇　對太陽呼吸と光線療法……………………一二七

エツキス光線療法……光線の威力……高壓電氣……太陽の光線と同樣の化學作用……太陽光線呼吸の實驗……此方の精神は太陽に集中……太陽直射光線の威力……讀者有志の推斷に俟つ。

第二十九篇　百歲長壽法の後に論ず（上）……………………一三二

仙道卒業と仙通力

讀者は首肯すべき何物かがあつた事を信ずる……腹が骨子と爲り主眼と爲り樞軸と爲つて居る……腹は身體諸機關の大王……腹は人間活力の原動……腹で生れて腹で死ぬる……拙者の腹に御坐る……今や日本人は腹から胸胸から頭に上つて居る……腹の値打……小智惡口利巧……熱血下腹の人……血行の逆上せる者で冷靜大度の人は無い……便々たる僕の腹心……腹の靈力……鶴や龜に比べて人間の短命は殘念至極。

第三十篇　百歳長壽法の後に論す（下）……二四二

仙道卒業と仙通力

檀君は一千年の壽を保つたと傳へられ……彭祖は七百六十七歳……武内宿禰は　百歳……金首露王は百五十八歳……壽命を得ること　吾人が處世の目的中の一……不義の富貴一攫萬金の　は正道でない……淫と酒飲の風調……長壽　欲の法は先以て腹を養ふにある……神通力……生殖機能……百歳は人間普通の壽命……塵世の仙士……腹力より來る仙通力……仙經の句。

附篇　仙人列傳

百歳長壽法

朝鮮研究會主幹 青柳南冥著

第一篇　百歳長壽法の前に論ず

◇

身體《しんたい》八膚之《これ》を父母《ふぼ》に受《う》く、敢《あへ》て毀傷《きしやう》せざるは孝《こう》の初《はじ》め也《なり》と唐人《たうじん》は云《いつ》て居《を》るが、身體《しんたい》を毀《き》傷《しやう》し軟弱《なんじやく》にして早世《さうせい》することは、之《これ》は國家《こくか》の爲《ため》にも大《たい》なる不忠《ふちう》である。

折角《せつかく》此《こ》の身體《しんたい》が、父母《ふぼ》から貰《もら》はれて來《き》た以上《いじやう》は、大切《たいせつ》にせなくてはならぬ、身體《しんたい》が壯健《さうけん》で長壽《ちやうじゆ》で活動《くわつどう》するから、父母《ふぼ》にも孝《こう》に自分《じぶん》にも仕《し》合《あは》せ、家庭《かてい》の幸福《かうふく》、人《ひと》の爲《た》め世間《せけん》の爲《た》めにも相應《さうおう》に盡《つく》すから、軈《やが》て國家《こくか》の爲《た》めにも仕合《しあわ》せと云《い》ふことに爲《な》つて來《く》る。

總《す》べての人間《にんげん》が、此心掛《このこゝろがけ》で働《はたら》いて吳《く》れゝば立派《りつは》である、反之身體《これにはんしてしんたい》は虛弱《きよじやく》で、恐《おそ》ろしい黴菌《はいきん》にでも取《と》つ付《つ》かれて居《ゐ》る樣《よう》に、色《いろ》は靑《あを》ざめ體《からだ》は乾物《ひもの》の樣《よう》に爲《な》つて悶《もだ》へ喘《あへ》ぎらがら、生《い》き長《なが》らへて人間《にんげん》としての價値《かち》が何處《どこ》にあるか、此等《これら》の穀潰《ごくつぶ》しは、軈《やが》て冥土《めいど》に旅立《たびだ》ち、速《すみやか》に地獄《ごく》か極樂《ごくらく》かに、片付《かたつ》いて仕舞《しま》ふが宜《よ》い。

◇

今《いま》は日本《にほん》の人口《じんこう》は每年《まいねん》六十萬人《まんにん》宛《づつ》增加《ぞうか》して行《ゆ》くが、植民地《しよくみんち》まで合《あわ》すると、七八十萬人《まんにん》は增加《ぞうか》するであらう、然《しか》るに其《その》三分《ぶん》一は黴菌《はいきん》の喰《く》ひ物《もの》に爲《な》つて、人間《にんげん》の正體《せうたい》は無《な》い、只《た》だうじ〳〵食《く》つて飮《の》んで、醫《い》者《しや》の厄介《やつかい》に爲《な》つて、生命《せいめい》を辛《から》ふじて保持《ほぢ》して居《ゐ》ると云《い》ふに過《す》ぎない斯《か》樣《やう》な者《もの》に長命《ちやうめい》されては、國家《こくか》は閉口《へいこう》するんである、一家《か》にしても衰弱《すいじやく》するか、潰《つぶ》れるばかりである、長命《ちやうめい》の望《のぞ》ましいのは、自分《じぶん》でも生《い》きて居《お》つて幸福《かうふく》、同時《どうじ》に世《よ》の中《なか》の爲《ため》にも國家《こくか》の爲《ため》にもなるこ云《い》ふ所《ところ》にある、そんな長壽《ちやうじゆ》は人間《にんげん》お互《たがひ》の仕合《しあは》せである。

◇

そこで吾《われ》〳〵は、健康《けんかう》にして長壽《ちやうじゆ》で、一家《か》の爲《た》め、社會《しやくわい》の爲《た》め、國《こく》家《か》の爲《た》めに、相應《さうおう》に働《はたら》いて、國家《こくか》の一員《いん》こしての本分《ほんぶん》を、完全《くわんぜん》に果《は》たしたいこ思《おも》ふ、それにしては、先《ま》つ第《だい》一の要素《ようそ》こして健康《けんかう》にして長壽《ちやうじゆ》にあることは論《ろん》を俟《ま》たぬ、病軀《びやうく》にして譬《たと》へ長壽《ちやうじゆ》しても、そは一家《か》の爲《た》め、一國《こく》の爲《た》め、先《ま》づ有益《いうえき》の理由《りゆう》は發見《はつけん》し難《がた》い。

健康《けんかう》、無病《むびやう》、息災《そくさい》は、人《ひと》の欲《ほつ》する所《ところ》、長壽《ちやうじゆ》は萬人《まんにん》の願《ねが》ふ所《ところ》である而《しか》も世人《せじん》の多《おほ》くは、自分《じぶん》の不心得《ふこゝろえ》、不攝生《ふせつせい》等《など》で、此《この》健康《けんかう》、長壽《ちやうじゆ》を臺《だい》無《な》しにして仕舞《しま》ふ者《もの》ばかりである。

四十歳《さい》五十歳《さい》以内《いない》にて死《し》する人《ひと》の、平生《へいぜい》の行《おこな》いを調査《てうさ》して見《み》ること亂飮暴色《らんいんぼうしよく》、少《すこ》しも養生《ようぜう》と云《い》ふことを問題《もんだい》にしていない人《ひと》である、克己自制《こくきじせい》の力《ちから》の薄弱《はくじやく》な人《ひと》である、愚痴貪慾《ぐちどんよく》の人《ひと》である、心《こゝろ》が常《つね》に不平《ふへい》不安《ふあん》で自暴酒《やけざけ》を飮《の》む人《ひと》である。

斯樣《かやう》な人《ひと》は早世《さうせい》するに極《き》まつて居《ゐ》る、反之心《これにはんしこゝろ》は常《つね》に平靜《へいせい》に、正《たゞ》しき道《みち》を取《と》て惑《まど》はず、修養《しうやう》を怠《おこた》らない人《ひと》は、百歳《さい》まで生《い》き長《なが》らへて最《さ》後《ご》に眠《ねむ》るが如《ごと》くにして、極樂淨土《ごくらくぜうど》に往《いつ》て仕舞《しま》ふのである。

◇

現代《げんだい》は、世間《せけん》が複雜《ふくざつ》に爲《な》つて來《く》るに連《つ》れ、人間《にんげん》の體力《たいりよく》が著《いちじ》るしく虛《きよ》弱《じやく》に爲《な》つた、やれ衞生《わいせい》だの、やれ保養《ほやう》だのと云《いつ》て、三四十歳《さい》の血氣《けつき》盛《さか》んの男女《だんじよ》が、夏《なつ》には避暑旅行《ひしよりよかう》、冬《ふゆ》には温泉《おんせん》に籠《こも》る樣《やう》な意氣地無《いきぢな》しが增加《ぞうか》して來《き》た。

往昔《むかし》の様《やう》な單純《たんじゆん》な時代《じだい》に、只《た》だ武術《ぶじゆつ》の發達《はつたつ》のみで、社會《しやくわい》が保《たも》たれた時代《じだい》には、現代《げんだい》の様《やう》な虚弱《きよじやく》な人間《にんげん》は少《すく》なかつたらうが、世《よ》の中《なか》が進歩《しんぽ》するに從《したが》つて、吾人《ごじん》は肉體《にくたい》の修養《しうやう》よりは先《ま》つ頭腦《づのう》を働《はたら》かせる事《こと》が多《おほ》く爲《な》つて、書齋《しよさい》や研究室《けんきゆうしつ》に閉《と》ぢ籠《こも》つて、社會《しやくわい》の進運《しんうん》に貢獻《こうけん》し、人後《じんご》に後《おく》れぬ様《やう》に、智慧才覺《ちゑさいかく》を發揮《はつき》する場合《ばあひ》が多《おほ》く爲《な》つて來《き》たので愚圖《ぐづ》〳〵して居《を》ると、社會《しやくわい》から一歩《ぽ》も二歩《ぽ》も蹴落《けおと》されて仕舞《しま》ふのである。

◇

然《しか》るに、此日進月歩《このにつしんげつぽ》の世《よ》の中《なか》に武術《ぶじゆつ》や運動《うんどう》にばかり熱心《ねつしん》する人間《にんげん》は、體格《たいかく》は如何《いか》にも立派《りつぱ》だが、概《がい》して時代後《じだいおく》れの馬鹿者《ばかもの》が多《おほ》い、肉《にく》體《たい》も精神《せいしん》も、車《くるま》の兩輪《りやうりん》の如《ごと》くに相抱持《あいはうぢ》して發達《はつたつ》し強健《きやうけん》にすると云《い》ふことは、蓋《けだ》し容易《ようい》の業《わざ》でなく、尋常《じんじやう》一様《やう》の人間《にんげん》の、企《くわだ》て及《およ》ばざるここで必《かな》らずや非《ひ》凡《ぼん》の心掛《こゝろがけ》を有《いう》せる者《もの》で無《な》ければ出來《でき》ない藝當《げいたう》である。今《いま》や新日本帝國《しんにほんていこく》は、蕞爾《しゆんじ》たる島國《しまぐに》ではない、北《きた》は樺太《からふと》、南《みなみ》は南洋《なんやう》諸島《しよたう》に手《て》が展《の》びて、歩《ほ》一歩《ほ》大陸《たいりく》に向《むかつ》て發展《はつてん》の地《ち》盤《ばん》を建設《けんせつ》しつゝある

然《しか》らば、今日《こんにち》の我帝國《わがていこく》は、何《なに》を最《もつと》も急務《きうむ》とするのであるか、我帝《わがてい》國民心身《こくみんしんしん》の强健《きやうけん》にあるは言《げん》を俟《ま》たぬ、新國民《しんこくみん》の肉體《にくたい》と精神《せいしん》とを堅實《けんじつ》にし、大陸《たいりく》に雄飛《ゆうひ》し、四方《はう》に開展《かいてん》して、世界《せかい》の檜舞臺《ひのきぶたい》に武者振《むしやぶり》すると云《い》ふ覺悟《かくご》が無《な》くてはならぬ、體力《たいりよく》が虛弱《きよじやく》であつて何《ど》ふして、零下《れいか》三十度四十度《ど》の寒地《かんち》に經營《けいえい》し、百度以上《いじやう》の炎天地《えんてんち》に、奮鬪《ふんとう》を繼續《けいぞく》することが出來《でき》ようか。

古《いにしへ》より、英雄《えいゆう》と呼《よ》はれ、偉人《いじん》と嘆賞《たんしやう》せられた人《ひと》を調《しら》べて見《み》ると皆《み》な精神及肉體《せいしんおよびにくたい》の修養者《しうやうしや》である、源頼朝《みなもとのよりとも》でも、豐太閤《ほうたいかう》でも、貝原益《かいばらえき》

軒《けん》でも、近《ちか》くは大《だい》西《さい》郷《ごう》でも、大《おほ》隈《くま》重《しげ》信《のぶ》でも、夫《それ》々《ぐ》養《やう》生《じやう》法《はふ》を研《けん》究《きう》して後《こう》人《じん》に其《そ》の範《はん》を示《しめ》して居《を》る。

◇

現《げん》代《だい》世《よ》の中《なか》が、複《ふく》雜《ざつ》多《た》忙《ばう》ご爲《な》るに從《したが》ひ、柔《じう》道《どう》や、劍《けん》道《どう》や、馬《ば》術《じゆつ》など嚴《げん》格《かく》にして時《じ》間《かん》を要《よう》する健《けん》康《かう》法《はう》が、面《めん》倒《ど》臭《くさ》いごあつて、岡《おか》田《た》式《しき》靜《せい》坐《ざ》法《はう》ごか、藤《ふじ》田《た》式《しき》息《そく》心《しん》調《てう》和《わ》法《はう》ごか、行《かう》住《ぢう》坐《さ》臥《ぐわ》の間《あひだ》に修《しゆ》養《やう》の出《で》來《き》る健《けん》康《かう》法《はつ》が講《かう》せられて來《き》た。

此《こ》の靜《せい》坐《ざ》法《はう》や調《てう》息《そく》法《はく》は、決《けつ》して現《げん》代《だい》人《じん》の新《しん》發《はつ》見《けん》でもなければ、新《しん》發《はつ》明《めい》でもない、因《よつ》て來《きた》る所《ところ》は先《せん》哲《てつ》の遺《い》法《はう》である。支《し》那《な》では、諸《しよ》子《じ》百家《か》は勿《もち》論《ろん》、列《れつ》仙《せん》傳《でん》中《ちう》の人《じん》物《ぶつ》、朝《てう》鮮《せん》では御《こ》殿《でん》醫《い》の許《きよ》浚《しゆん》や、經《けい》濟《さい》學《がく》者《しや》の丁《てい》若《じやく》鏞《よう》なごも、二百年三百年《ねん》前《ぜん》より、靜《せい》坐《さ》呼《こ》吸《きう》や調《てう》息《そく》法《はう》を、實《じつ》驗《けん》して居《ゐ》る。

日本《にほん》でも、白幽《はくゆう》仙人《せんにん》や、白隱《はくいう》禪師《ぜんし》や、貝原《かひはら》益軒《ゑきけん》や、武道《ぶだう》の達人《たつじん》や儒者《じゆしや》と云《い》はれた人達《ひとたち》は、大概《だいがい》此《こ》の呼吸法《こきうはう》や、調息法《てうそくはう》を實驗《じつけん》せない人《ひと》は無《な》い。

要《えう》するに、古《いにしへ》より以來《いらい》、日本《にほん》朝鮮《てうせん》に採用《さいよう》された健康《けんこう》長壽法《てうじゆはう》は、支那《しな》の道書《だうしよ》から出《で》て居《ゐ》る、道書《だうしよ》は乃《すなは》ち仙人《せんにん》の遺道《いだう》であり、遺法《いはう》である、然《しか》らば僕《ぼく》は仙人《せんにん》の道《みち》を讀《よ》んで、仙人《せんにん》の道《みち》を傳《つた》ふる仙使《せんし》である。

仙使《せんし》は今《いま》修道《しゆだう》中《ちう》に屬《ぞく》する、而《しか》してまだ〳〵百歳《さい》の半分《はんぶん》にも足《た》らぬ青年《せいねん》である、百歳《さい》長壽《てうじゆ》の經驗者《けいけんしや》に非《あら》ずして、百歳《さい》長壽法《てうじゆはう》を語《かた》るは如《い》何《かゞ》であらう、讀者《どくしや》乞《こ》ふ安《やす》んぜよ、踏《ふ》む可《べ》き道《みち》は一つである。

黄帝曰。外不勞形於事。內無思想之患。以恬愉爲務。以自得爲功。形體不敝。精神不散。可壽百歲。

第二篇　大隈さんの百二十五歳説は破滅

大隈《おほくま》八太郎《たらう》の昔《むかし》より、青年時代《せいねんじだい》の大隈《おほくま》さんは、亂飮暴色《らんいんぼうしよく》、隨分精《ずいぶんせい》液《えき》も胃腸《ゐちやう》も痛《いた》め弱《よわ》はらしたであらうが、明治維新《めいぢいしん》の當時《とうじ》より大正《たいしやう》まで、六十年間《ねんかん》に亘《わた》りて日本帝國《にほんていこく》の文化《ぶんくわ》に貢獻《こうけん》したるの功勞《こうろう》は、日本《にほん》文明史上實《ぶんめいしじやうじつ》に特筆大書《とくひつたいしよ》すべきことであつて、維新《いしん》の元勳《げんくん》たる木戸《きど》も西郷《さいごう》も、江藤《えとう》も、大久保《おほくぼ》も、伊藤《いとう》も、夙《つと》に地界《たかい》して仕舞《しま》つたが、大隈《おほくま》さんのみは、八十歳《さい》に爲《な》つてまで、日本政道《にほんせいどう》の樞機《すうき》を握《にぎ》り、文化《ぶんくわ》の發展《はつてん》に注意《ちうい》し、國家《こくか》の進運《しんうん》に活躍《くわつやく》して、老《お》いで益々《ますます》旺《さか》んで、意氣《いき》盖世《がいせい》の慨《がい》があつたが、大正《たいせう》十年《ねん》、八十五歳《さい》に亡《な》くなつた、眞《しん》に國家《こくか》の一大損失《いつだいそんしつ》である。

嘗《かつ》て大隈《おほくま》さんが、六十《ろくじふ》二三歳《にさんさい》の時《とき》、自分《じぶん》は百廿五歳《さい》まで生《い》きるこ云《い》ふこごを公言《かうげん》した、果《はた》して大隈《おほくま》さんが百廿五歳《さい》まで生《い》き度《う》るであらうかこは、世人《せじん》は興味《けうみ》を以《もつ》て之《これ》を注意《ちうい》して居《を》つた。之《これ》は大隈《おほくま》一流《いちりう》の法螺《ほら》でなく、自分《じぶん》は百廿五歳《さい》までは生《い》き度《う》るこ固《かた》く信《しん》じて居《お》つた樣《やう》である、然《そこ》で八十歳《さい》にもなつて內閣《ないかく》を組織《そしき》し、多忙《た》多艱《かん》の時局《じきよく》に鞅掌《あうしやう》して宗社《そうしや》の大計《たいけい》を策《さく》した意氣《いき》は、確《たし》かに壯者《そうしや》を凌《しの》ぐの慨《がい》があつた、して見《み》るこ大隈《おほくま》さんの法螺《ほら》でなくて、或《あるひ》は百廿五歳《さい》まで生《い》き得《う》らるゝではあるまいかこ思《おも》つて思《お》つた。

◇

抑《そもそ》も大隈《おほくま》さんの百廿五歳《さい》說《せつ》は何《なに》を根據《こんきよ》こしての立論《りつろん》か、誰《たれ》も知《し》る人《ひと》こては無《な》かつたが、思《おも》ふに人間《にんげん》は一甲子《いつかうし》乃《すなは》ち六十一年《ねん》を過《す》ぐれば更《さら》に一甲子《いつかうし》は、生《い》き得《う》らるゝこ云《い》ふ、天地陰陽《てんちいんやう》の理《り》から割《わ》り出《だ》した議《ぎ》論《ろん》らしい。

僕《ぼく》は大隈《おほくま》さんの百廿五歳《ひやくにじうごさい》說《せつ》など、決《けつ》して突飛《とつぴ》とも法螺《ほら》とも思《おも》はぬ唐土《もろこし》に於《おい》ては彭祖《はうそ》は七百歳《ひやくさい》、我朝《わがてう》の武內宿禰《たけうちのすくね》は三百歳《ひやくさい》、塩乘津彦命《しほのりつひこのみこと》は百八十歳《さい》、此他《このほか》垂仁天皇《すゐじんてんのう》は在位《ざいゐ》九十九年《ねん》、景行天皇《けいかうてんのう》は六十年《ねん》、成《せい》務《む》天皇《てんのう》は六十年《ねん》、神功皇后《じんぐうかうごう》は攝政《せつせい》六十九年《ねん》、仁德天皇《にんとくてんのう》は在位《ざいゐ》八十七年《ねん》と云《い》ふ樣《やう》な有樣《ありさま》で、古《いにし》へは上《かみ》に長壽者《ちやうじゆしや》が多《おほ》かつたが、民間《みんかん》にも相《さう》當《とう》に長壽者《ちやうじゆしや》が居《お》つたに違《ちが》いない、『人《じん》生《せい》七《ひち》十《じう》古《こ》來《らい》稀《まれ》』と云《い》ふが、是等《これら》に比《くら》べると、七十や八十《はちじう》は小供《こども》である、つい先達《せんだつ》ても支那《しな》には、百六十歳《さい》まで生《い》きた者《もの》が居《ゐ》るでないか、かうなつて來《く》ると、人間《にんげん》の壽《じゆ》命《めう》も決《けつ》して悲觀《ひくわん》するには當《あた》らぬ、百歳《さい》や百廿歳《さい》は易々《やすやす》と生《い》き得《え》らるゝことが分明《ぶんめい》するではないか、然《しか》らば吾人《ごじん》は其《そ》の百歳《ひやくさい》や百廿歳《さい》まで生《い》き得《え》らるゝの方法《はうはう》を研究《けんきう》せなければならぬ決《けつ》して難業苦業《なんげうくげう》ではなからう。

◇

在昔《むかし》、秦《しん》の始皇《しかう》と云《い》ふ臆病《おくびやう》の帝王《ていわう》が支那《しな》に居《を》つた、此人《このひと》は疆外《ゆうがい》の匈奴《けうど》が怖《こ》はくて、萬里《はんり》の長城《ちやうじやう》なんと云《い》ふ馬鹿氣《ばかげ》たものを拵《こしら》へたり、自分《じぶん》を評論《へうろん》したり、惡口《あくこう》したりする學者《がくしや》を生埋《いきうめ》にしたり、天下《てんか》の書《しよ》籍《せき》を燒《や》きまくつたりして、己《おの》れ獨《ひと》り長命《てうめい》して、天下《てんか》の權力《けんりよく》と榮華《わいぐわ》を極《き》め込《こ》んで見《み》たいと悶《もだ》へて、不老不死《ふろうふし》の藥《くすり》を日《に》本《はん》にまで探索《たんさく》に遣《や》つたが、五十にも足《た》らんで死《し》んで仕舞《しま》ふた。

六國《こく》を亡《ほろ》ぼすの計策《けいさく》はあつても、壽命《じゆめう》を引伸《ひきのば》すことは出來《でき》なかつた、俗人《ぞくじん》は死期《しき》は天命《てんめい》だと云《いつ》て居《お》るが、天命《てんめい》は公平無私《かうへいむし》である筈《はず》始皇《しかう》の五十歳《さい》も、彭祖《はうそ》の百歳《しちひやくさい》も武内宿禰《たけうちすくね》の三百歳《さんひやくさい》も、大隈《おほくま》さんの八十五歳《はちじうごさい》も天《てん》の命數《めいすう》と云《い》ふならば、天命《てんめい》の不公平《ふかうへい》は言語道斷《げんごだうだん》である然《しか》らば、大隈《おほくま》さんの百廿五歲《ひやくにじうごさい》說《せつ》は、天命論《てんめいろん》から割《わ》り出《だ》したものか或《あるひ》は又《また》人事《じんじ》をつくしての壽命《じゆめう》であるか、天命《てんめい》人事《じんじ》は豫期《よき》することの出來《でき》るものであるならば、哲學《てつがく》は何故《なぜ》に早《はや》く吾人《ごじん》人類《じんるゐ》に、安命《あんめい》の地《ち》を與《あた》へて吳《く》れぬか、論《ろん》じて玆《こゝ》に來《きた》れば、大隈《おほくま》さんの廿百五歲說《さいせつ》は、全然《ぜんぜん》根據《こんきよ》の無《な》い無稽《むけい》の妄說《ばうせつ》であつたことに僕《ぼく》は痛《いた》く失望《しつばう》せざるを得《え》ない、而《しか》して大隈《おほくま》さんの百廿五歲說《ひやくにじうごさいせつ》は、大隈《おほくま》さんの百歲《ひやくさい》にも達《たつ》し得《え》なかつた夭折《わうせつ》で、是《こ》れ亦《また》全《まつた》く破壞《はくわい》されて仕舞《しま》つたことを、僕《ぼく》は大《おほい》に遺憾《いかん》とするのである。

彭祖曰。凡人不可無息。常漸漸除之。人身虛無。但有游氣。氣息得理。而病不生又曰。道不在煩。但能不思衣。不思食。不思聲色。不思勝負。不思得失。不思榮辱。心不勞。神不極。可壽千歲。

第三篇　天の命數論

◇

哲《てつ》學《がく》が吾《ご》人《じん》人《じん》類《るゐ》に安《あん》命《めい》の地《ち》を與《あた》へ得《う》ざるや久《ひさ》しく、天《てん》の命《めい》數《すう》は吾《ご》人《じん》は一向《かう》に之《これ》を豫《よ》知《ち》することが出《で》來《き》ぬ、僕《ぼく》は今《いま》此《こ》の天《てん》命《めい》と云《い》ふことに付《つい》て、茲《こゝ》に大《だい》々《だい》的《てき》議《ぎ》論《ろん》がある。

世《せ》人《じん》は、人《にん》間《げん》の壽《じゆ》夭《よう》は天《てん》命《めい》であると云《い》ふが、天《てん》から與《あた》へられたる命《めい》數《すう》と云《い》ふのか、莊《そう》子《じ》に朝《てう》菌《きん》は晦《かい》朔《さく》を知《し》らず、蟪《けい》蛄《こ》は春《しゆん》秋《じう》を知《し》らずと云《い》つて、一月《つき》一年《ねん》の齢《よわい》だに保《たも》ち得《え》ざる小《こ》蟲《むし》や寒《かん》蟬《せみ》は如何《いか》に力《ちから》を盡《つく》しても、二箇《か》月《げつ》も二箇《か》年《ねん》も生《せい》息《そく》することは六ヶ敷《し》い、反之《これにはんし》彭祖《ほうそ》は夏《か》商《しやう》周《しう》に亙《わた》りて七百歳《さい》も生《せい》存《ぞん》したと云《い》ふ說《せつ》がある、去《さ》りながら人《にん》間《げん》の命《めい》數《すう》が六、七十歳《さい》迄《まで》が普《ふ》通《つう》であるとすれば、百歳《さい》も百廿五歳《さい》も、二百歳《さい》も生《い》き長《なが》らへる人《ひと》は、特《とく》別《べつ》の恩《おん》惠《けい》を天《てん》から授《さづ》かつて居《を》ると云《い》ふ

ここになる、不《ふ》平《へい》極《き》はまつた話《はなし》ではないか、

◇

僕《ぼく》は此《こ》の天神《てんじん》、天命《てんめい》と云《い》ふことに付《つい》て、少壮《せうさう》にして一の疑問《ぎもん》を抱《いだ》き、塾《じゆく》の先生《せんせい》と議論《ぎろん》したことがある。

東洋《とうやう》では、儒家《じゆか》や道家《だうか》が、天《てん》を説《と》くことは頗《すこぶ》る古《ふ》るく、且《か》つ其意《そのい》味《み》は頗《すこぶ》る廣汎《こうはん》多様《たやう》である、今日《こんにち》科學上《くわがくじやう》から云《い》ふ所《ところ》の天《てん》とは、勿論《もちろん》相《さう》違《ゐ》があるが、耶蘇教《やそけう》の天《てん》とは同意味《どういみ》のものらしい。

支那《しな》でも、老子《ろうし》や、列子《れつし》や、莊子《さうし》や、墨子《ぼくし》、其他《そのた》の諸家《しよか》が、この天《てん》と云ふことに付《つい》て、色々《いろいろ》説《せつ》を立《た》て、居《を》るが、僕《ぼく》が今茲《いまここ》に天命《てんめい》を解《かい》決《けつ》せんとするには、墨子《ぼくし》及《および》列子《れつし》の説《せつ》が最《もつと》も有力《ゆうりよく》なる參考《さんかう》と爲《な》るのであり、且《か》つ我日本人《わがにほんじん》多數《たすう》の對天感念《たいてんかんねん》も、左様《さやう》であると信《しん》ずるからして僕《ぼく》は墨子《ぼくし》、列子《れつし》の對天死生觀《たいてんしせいくわん》を論議《ろんぎ》する。

按《あん》ずるに、墨子《ぼくし》は人格《じんかく》を備《そな》へたる神《かみ》の如《ごと》きものを立《た》てゝ、之《これ》を基《き》礎《そ》として、天《てん》は有靈的《ゆうれいてき》であり主宰的《しゆさいてき》であるとして居《を》る、約言《やくげん》すれば萬物以外《ばんぶついぐわい》に全智全能《ぜんちぜんのう》の天神《てんじん》の立《た》てることを明瞭《めいれう》に示《しめ》して居《を》る。而《しか》して、天《てん》は全智全能《ぜんちぜんのう》で萬民《ばんみん》と仰《おう》ぎ信心《しんじん》すべきものであると云《いつ》て居《を》る、儒教《じゆけう》でも無論《むろん》祭天《さいてん》の禮《れい》があつて、家教的《しうけうてき》の所《ところ》があり、人倫道《じんりんだう》徳《とく》は天《てん》の定《さだ》むる所《ところ》としてある。

墨子《ぼくし》の崇天主義《そうてんしゆぎ》は實《じつ》に猛烈《もうれつ》である、曰《いは》く、天《てん》は聰明《そうめい》にして下土《かど》を照臨《せうりん》するが故《ゆゑ》に、如何《いか》なる暗冥幽谷中《あんめいゆうこくちう》に於《お》ける言行《げんかう》も、謹愼《きんしん》せざる可《べ》からずと曰《い》い、天《てん》は下土《かど》の萬民《ばんみん》を照臨《せうりん》するのみならず、實《じつ》に天地《てんち》萬物《ばんぶつ》を造《つく》りたるものである、又《また》天子《てんし》を置《お》き、百官《くわん》を設《もう》け、萬民《ばんみん》を保《ほ》護《ご》撫育《ぶいく》せしめつゝありと云《い》つて居《を》る。

列子《れつし》は、人間《にんげん》の生死《せいし》に付《つい》て、輪廻《りんゑ》不息《ふそく》の説《せつ》を立《た》てゝ居《を》る、之《これ》は現《げん》代《だい》から云《い》ふと實《じつ》に幼稚《わうち》な話《はなし》のやうだが、日本《にほん》でも先年《せんねん》物故《ぶつこ》した、井《いの》上《うへ》圓《ゑん》了《れう》博士《はくし》の如《ごと》き、靈魂《れいこん》不《ふ》滅《めつ》の猛烈《もうれつ》なる論者《ろんしや》もある位《くらゐ》だから、强《あなが》ちくさすべきでない。

列子《れつし》の輪廻《りんゑ》説《せつ》と云《い》ふのは、人間《にんげん》が、壽命《じゆめう》を得《え》たいと思《おも》ふのは、人《にん》情《ぜう》好《この》む所《ところ》である、死亡《しばう》すると云《い》ふことは萬民《まんみん》の惡《にく》む所《ところ》である、然《しか》るに列子《れつし》は死《し》と生《せい》とは一往《おう》一歸《き》であると云《い》つて居《を》る、そこで今此處《いまこゝ》に死《し》する者《もの》は、又《また》彼處《かしこ》に生《せう》ずるものであるからして、安《いづく》んぞ營《ゑい》々《ぐ》として生《せい》を求《もと》むるのは惑《まど》いでないか、畢竟《ひつきやう》人間《にんげん》の生死《せいし》は天命《てんめい》であると云《い》つて居《を》る。

之《これ》を約言《やくげん》すれば、是等《これら》諸子《しよし》は、天《てん》は大威力者《たいゐりよくしや》、大靈力者《たいれいりよくしや》と云《い》ふのが、其《そ》の對天主義《たいてんしゆぎ》の根本《こんぽん》であるからして、此《こ》の天《てん》の神樣《かみさま》は其《そ》の威力《ゐりよく》靈力《れいりよく》を以《もつ》て、無《む》より有《ゆう》を生《せう》じたり、有《う》を無《む》に葬《ほう》むつたり、凡百《ぼんぴやく》の事《こと》其《そ》の意《い》のまゝであるとすれば、人間《にんげん》の命數《めいすう》が、天命《てんめい》に依《よつ》ては長《なが》くなつたり、或《あるひ》は縮《ちゞ》まつたりし得《う》らるゝは當然《とうぜん》であらう。

然《しか》らば、天下《てんか》に立《たつ》て聖者《せいしや》賢者《けんしや》と云《い》はるゝ人物《じんぶつ》はごしごし、壽命《じゆめう》を引伸《ひきの》ばして、大隈《おほくま》さんの百廿五歳《さい》說《せつ》は愚《おろ》かの事《こと》、武內宿禰《たけうちすくね》の三百歳《さい》彭祖《ほうそ》の七百歳《さい》は、千年《ねん》も萬年《まんねん》も、もつと引伸《ひきの》ばしても宜《よろ》しい筈《はず》ではないか。

◇

然《しか》るに、善人《ぜんにん》が夭折《ようせつ》して、惡人《あくにん》が長壽《ちやうじゆ》をするやうなことは、是《これ》は天命乎《てんめいか》、若《も》し然《しか》らずとせば、天命《てんめい》の是非《ぜひ》に就《つい》て、天《てん》は何故《なにゆゑ》に吾人《ごじん》に議《ぎ》論《ろん》の餘《よ》地《ち》を與《あた》へるのか。

天《てん》下《か》に害《がい》毒《どく》を流《なが》す惡《あく》人《にん》は早《はや》く殺《ころ》して仕《し》舞《ま》ひ、善《ぜん》人《にん》のみに壽《じゆ》命《めう》を與《あた》へて置《お》けば宜《よろ》しいではないか、是《これ》では諸《しよ》子《し》の崇《そう》天《てん》主《しゆ》義《ぎ》も、諸《しよ》家《か》の天《てん》神《じん》論《ろん》も、吾《ご》人《じん》に確《かく》乎《こ》たる安《あん》心《しん》の斷《だん》案《あん》を與《あた》へて呉《く》れぬ。

そこで、宇《う》宙《ちう》の眞《しん》理《り》が不《ふ》可《か》解《かい》、人《にん》間《げん》の生《せい》死《し》は不《ふ》可《か》思《し》議《ぎ》と云《い》ふことになつて、氣《き》の小《ちひ》さな哲《てつ》學《がく》者《しや》は、華《け》嚴《ごん》の瀧《たき》にでも飛《と》び込《こ》れで死《し》んで仕《し》舞《ま》ふと云《い》ふことになる。

◇

日《に》本《ほん》では、封《ほう》建《けん》時《じ》代《だい》の侍《さむらひ》が、死《し》を見《み》ること歸《かへ》るが如《ごと》しと云《いつ》て、其《そ》の生《せい》命《めい》を鴻《かう》毛《もう》の輕《かろ》きに比《ひ》して居《を》つたが、儒《じゆ》佛《ぶつ》道《どう》敎《けう》に訓《をし》へ込《こ》まれた昔《むかし》の日《に》本《ほん》人《じん》は、なかなか強《つよ》い信《しん》念《ねん》を持《も》つて居《を》つた。

彼《か》の石《いし》田《だ》三成《なり》が、天《てん》下《か》分《わ》け目《め》の關《せき》ケ原《はら》に打《うち》敗《やぶ》れ、六條《でう》河《か》原《はら》に打《うち》首《くひ》に逢《あ》はんとするや、此《か》くなるのは天命《てんめい》是非《ぜひ》もない、我《わ》れ死《し》して上様《うへさま》に此儘《このまゝ》合《あ》はす顔《かほ》はないと云《い》ひ、江藤新平《えとうしんぺい》が刑《けい》に處《しよ》せられんとするや天《てん》を仰《あを》いで天《てん》なる哉《かな》、命《めい》なる哉《かな》と嘆息《たんそく》したのも、皆之《みなこ》れ諸子《しよし》の崇天《そうてん》主義《しゆぎ》、死生觀《しせいくわん》に養《やしな》はれた信念《しんねん》に基《もとづ》くのは言《い》ふを待《ま》たぬ。

然《しか》れども、之《これ》は何《なに》も天命《てんめい》ではなからう、石田《いしだ》三成《なり》も謀策萬全《ぼうさくまんぜん》の人《じん》事《じ》を盡《つく》して居《を》つたら、一擧《きよ》にして、己《おの》れ天下《てんか》の實權《じつけん》は握《にぎ》つたらう、江藤新平《えとうしんぺい》が、佐賀《さが》青年《せいねん》の烏合無腸《うがふむちやう》の奴原《やつはら》に擔《かつ》ぎ上《あ》げられて、突差《とつさ》に無謀《むぼう》の擧《きよ》を敢《あへ》てしたのも、人事《じんじ》の盡《つ》くさゞる所《ところ》があつたからである何《なに》も天命《てんめい》ではない。

茲《こゝ》に於《お》いて僕《ぼく》は、此天命《このてんめい》と云《い》ふことを物々《もの〳〵》しく思《おも》はざるを得《え》ない。

◇

在昔『孔子《こうし》病《や》んで甚《はなは》だ癒《い》へず、子路《しろ》禱《いの》らんことを乞《こ》ふ、孔子《こうし》曰《いは》く禱《いの》ると云《い》ふことは士君子《しくんし》の爲《な》す可《べ》きにあらず、それとも禱《いの》りと云《い》ふことが、正《ただ》しき書籍《しよせき》にでも書《か》いてあるやと云《い》いけるに、子路《しろ》答《こた》へて曰《いは》く、それは誄文《るいもん》の中《なか》に、汝《なんじ》を天神地祇《てんじんちぎ》に禱《いの》ることあり、故《ゆゑ》に禱《いの》らば必《かな》らず平癒《へいゆ》せんと、孔子《こうし》曰《いは》く、我《われ》は久《ひさ》しき以前《いぜん》より、天下《てんか》を安《やす》んぜんとして、天《てん》に禱《いの》りしかど、今日《こんにち》に至《いた》るも遂《つひ》に得《う》る所無《ところな》し、子路《しろ》、亦《また》禱《いの》ること勿《なか》れ』

と、孔子《こうし》の對天感念《たいてんかんねん》は、以《もつ》て知《し》るべしである、然《しか》らば天命《てんめい》とは果《はた》して如何《いか》なるものか。

◇

我日本帝國《わがにほんていこく》は神《かみ》の國《くに》である、此《こ》の神《かみ》の國《くに》に生《うま》れた僕等《ぼくら》は、無神論《むしんろん》を唱《とな》ふるほど、無宗敎者《むしうけうしや》でありたくないが、今日《こんにち》の青年《せいねん》が、無暗《むやみ》に崇天主義《そうてんしゆぎ》に捉《とら》はれて、天命說《てんめいせつ》に縮《ちぢ》まつて居《を》りはせぬか、僕《ぼく》は長壽《てうじゆ》も夭《よう》折《せつ》も天《てん》命《めい》、事《こゝ》に當《あた》つて成《せい》功《かう》し失《しつ》敗《はい》するも、皆《みな》之《こ》れ天《てん》命《めい》として諦《あき》める、我《わが》百年《ねん》停《てい》滯《たい》せる思《し》想《そう》を打《だ》破《は》せなければならぬ。

孔《こう》子《し》も孟《もう》子《し》なども、此《この》天《てん》命《めい》説《せつ》は無《む》論《ろん》排《はい》斥《せき》して居《を》る氣《き》味《み》がある、乃《すなは》ち論《ろん》語《ご》を讀《よ》んでも、孟《まう》子《し》を讀《よ》んでも、人《じん》事《じ》を盡《つく》して力《ちから》の及《およ》ばぬ塲《ば》合《あひ》にのみ、天《てん》命《めい》は叫《さけ》ぶように教《おし》へて居《を》る、

◇

道《だう》經《けう》に曰《いはく》、我命在我。不在天地。天地所命。人不能知。至道能知而不能行。知者。但能虛心絕慮。保氣養精。不爲外境愛慾所牽。恬淡以養神氣。即長生之道。畢矣と。

仙《せん》經《けい》に曰《いはく》、我命在我。不在於天。昧用者夭。善用者延。故人之所生。神依於形。形依于氣。氣存則榮。氣敗則滅。形氣相須。全在攝養。設使形無所依。神無所主。致殂謝爲命盡。豈知命者哉。と

乃《すなは》ち道經《だうけう》にも仙經《せんけう》にも、我《わ》が命《めい》は我《われ》に在《あ》りと云《いつ》て、天命《てんめい》や地命《ちめい》を承認《しようにん》はして居《ゐ》ない、無暗《むやみ》に天命《てんめい》と諦《あきら》めて、夭折《ようせつ》も天命《てんめい》、成敗《せいはい》も天命《てんめい》と云《い》ふ風《ふう》に、一般《ぱん》の國民《こくみん》が天命説《てんめいせつ》に沈溺《ちんでき》して、何事《なにごと》も奮勵努力《ふんれいどりよく》せず遊悠《ゆうく》惰弱《だじやく》に傾《かたむ》くとせば國家《こくか》の前途《ぜんと》は知《し》るべきである。

◇

墨子《ぼくし》だつて列子《れいし》だつて、其他《そのた》の儒家《じゆか》だつて、素《もと》より根本主義《こんぽんしゆぎ》は左《さ》樣《よう》でもなからう、當時《とうじ》蒙昧《もうまい》の人民《じんみん》を敎導《けうだう》するのだから並大抵《なみたいてい》の事《こと》では天下《てんか》を治《おさ》むることは困難《こんなん》である、故《ゆゑ》に自然《しぜん》に一種《しゆ》の天神主義《てんしんしゆぎ》を一般《はん》の人民《じんみん》をして、天《てん》と云《い》ふもの、大威力《だいゐりよく》を畏敬《ゐけい》しつゝ、各自《かくじ》の職分《しよくぶん》に奮勵《ふんれい》せしめんとした方便《はうべん》に過《す》ぎないと思《おも》ふ、又是《またこれ》位《くらゐ》のところで當時《とうじ》の人民《じんみん》は濟度《さいど》が出來《でき》たらう、否我邦《いなわがくに》今日《こんにち》に於《おい》てさへ、多《おほ》くの宗敎家《しうけうか》が妄誕無稽《ばうたんむけい》な事《こと》を言《い》つて、愚夫愚婦《ぐふぐふ》を誘導《いうだう》して居《を》るのを見《み》るこ、此《こ》の天命說《てんめいせつ》はまだ〳〵一種《しゆ》の勢力《せいりよく》を、東洋《とうよう》の天地《てんち》に持續《ぢぞく》して居《を》ることが察《さつ》せられる。

否々《いないな》東洋《とうよう》の天地《てんち》ばかりでない、西洋《せいよう》でも有機體《ゆうきたい》の生命《せいめい》を不可思議《ふかしぎ》として、幾多《いくた》の哲學者《てつがくしや》も、確乎《かくこ》たる斷案《だんあん》を與《あた》へて居《を》らぬらしい、乃《すなは》ち人間《にんげん》の死《し》は、疾病《しつぺい》、寄生物《きせいぶつ》、其他《そのた》偶然的《ぐうぜんてき》の死《し》を度外視《どぐわいし》して、正常《せいぜう》なる死《し》は之《これ》を遺傳的《いでんてき》であると論《ろん》じて居《を》るが、此《か》くの如《ごと》き茫漠《ばうばく》たる議《ぎ》論《ろん》にも、僕《ぼく》は感心《かんしん》は出來《でき》ぬ。

◇

よし人間《にんげん》の命數《めいすう》の長短《てうたん》を遺傳《いでん》とするならば、其父母《そのふぼ》の正常的《せいぜうてき》短命《たんめい》は、其《そ》の子《こ》も短命《たんめい》と云《い》ふことになる、曾祖父母《そうそふぼ》、もつと其《そ》の祖先《そせん》の短命《たんめい》は何《ど》ふか、結論《けつろん》すれば西洋《せいよう》の遺傳說《いでんせつ》も、東洋《とうよう》の天命說《てんめいせつ》に近《ちか》くはないか。

生物學《せいぶつがく》や病理學《べうりがく》は、人間《にんげん》の生死《せいし》の理學的解釋《りがくてきかいしやく》は出來《でき》よう、併《しか》しながら生死《せいし》の本來《ほんらい》の哲理《てつり》に至《いた》つては、西洋《せいやう》の哲學者《てつがくしや》も、東洋《とうやう》の儒家《じゆか》も一向《こう》に明白《めいはく》なる感念《かんねん》は持《も》たぬ。

◇

然《しか》らば此《この》不思議《ふしぎ》なる死生《しせい》問題《もんだい》を、吾人《ごじん》は哲學的《てつがくてき》にのみ論難《ろんなん》することを止《や》めて、生物學《せいぶつがく》の方面《はうめん》からも研究《けんきう》して見《み》たい、獨逸《どいつ》のヘッケル博士《はかせ》は曰《いは》く。

『人類《じんるゐ》は老《お》ゆるに從《したが》い、次第《しだい》に自己《じこ》の生活官能其物《せいくわつくわんのうそのもの》より受《う》けたる消耗《せうもう》を恢復《くわいふく》するの能力《のうりよく》を失《うしな》ひ、人類《じんるゐ》の精神《せいしん》生活《せつくわつ》に於《おい》て、腦髓《のうずい》の感受力及感覺《かんじゆりよくおよびかんかく》の鋭敏《えいびん》の次第《しだい》に減少《げんせう》するが如《ごと》く、筋肉《きんにく》は其《その》エネルギーを失《うしな》ひ、骨《ほね》は挫折《ざせつ》し易《やす》く爲《な》り、皮膚《ひふ》は硬《かた》く凋《しぼ》み、運動《うんどう》の彈力《だんりよく》と繼續《けいぞく》とは減少《げんせう》するに至《いた》る、總《すべ》て是等《これら》の正當《せいとう》なる老年《らうねん》變性《へんせい》の作用《さよう》は、アラスマに於《お》ける化學的《くわがくてき》變化《へんくわ》に依《よ》るものにして、其變化作用《そのへんくわさよう》は絶《た》へず同化作用《どうくわさよう》を凌駕《れうが》するに依《よ》る也《なり》、而《しか》して遂《つい》には必《かなら》ず正常《せいじやう》なる死《し》に至《いた》るもの也《なり》」云々《うんうん》

と、生物學者《せいぶつがくしや》は吾人《ごじん》に、人類《じんるゐ》の短命長壽《たんめいていじゆ》の理由《りゆう》を右《みぎ》の如《ごと》く說《と》いて居《を》る。

◇

又露國《またろこく》の百歳會《さいくわい》の主唱者《しゆせうしや》マッサロアと云《い》ふ人《ひと》は。

『人間《にんげん》は餘程《よほど》の長命《てうめい》を得《う》るものであつて、七十や八十に達《たつ》しても老耄《らうもう》せず、頗《すこぶ》る壯健《そうけん》の例《れい》は詩人《しじん》が八十歳《さい》にして大《たい》なる作物《さくぶつ》な公《おほやけ》にせるものあるに就《つい》て立證《りつせう》される、然《しか》らば八十や九十は壯健《そうけん》にして生存《せいぞん》し得《う》らるゝは、人間《にんげん》一般《ぱん》の規則《きそく》でなくてはならぬ、多《おほ》くの學《がく》者《しや》の說《せつ》に依《よ》ると七八十歳《さい》百歳《さい》のみならす、百五十歳《さい》二百歳《さい》、否《い》な

之《こ》れ以《い》上《ぜう》も生《せい》存《そん》し得《う》ると云《いつ》て居《お》る、露《ろ》國《こく》の學《がく》者《しや》は一般《はん》に、人間《げん》の老《ろう》耄《もう》は病《べう》氣《き》である、そこで如《い》何《か》なる方《ほう》法《はう》に依《よつ》ても、之《これ》を除《じよ》去《きよ》せなければならぬと云《いつ》て居《お》る、而《しか》して其《その》病《べう》源《げん》は人《じん》體《たい》に生《せう》ずる毒《どく》素《そ》の存《そん》立《りつ》を示《しめ》す爲《た》め、動《どう》物《ぶつ》に試《し》驗《けん》を行《おこな》ひ、人《じん》工《こう》的《てき》に若《わか》かき動《どう》物《ぶつ》を老《ろう》衰《すい》させたことなどもある相《そう》だ、歐《おう》米《べい》の社《しや》會《くわい》に於《おい》ては、老《ろう》人《じん》が再《ふた》び若《わか》返《が》へると云《い》ふことは、間《ま》々《ま》見《み》受《うけ》られる、又《また》學《がく》者《しや》の説《せつ》には、老《ろう》人《じん》が再《ふた》び齒《は》が生《は》へ、白《はく》髮《はつ》が黑《くろ》く爲《な》り、皺《しわ》が延《の》び、視《し》力《りよく》が若《わか》返《が》へると云《い》ふこともあると云《うん》々《うん》

と又《また》ヘツケル博《はか》士《せ》は、人《じん》生《せい》の不《ふ》可《か》思《し》議《ぎ》の説《せつ》明《めい》中《ちう》に（大《だい》日《につ》本《ぽん》文《ぶん》明《めい》協《けう》會《くわい》飜《ほん》譯《やく》出《しゆつ》版《はん》）左《さ》の如《ごと》く語《かた》つて居《お》る。

「本《ほん》來《らい》細《さい》菌《きん》に於《おい》ても、人《じん》類《るゐ》に於《おい》ても、各《かく》有《ゆう》機《き》體《たい》たる個《こ》體《たい》が、其《その》生《せい》命《めい》に初《はこ》めを有《ゆう》したるが如《ごと》く、個《こ》體《たい》は又《また》其《その》最《さい》後《ご》があるは當《とう》然《ぜん》である

而《しか》して生《せい》と死《し》とは、必《ひつ》然《ぜん》相《あい》連《れん》結《けつ》せるものである、然《しか》るにマッキロア氏《し》は、學《がく》問《もん》上《ぜう》死《じ》は必《かな》らず來《く》るものとは言《い》はれない、人《ひと》が年《とし》を取《と》ると云《い》ふことは歳《さい》月《げつ》時《じ》間《かん》の問《もん》題《だい》でなく、生《せい》存《ぞん》せようと云《い》ふ一《いつ》種《しゆ》の力《ちから》から來《きた》るのである、夫《それ》故《ゆへ》に生《せい》存《ぞん》に害《がい》と爲《な》る其《そ》の物《もの》を退《しりぞ》けたなら人《にん》間《げん》は永《えい》久《きう》に生《せい》存《ぞん》することが出《で》來《き》ると云《い》ふて居《お》る。

又《また》有《ゆう》名《めい》なる米《べい》國《こく》の哲《てつ》學《がく》者《しや》ミリホルド氏《し》は、最《さい》初《しよ》の間《あいだ》永《なが》く又《また》美《び》麗《れい》で居《い》て、而《しか》して其《その》儘《まゝ》永《えい》久《きう》に生《せい》存《ぞん》することが出《で》來《き》ると云《いつ》て居《お》る、又《また》氏《し》は人《にん》間《げん》は或《あ》る年《ねん》限《げん》に達《たつ》すると最《さい》早《そう》老《ろう》衰《すい》した體《たい》力《りよく》は勿《む》論《ろん》智《ち》識《しき》の方《はう》面《めん》も弱《よ》はつたと早《はや》合《が》點《てん》し、人《じん》體《たい》は常《つね》に革《かく》新《しん》改《かい》善《ぜん》するのを忘《わす》れて仕《し》舞《ま》ふのが常《つね》であると云《いつ》て居《お》る。

◇

然《しか》らば、人《にん》間《げん》の生《せい》命《めい》の哲《てつ》理《り》は、眞《しん》に不《ふ》可《か》思《し》議《ぎ》であるが、其《その》生《せい》命《めい》の長《てう》短《たん》は、其《その》生《せい》活《くわつ》官《かん》能《のう》の消《せう》耗《もう》が早《はや》いのと遲《おそ》いのとに基《き》因《いん》する、語《ご》を換《か》へて云《い》へば、死《し》は內《ない》臟《ざう》の衰《すい》弱《じやく》破《は》滅《めつ》にあるは言《い》ふを俟《ま》たぬ。

茲《ここ》に來《きた》らば、吾《ご》人《じん》の內《ない》臟《ざう》官《くわん》能《のう》の毀《き》損《そん》衰《すい》弱《じやく》が吾《ご》人《じん》に死《し》を宣《せん》告《こく》し、之《これ》を毀《き》損《そん》し衰《すい》弱《じやく》せしめまいと、行《かう》住《ぢう》坐《ざ》臥《ぐわ》に養《やう》生《せい》し其《その》目《もく》的《てき》に向《むか》つて不《ふ》斷《だん》に熱《ねつ》心《しん》し得《う》るものが長《てう》命《めい》の理《り》由《ゆう》と爲《な》るのである。

然《しか》らば、大《お》隈《くま》さんの百廿五歲《さい》說《せつ》も、決《けつ》して不《ふ》思《し》議《ぎ》でも何《なん》でもない、苟《いやし》くも完《くわん》全《ぜん》なる體《たい》軀《く》を具《ぐ》備《び》して居《お》て、自《じ》己《こ》の生《せい》活《くわつ》官《くわん》能《のう》其《その》ものが鋭《えい》敏《びん》に保《たも》たれ、內《ない》臟《ざう》運《うん》動《どう》の彈《だん》力《りよく》が衰《おとろ》へぬならば、百廿五歲《さい》は愚《おろ》かなこと三百歲《さい》でも、五百歲《さい》でも、生《い》きられることは決《けつ》して困《こん》難《なん》でない。

◇

茲《ここ》に來《きた》つて僕《ぼく》は、東《とう》洋《やう》の天《てん》命《めい》說《せつ》を壓《あつ》伏《ぷく》し得《う》たりと信《しん》ずる、識《しき》者《しや》の前《まへ》には餘《よ》計《けい》な議《ぎ》論《ろん》であつたかは知《し》らぬが、一般《はん》讀《どく》者《しや》の爲《た》めに、此《この》天《てん》命《めい》說《せつ》を壓伏《あつぷく》して置《お》かぬ、と本論《ほんろん》に入《い》ることが出來《でき》ぬからである、何《なん》となれば、世《よ》の天命說《てんめいせつ》を曖昧《あいまい》に葬《はうむ》つて仕舞《しま》ふならば、僕《ぼく》の今玆《いまここ》に說《と》かんとする百歲長壽法《さいてうじゆはう》は、實《じつ》に半文《はんもん》の價値《かち》が無《な》いからである。我幾多《わがいくた》の讀者諸君《どくしやしよくん》、天《てん》の命數《めいすう》は決《けつ》して諸君《しよくん》の心靈《しんれい》に絡《から》まつては居《お》らぬ、彼《か》の凡々《ぼんく》たる詩人《しじん》、彼《か》の散焉《さんゑん》たる學者《がくしや》、天《てん》の命數《めいすう》汝《なんじ》が身《み》に在《あ》りと吹聽《ふいてう》するは、長壽《てうじゆ》する能《あた》はざる弱蟲《よわむし》の弱音《よわね》である、諸君《しよくん》よ斷《だん》じて天命說《てんめいせつ》に捉《とらわ》はれてはならぬ。

列子曰。少不勤行。壯不競時。長而安貧。老而寡慾。心間分形。養生之方也

老子曰。人之生期。百年爲限。節護之者。可至千歲。如膏之小炷與大耳。衆人大言。我小語。衆人多煩。我少記。衆人悸怖。我不怒。不以人事累意。淡然無爲。神氣自滿。以爲長生不死之藥

第四篇　人間の活動期　◇

西洋《せいやう》人《じん》の活動期《くわつどうき》は、普通《ふつう》三十歳《さい》から六十歳《さい》、乃《すなは》ち三十年間《ねんかん》位《くらい》で、日《に》本《ほん》人《じん》は二十四五歳《さい》から五十歳《さい》、やつと五十四五歳《さい》までが普通《ふつう》である。

然《しか》らば、人間《にんげん》が此世《このよ》に永《なが》らへて、國家《こくか》の爲《た》め一家《か》の爲《た》め、營々《わい〱》として働《はた》らくのは、僅《わづ》かに三十年《ねん》足《たら》ずの間《ま》と、普通《ふつう》に相場《さうば》が定《さだ》まつて居《を》る、考《かんが》へて見《み》れば眞《しん》に匆々《そう〱》として一夢《む》の如《ごと》しである。

此《この》三十年間《ねんかん》の活動《くわつどう》に、吾《ご》人《じん》は果《はた》して何《ど》んな工《ぐ》合《あい》に仕《し》事《ごと》をするのかと叩《たゝ》き詰《つ》めて見《み》ると、先《ま》つ最初《さいしよ》の五年《ねん》が役人《やくにん》でも、實業家《じつげふか》でも創業《さうげふ》時代《じだい》とでも云《い》はうか、中《なか》の十五年《ねん》が正味《しやうみ》の活動時代《くわつどうじだい》であつて、後《あと》の十年《ねん》が假《か》りに守成時代《しゆせいじだい》であるとすれば、實際《じつさい》人間《にんげん》が活動《くわつどう》して、國家《こくか》の爲《ため》に働《はたら》いて功名《かうめう》し、一家《か》の爲《ため》に働《はたら》いて富顯《ふけん》に爲《な》らうと意氣《いき》捲《ま》くのは、僅《わづ》かに十五年《ねん》か、永《なが》くて二十年《ねん》。

◇

此《こ》の十五年《ねん》か二十年《ねん》の短《みじか》い年月《としつき》で、大《たい》は國家《こくか》の爲《た》め、小《せう》は一身《しん》一家《か》の爲《た》め、活動《くわつどう》しようと云《い》ふのだから、大《たい》したことの出來得《できう》ないのは當然《たうぜん》である。

元來人間《ぐわんらいにんげん》の事業《じげう》は、同《どう》一人《にん》が同《どう》一の事業《じげう》に、可及的《かきうてき》永《なが》く其勢力《そのせいりよく》を集中《しふちう》することが、成業《せいげう》の要素《ようそ》である、山縣《やまがた》でも大隈《おほくま》でも、三井《みつゐ》でも岩崎《いはさき》でも其通《そのとほ》り、人間《にんげん》の智力《ちりよく》と云《い》ふものは、さう大《たい》して相違《さうゐ》のあるものでない、學《まな》んで且《か》つ働《はたら》くのと、學《まな》ばんで且《か》つ惰《なま》けるのとで、其處《そこ》に千里《り》の懸隔《けんかく》が出《で》て來《く》るものである、左《さ》りながら此《こ》の努力奮鬪《どりよくふんとう》と云《い》ふものは、心身《しんしん》が強健《きやうけん》でなければ出來《でき》ぬことである、事《こと》に當《あた》つ

て惰《なま》ける人《ひと》を見《み》ると、大概《たいがい》は心身虚弱《しんしんきよじやく》で、氣根《きこん》が續《つゞ》かない人《ひと》である

◇

二十世紀《せいき》の社會《しやくわい》は、各國文明《かくこくぶんめい》の競爭《けうそう》である、此文明《このぶんめい》の競爭《けうそう》に打勝《うちか》つた國《くに》が、軈《やが》て其盟主《そのめいしゆ》と爲《な》て、采配《さいはい》を振《ふる》うのは當然《とうぜん》である、而《しか》して此文明《このぶんめい》の競爭《けうそう》は、物質的文明《ぶつしつてきぶんめい》と、精神的文明《せいしんてきぶんめい》と並進《へいしん》して、始《はじ》めて勝《せう》利《り》を得《う》べきものであつて、智力《ちりよく》ばかり發達《はつたつ》しても、體力《たいりよく》が伴《ともな》はなければ駄目《だめ》である、而《しか》して體力《たいりよく》と智力《ちりよく》は實《じつ》に車《くるま》の兩輪《れうりん》で、どちらが一方缺《ほうか》けても、車《くるま》は完全《くわんぜん》に運轉《うんてん》は出來《でき》ぬ。

健全《けんぜん》なる精神《せいしん》は、强健《けうけん》なる體内《たいない》に宿《やど》つて居《を》る、不健全《ふけんぜん》なる體格《たいかく》で偉大《いだい》なる事業《じげふ》の成就《ぜうじゆ》した例《ため》しが無《な》い、ナポレオンでも、シーザーでも、豐太閤《ほうたいこう》でも、彼等《かれら》は實《じつ》に人間《にんげん》の模範的體格《もはんてきたいかく》を持《も》つて居《を》つた、左《さ》りながら其割《そのわり》に壽命《じゆめう》が短《みじ》かゝつたのは偶發的《ぐうはつてき》で、正常的死《せいじやうてきし》ではなか

つた。

西郷《さいがう》でも、大久保《おほくぼ》でも、伊藤《いとう》でも、彼等《かれら》は完全《くわんぜん》なる體格《たいかく》であつたが、其死《そのし》は偶發的《ぐうはつてき》であつた、偶發的《ぐうはつてき》でない以上《いじやう》は、も少《すこ》し人間《にんげん》は壽命《じゆめう》を保《たも》ちたい、少《すく》なくも百歳《さい》や、百五十歳《さい》までは永《なが》らへて、五六十年《ねん》から百年位《ねんくらゐ》いは、眞《しん》の活動《くわつどう》を續《つゞ》けたい。

松方《まつかた》が偶發的《ぐうはつてき》に死《し》なうとしたことは數回《すうくわい》あつた、併《しか》しいつでも其《その》死《し》を切《き》り拔《ぬ》けて居《を》つたが、さう〳〵九十歳《さい》で死《し》んで仕舞《しま》ふた、大隈《おほくま》が百二十五歳《さい》まで生《い》ることゝ云《い》ふたのは、正常的《せいじやうてき》であつて、内臓《ないざう》の彈力《だいりよく》さへ衰《おとろ》へさせなければ、百五十歳《さい》でも、二百歳《さい》までも、生《い》きられるのは當然《たうぜん》である。

◇

明治《めいぢ》より大正《たいしやう》に亘《わた》り、日本《にほん》の文明《ぶんめい》は長足《ちやうそく》の進歩《しんぽ》を爲《な》して、士民《しみん》の智識《ちしき》は大《だい》に發達《はつたつ》したが、其體力《そのたいりよく》は年々《ねん〳〵》劣惡《れつあく》に陷《おちい》つて、實《じつ》に吹《ふ》けば飛《と》ぶような青年子弟《せいねんしてい》が、蜉蝣《ふゆう》のように生死《せいし》して居《を》るのは、嘆《なげ》かはしき至極《しごく》である。

此《か》くて、現代世界《げんだいせかい》の趨勢《すうせい》に大正《たいせう》の日本人《にほんじん》が、世界的《せかいてき》に活動《くわつどう》しようと云《い》ふには、餘《あま》りに體力虚弱《たいりよくきよじやく》と短命《たんめい》とを憐《あは》れまざるを得《え》ぬ、そこで僕《ぼく》は此虚弱《このきよじやく》と短命《たんめい》とを排斥《はいせき》して、强健《きやうけん》にして長命《てうめい》に活動《くわつどう》し得《え》るよう日本人《にほんじん》の體力《たいりよく》を改造《かいざう》せんことを希望《きばう》する、僅《わづ》かに二十年《ねん》か三十年位《ねんくら》いの活動《くわつどう》では、人間《にんげん》一代《だい》には何事《なにごと》も爲《な》すことが出來《でき》ぬ、然《しか》らば、人《じん》生《せい》五十なんて悲觀早世《ひくわんそうせい》の文句《もんく》は拔《ぬ》きにして、先《ま》つ人生《じんせい》一百歳《さい》を普通《ふつう》の壽命《じゆめう》と心得《こゝろえ》たい。

◇

元來日本《ぐわんらいにほん》の社會《しやくわい》では、人生《じんせい》五十と云《い》ふことを、妙《めう》に頭腦《づのう》に浸《し》み込《こ》まして居《を》る、官吏《くわんり》になるにしても、會社員《くわいしやいん》になるにしても、五十六十となると決《けつ》して採用《さいよう》せぬ、之《これ》は五十六十になれば、大概《だいがい》の日本人《にほんじん》は體力《たいりよく》も氣力《きりよく》も衰《おとろ》へて、實際《じつさい》役《やく》に立《た》たぬからである。併《しか》し完全《くわんぜん》なる體格《たいかく》を持《もつ》て居《をつ》て、壯者《そうしや》を凌《しの》ぐの氣力《きりよく》ある者《もの》は、成《な》るべく採用《さいよう》して、働《はたら》かすと云《い》ふ風習《ふうしう》を付《つ》けて貰《もら》いたい、五十六十になると如何《いか》にも老人《ろうじん》じみて、自分《じぶん》から老境《ろうけう》に入《いつ》て引込思案《ひきこみしあん》に耽《ふけ》るから藥罐頭《やくわんあたま》が邪魔《じやま》にされる。

體力氣力《たいりよくきりよく》が健全《けんぜん》で、青年《せいねん》と伍《ご》して思想《しそう》が若《わか》々しく、否《いな》老《お》いて益《ます》々強健《けうけん》であるならば、馬鹿《ばか》にされることも何《な》んにもない、己《おの》れ青年《せいねん》の上《うへ》に立《たつ》て、天下《てんか》の政道《せいだう》を執《と》つても、不平《ふへい》を唱《とな》ふる青年《せいねん》は決《けつ》して無《な》い

◇

今《いま》や世界《せかい》の趨勢《すうせい》は、巨砲利刃《きよはうりじん》が物《もの》を云《い》ふ時代《じだい》である、國際公法《こくさいこうはう》や

平和《へいわ》會議《くわいぎ》など、云《い》ふものは、此巨砲利刄《このきよはうりじん》の前《まへ》には、半文《はんもん》の價値《かち》も無《な》い。

又《また》一面《めん》には、個人思想《こじんしさう》は油々《ゆゝ》敷《しく》も發展《はつてん》して、生存競爭《せいぞんけうそう》の眞理《しんり》は防《ふせ》ぐに由《よし》なく、適者《てきしや》はごん〳〵進《すゝ》み、不適者《ふてきしや》は滔々《とう〳〵》落伍《らくご》して、見《み》る影《かげ》も無《な》い、そこで歐米《おうべい》のハイカラ思想《しさう》に觸《ふ》れた半可通《はんかつう》の學者《がくしや》などは、やれ社會主義《しやくわいしゆぎ》だの、やれ共産主義《けうさんしゆぎ》など、云《いつ》て騒《さわ》ぎ廻《まわ》はる、是《これ》は皆《みな》心身虚弱《しんきよじやく》で活動《くわつどう》の日本社會《にほんしやくわい》に、生存《せいぞん》の不適者《ふてきしや》が多《おほ》い證據《しやうこ》である。個人《こじん》の心身虚弱《しんしんきよじやく》は實《じつ》に恐《おそ》るべし、思想《しさう》の根底《こんてい》にまで喰《く》い入《い》つて、自分《じぶん》が落伍《らくご》するばかりでなく、遂《つひ》には國家《こくか》を呪《のろ》い、主權《しゆけん》を呪《のろ》い、強者《けうしや》を呪《のろ》ふように爲《な》つて來《く》る。

◇

然《しか》らば、吾人《ごじん》は吾人《ごじん》の體力《たいりよく》を強健《きやうけん》にし、無病長壽《むべうてうじゆ》の人間《にんげん》こして、活《くわつ》動《どう》期《き》間《かん》を長《なが》くし、大《たい》にしては國《こく》家《か》の爲《ため》に、小《せう》にしては一家《か》の爲《ため》に個《こ》人《じん》的《てき》に社《しや》會《くわい》的《しき》に、其《その》競《けう》爭《そう》に堪《た》へ得《う》る方《はう》法《はう》を講《かう》ぜなければならぬ。

此《こゝ》に於《おい》てか僕《ぼく》は、種《しゆ》々《じゆ》の道《だう》書《しよ》や仙《せん》書《しよ》を繙《ひもと》いて、健《けん》康《かう》長《てう》壽《じゆ》の方《はう》法《はう》を研《けん》究《きう》し、論《ろん》評《べう》し、之《これ》を實《じつ》行《こう》しつゝある、そして吾《ご》人《じん》は大《おほい》に長《てう》生《せい》して吾《ご》人《じん》の活《くわつ》動《どう》期《き》を長《なが》くせなければならぬ。

仙經曰。鼻爲天門口爲地戶。則鼻宜納之。口宜吐之。不得有悞。悞則氣逆。氣逆乃生疾也。吐納之際。尤宜愼之。亦不使自耳聞。調之或五或七。至九令平和也。是曰調氣。畢則熟之。夜睡則閉之。不可口吐之也。

仙經曰。年高之時。陽氣既弱。覺陽事輙盛必愼而抑之。不可縱心竭意。一度不泄。一度火滅。一度火滅。一度添油。若不制而縱情。則是膏火將滅。更去其油。故黃庭經云。急守精室。勿妄泄閉而寶之。可長活。

第五編　仙道論……仙人と爲るの道

按《あん》ずるに、道《だう》經《けふ》や仙《せん》道《だう》の根《こん》源《げん》は、人《ひと》能《よ》く氣《き》を養《やしな》へば、以《もつ》て神《しん》を保《たも》ち、氣《き》淸《きよ》ければ則《すなは》ち神《しん》爽《さはや》かに、病《やまひ》を却《しりぞ》け、之《これ》を人《ひと》に施《ほどこ》せば則《すなは》ち人《ひと》を生《い》かし、之《これ》を已《おの》れに留《とゞ》むれば則《すなは》ち身《み》を生《い》かす、常《つね》に胎《たい》息《そく》すること五百息《そく》より千息《そく》に至《いた》れば、魂《こん》は上《じやう》境《きやう》に遊《あそ》ぶとあり、胎《たい》息《そく》は一名《めい》を仙《せん》食《しよく》とも云《い》ひ、眞《しん》氣《き》を閉《と》ぢて胎《たい》息《そく》を爲《な》し、氣《き》を服《ふく》すること二百日《にち》、五臟《ざう》虛《きよ》疎《そ》にして當《まさ》に仙《せん》道《だう》を得《う》べしとある。

道《だう》經《けふ》に曰《い》ふ、氣《き》絕《ぜつ》するを死《し》と云《い》ひ、氣《き》閉《と》づるを仙《せん》と曰《い》ひ、魄《はく》は留《とゞ》まつて身《み》を守《まも》り、魂《こん》は上《じやう》天《てん》に遊《あそ》ぶと。

由之觀之《これによつてこれをみれば》、仙《せん》道《だう》の根《こん》源《げん》は胎《たい》息《そく》にあることが分《わ》かる、僕《ぼく》は今《いま》此《この》胎《たい》息《そく》に就《つい》て道《だう》書《しよ》を引《いん》用《よう》して詳《しやう》細《さい》に之《これ》を說《と》き、謂《い》はゆる仙《せん》道《だう》の正《せう》體《たい》を闡《せん》明《めい》しよう。

◇

仙經《せんけふ》に曰《いはく》、人《ひと》の胎中《たいちう》に在《あ》るや、口鼻《こうび》を以《もつ》て呼吸《こきう》せずして、唯《た》だ臍《せい》帶母《たいはい》の任脈《にんみやく》に繋《かゝ》り、任脈《にんみやく》は肺《はい》に通《つう》じ、肺《はい》は鼻《はな》に通《つう》ずる、故《ゆゑ》に母呼《はいこ》は亦呼《またこ》、母吸《はいきう》は亦吸《またきう》、其氣《そのき》は臍上《せいじやう》に於《おい》て天臺《てんだい》に往來《わうらい》し、精血《せいけつ》と合《がふ》して根《こん》は臍《ほぞ》に在《あ》り、是《これ》を以《もつ》て人《ひと》の生《う》まるゝ時《とき》、唯《た》だ臍《ほぞ》相連《あいつら》なり、初《はじ》めて調息《てうそく》を學《まな》び、出《いづ》るに臍《ほぞ》より出《た》て、入《い》れば臍《ほぞ》より滅《めつ》し、但《た》だ臍《ほぞ》を以《もつ》て呼吸《こきう》し、胞胎《はうたい》中《ちう》に在《あ》るが如《ごと》くす、故《ゆゑ》に之《これ》を胎息《たいそく》と曰《い》ふと。

乃《すなは》ち初《はじ》め氣《き》を閉《と》づる一口《くち》し、臍《ほぞ》を以《もつ》て呼吸《こきう》し、之《これ》を數《かぞ》へて八十一或《あるひ》は一百二十に至《いた》り、乃《すなは》ち口《くち》より氣《き》を吐《はい》て之《これ》を出《だ》し、當《まさ》に極細息《ごくさいそく》鴻《こう》毛《もう》を以《もつ》て、口鼻《こうび》の上《うへ》に着《つ》けて居《を》る積《つも》りで居《を》て、其氣《そのき》を吐《は》くや鴻毛《こうもう》の動《うご》かざる程度《ていど》の細息《さいそく》を爲《な》し、久《ひさし》ふして調息《てうそく》千に至《いた》れば、莊子《さうし》の所謂《いはゆる》眞人《しんじん》の息《いき》は之《これ》を息《いき》するに踵《かゝと》を以《もつ》てすと一致《ち》し、老者《ろうしや》は更《さら》に血氣《けつき》狀《さか》んに、一月《けつ》は一日《にち》に還《かへ》ると。

◇

仙人《せんにん》葛仙翁《かつせんおう》は、毎盛暑《まいせいしよ》に輒《すなは》ち深淵《しんゑん》の底《そこ》に入《い》り、十日許《かはかり》にして乃《すなは》ち出《い》づと、蓋《けだ》し能《よ》く氣《き》を閉《と》ぢて胎息法《たいそくはう》を實用《じつよう》するからである、但《た》だ世人《せじん》が氣《き》を閉《と》づるも胎息《たいそく》することを知《し》らざれば無益《むえき》である、養生書《ようせいしよ》に曰《いは》、胎息《たいそく》は嬰兒《えいじ》の母胎中《ぼたいちう》に在《あり》ては、氣息自在《きそくじざい》にして、上《うへ》は氣關《きくわん》に至《いた》り、下《した》は氣海《きかい》に至《いた》り、口鼻《こうび》の氣《き》を假《か》らない、故《ゆゑ》に能《よ》く氣《き》を閉《と》ぢて息《そく》せず、能《よ》く深泉《しんせん》に入《いつ》て十日《か》も持《も》つことが出來《でき》る。

又曰《またいは》く、仙道《せんだう》は神《しん》を靜《しづ》め心《こゝろ》を定《さだ》め、亂想《らんそう》起《おこ》らず、邪念《じやねん》侵《おか》さず、氣《き》は臍《へそ》に歸《き》して息《そく》を爲《な》し、神《しん》は氣《き》に入《いつ》て胎《たい》を爲《な》し、胎息相合《たいそくあひがつ》して混《こん》じて一と爲《な》ると。

之《こ》れ乃《すなは》ち胎《たい》息《そく》法《ほう》の極《きよく》致《ち》である、氣《き》は臍《ほそ》に歸《き》して息《そく》を爲《な》し、神《しん》は氣《き》に入《いつ》て胎《たい》を爲《な》し、胎《たい》息《そく》相《あひ》合《が》して混《こん》して一と爲《な》ることが、乃《すなは》ち仙《せん》道《だう》であり、仙術《せいじゆつ》である。

◇

仙人白玉蟾曰く。

人生在母腹中。其臍蔕與母臍蔕相。連母呼亦呼。母呼亦呼。及乎降誕。剪去臍蔕。然後各自呼吸。而愛父母一點凡氣。則棲於下丹田中。而寄體于臀。下丹田者。又名玄關。前對臍後對腎居臍。腎中間。其連如環廣一寸三分周圍有。八竅前後二竅。以應乾坤。上通泥丸。下徹湧泉。旁六竅以應坎離震巽兌艮六卦。以通六腑。一身之氣。皆萃於此。如水之朝東。輻之輳轂也。故下丹田爲命之基其性即泥丸。而寄體干心泥丸。者在人之首明堂之間、六合之內。

是謂頂門。故世稱頂門。爲顋門也。顋即性也。顋開皆知夙世姻緣等事。合則忘之矣。故泥丸謂之性根。能知註根命蒂。始可言修煉也。天地之氣亦有二。人未生之前。謂之先天。又謂之母氣。其爲氣也。至大至剛。充塞天地。周流六。虛晝夜不息。人纔受胎便稟此氣。謂之後天。又請之子氣謂之。日月發生之氣。即前所謂混合空洞。帝眞九氣。是也。其實一氣耳。其氣充塞人之腔子裡。每日遇子時。斗柄指地。先天之氣。隨斗柄從九地之下。發生周流六虛造花萬物。子時。非人間之子時也。二六時中。甚嘗收視返聽頓覺身中煖氣冲然。即其候也。丹經云。精生有時時至神知百刻之中。切忌昏迷天地之氣既生。則人身之子氣以類。感類亦由湧泉上升丹田。點化凡氣以成。人身之造化。故曰。形者神氣之舍。神者形氣之主。形氣非神塊然一物。嗚呼。神非形氣茫然無歸。嗚呼。寄神。性也。寄生。命也。二者不可偏廢。修性而不修命。紫陽所謂精神屬陰。宅舍難固。未免甞用遷徙之法。修命而不修性。釋氏所謂煉氣精粹。壽可千歲。若不明正覺三昧報盡還來。復人諸趣。所以先儒曰。論性不論氣。不備。論氣不論性。不明要知性爲主。氣次之是書也。予故以原心章首之。混合神氣仙家謂之煉金丹形。喻之鼎器氣喻之。藥物。神喻之火候。忘機絕念收視返聽。使精神魂魄意五者不漏。固鼎氣也。晝牝夜玄攝心一處。終日默々如愚如痴。採藥物也。惺惺不昧。了了常知。神不外馳。其氣自定調火功也。是以聖人忘形養氣忘氣養神忘神養虛形神俱妙。與道合眞。彼所謂忘者。非若槁木死灰牆壁瓦礫憒然無知之謂也。若必口訣動而復靜。靜而復動。必有事焉。而勿正。心勿忘。不遊于所。老氏之忘也。陶次間常靈豁豁地不忘懷不營帶。釋氏之忘也。夫是謂之眞忘。若夫虛化神。神化氣。氣化形。死矣是謂衆人。

◇

と、之《これ》は道書《だうしよ》の遵生《じゆんせい》八牋《せん》中《ちう》より、原文《げんぶん》の儘《まゝ》之《これ》を摘載《てきさい》することにした、道士《だうし》仙人《せんにん》の道《みち》、眞《しん》に一語《ご》千金《きん》の價値《かち》ありと云《い》ふ可《べ》しだ。

思《おも》ふに、仙人《せんにん》の所謂《いはゆる》仙道《せんだう》なるものは、決《けつ》して妖術《ようじゆつ》魔法《まはふ》ではない、仙人《せんにん》なるものも決《けつ》して怪物《くわいぶつ》では無《な》い、道士《だうし》は即《すなは》ち仙人《せんにん》であつて道《みち》を修《をさ》めた達人《じん》を云《い》ふのである、仙經《せんけい》に曰《いは》く、凡《およ》そ長生《ちやうせい》を求《もと》め、病《やまひ》を却《しりぞ》けんと欲《ほつ》せば、大法《たいはふ》三有《あ》り、一に保精《ほせい》、二に行氣《ぎやうき》、三に服餌《ふくじ》、凡《およ》そ此《この》三事《こと》亦《また》各々《おのおの》法《はふ》有《あ》り、而《しか》も其《その》大要《たいえう》は胎息《たいそく》である。

◇

胎息《たいそく》は前《まへ》に述《の》べたるが如《ごと》く、口鼻《こうび》を以《もつ》て息《いき》せず、母《はゝ》の胎内《たいない》に在《あ》るが如《ごと》くせなければならぬ、是《こ》れ即《すなは》ち仙人《せんにん》の仙術《せんじゆつ》であつて、道《みち》は精《せい》を以《もつ》て寶《たから》と爲《な》す、故《ゆゑ》に仙道《せんだう》仙術《せんじゆつ》を修《をさ》めんとするの士《し》は、先《ま》づ自《みづか》ら愼《つゝし》むの方《はう》を知《し》らなければならぬ、仙經《せんけう》に、道《みち》に向《むか》ふ者《もの》は、自《みづか》ら愼《つゝし》むを以《もつ》て修《しう》道《だう》の第《だい》一義《ぎ》としてある。

自《みづか》ら愼《つゝし》むは換言《くわんげん》すれば自《じ》制《せい》である、小《せう》善《ぜん》積《つま》まざれば大《だい》德《とく》成《な》らず、小《せう》惡《あく》止《や》まずんば大禍《たいくわ》立《たちどこ》ろに至《いた》る、道《みち》を修《をさ》めんとするの士《し》は、能《よ》く靜《せい》座《ざ》照察《しやうさつ》して、常《つね》に小《せう》善《ぜん》を擇《す》てず、小《せう》惡《ぜん》を行《おこな》はず、胎《たい》息《そく》三昧《まい》すれば希《こひねがは》くば仙人《せんにん》たるを得《ろ》ん歟《か》。

道書曰。凡人五臟亦各有正氣。夜臥閉息。覺後欲服氣。先須轉令宿食消故氣得出。然後始得調服。其法閉目握固仰臥。倚兩拳於乳間竪膝舉背。及尻閉氣則鼓氣。海中氣。使自內向。外輪而轉之。呵而出之。一九或二九止。是曰轉氣。畢則調之。

第六篇　仙人の八段錦法と靜座法

◇

閉《へい》目《もく》冥《めい》心《しん》盤《ばん》跌《てつ》（座禪の座法）して坐《ざ》し拳《こぶし》を握《にぎ》り、固《かた》めて精《せい》神《しん》を靜《しづ》め叩《こう》歯《し》三十六、兩《りやう》手《て》に後《こう》頭《とう》を抱《いだ》き、手《しゆ》心《しん》にて兩《りやう》耳《み》を掩《おほ》い、第《だい》二指《し》を以《もつ》て腦《のう》後《ご》左《さ》右《ゆう》を鼓《こ》鳴《めい》すること二十四度《たび》、更《さら》に頭《あたま》を抱《かか》へて左《さ》右《ゆう》に撼《うご》かし舌《した》を上《じやう》下《げ》左《さ》右《ゆう》に動《うご》かして唾《だ》液《えき》を生《せう》ぜしめ、叩《こう》歯《し》三十六にして液《えき》を口《くち》に滿《み》たし、之《これ》を嚥《えん》下《か》すること三回《かい》より四回《くわい》五回《くわい》と、多《おほ》いほど結《けつ》構《こう》である。

此《こ》くて氣《き》を靜《しつ》め、鼻《はな》より清《せい》氣《き》を吸《す》いて之《これ》を閉《と》ぢ、又《また》口《くち》より徐々《そろ〱》こ之《これ》を吐《は》き、首《くび》を前《ぜん》後《こう》左《さ》右《ゆう》に轉《てん》廻《くわい》すること三十六、更《さら》に兩《りやう》脚《きやく》を伸《の》ばし兩《りやう》手《て》を以《もつ》て足《そく》心《しん》を摩《ま》すること數《すう》十回《くわい》、乃《すなは》ち足《あし》を收《おさ》めて端《たん》座《ざ》し、再《ふたゝ》び舌《した》を以《もつ》て上《じやう》下《げ》左《さ》右《ゆう》に動《うご》かして唾《だ》液《えき》を生《せう》せしめ、之《これ》を嚥《えん》下《か》すること三度《たび》すれば、汨然《べきぜん》として響《ひゞき》あるが如《ごと》く、百脈自《みやくおのづか》ら調《とゝの》い、邪魔《じやま》敢《あへ》て近《ちか》つかず、此《か》くて修養《しうよう》日《ひ》を經《ふ》るに從《したが》い、寒暑《かんしよ》も入《い》る能《あた》はば、疾病《しつぺい》も襲《おそ》ふ能《あた》はず、漸《やうや》く身《み》の輕《かろ》きを覺《おぼ》へ、能《よ》く勤《つと》めて怠《おこた》ることゝ莫《な》くんば則《すなは》ち仙《せん》道《どう》に達《たつ》することゝ遠《とう》からずと。

余《よ》按《あん》ずるに、仙人《せんじん》の八段錦法《だんきんはう》なるものは、仙人《せんにん》のみの道法《どうはう》ではない、古《いにし》への聖人《せいじん》賢人《けんじん》と曰《いわ》はれ、又儒者《またじゆしや》などは皆此法《みなこのはう》を實行《じつこう》せない者《もの》はない、而《しか》して古代印度《こうたいいんど》に於《おい》ては佛者《ぶつしや》も亦之《またこれ》を行《おこな》つて居《を》つた、所謂《いわゆる》仙佛混合法《せんぶつこんごうはう》とも曰《い》ふ可《べ》きである、僕《ぼく》は今《いま》仙人《せんにん》の八段錦座法《だんきんざはう》を、道書《どうしよ》遵生《じゆんせい》八牋《せん》中《ちう》より原文《げんぶん》の儘《まゝ》轉載《てんさい》して、修養者《しうようしや》の參考《さんこう》に供《けう》する。

中齒集神三十六兩手抱昆崙雙手擊

右法先須閉目冥心盤坐握固靜思而後叩齒集神次叉兩手向項後數九息勿令耳聞乃移手各掩耳以第二指壓中指擊彈腦後左右各二十四次

叩齒集神圖

圖は仙書より轉載

左右手搖天柱各二十四

右法須握固乃搖頭左右顧肩膊隨動二十四

搖天柱圖

圖は仙書より轉載

左右舌攪上腭三十六漱三十六分作三口如硬物嚥之而後方得行火

右法以舌攪口齒井左右須待津液生方漱之至滿口方嚥之

舌攪漱咽圖

圖は仙書より轉載

兩手摩腎堂三十六以數多更妙

右法閉氣搓手令熱後摩腎堂如數畢仍收手握固再閉氣想用心下火燒丹田覺熱極即用後法

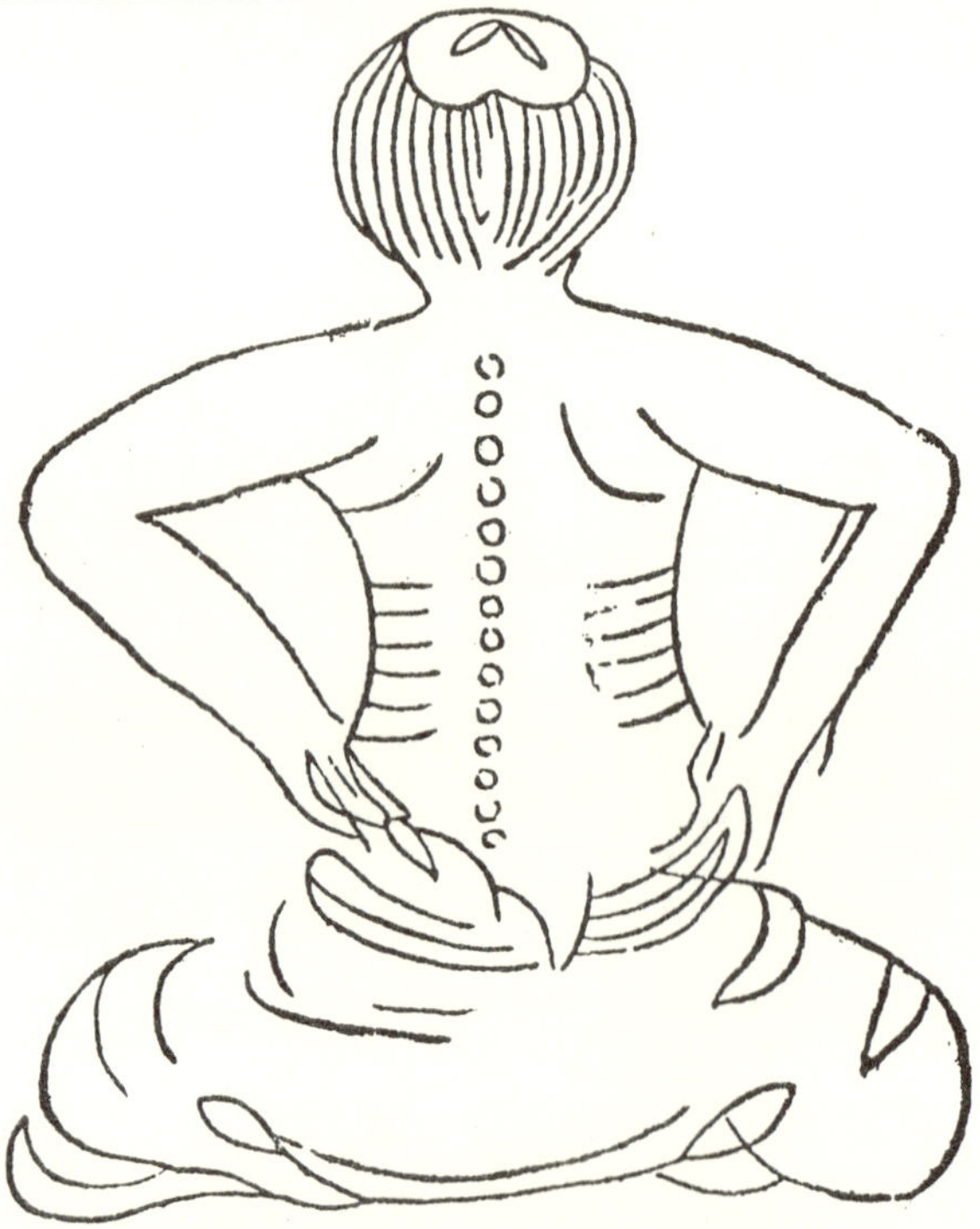

摩腎堂圖

圖は仙書より轉載

左右單關轆轤各三十六

右法須俯首搖撼左肩三十六次右肩亦三十六次

單關轆轤圖

圖は仙書より轉載

雙關轆轤三十六

右遶兩肩並擺搖至三十六數想火自丹田透雙關入腦戶鼻引清氣後伸兩脚

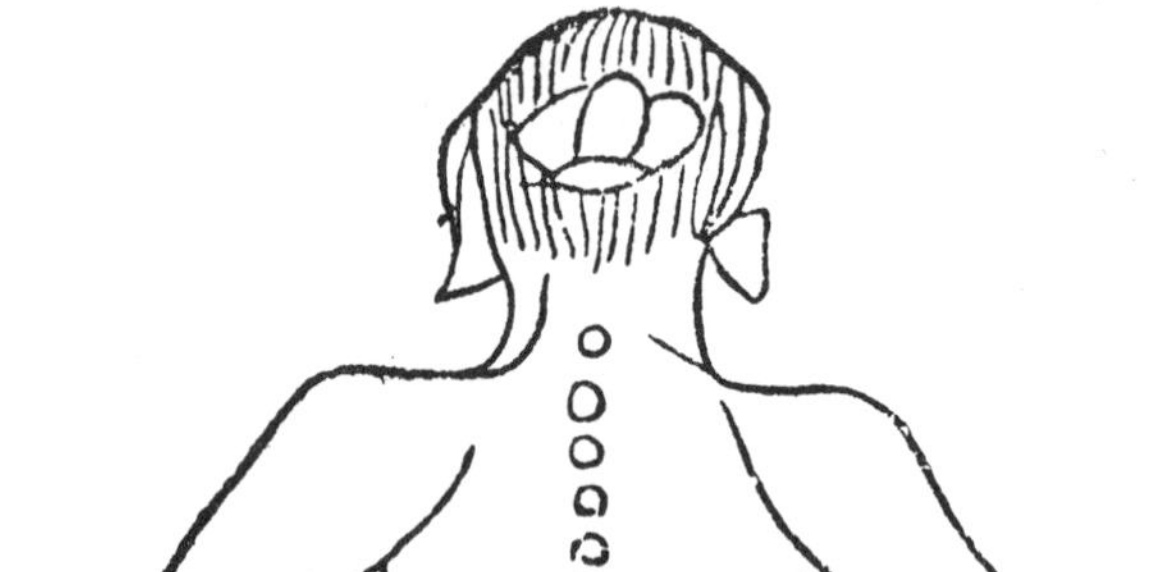

左右轆轤圖

圖は仙書より轉載

兩手相搓堂呵五呵後叉手托天按頂各九次

右法兩手相叉向上托空三次或九次

左右按頂圖

圖は仙書より轉載

以兩手如鈎向前
攀雙脚心十二次
再收足端坐

右法以兩手向前攀脚心十二次乃收足端坐候口中津液生再漱吞一如前漱擺肩拜身二十四及再轆轤二十四次想丹田人自下而上逆噓心休想時鼻皆須閉氣少頃

鈎攀圖

圖は仙書より轉載

以上《いじやう》は仙人《せんにん》の靜坐《せいざ》養生法《やうじやうほう》である、之《これ》は乃《すなは》ち仙人《せんにん》の內觀法《ないくわんほう》及《およ》び靜坐《せいざ》の起《き》源《げん》であつて、精神療法《せいしんれうほう》の根源《こんげん》である。

按《あん》ずるに、內觀法《ないくわんほう》と云《い》ひ、靜坐法《せいざほう》と云《い》ひ、一種《しゆ》の健康長壽法《けんかうちやうじゆほう》は、數《すう》千年前《ねんぜん》より支那《しな》印度《いんど》を中心《ちうしん》として、東洋《とうやう》に行《おこな》はれたるものであつて日本《にほん》にも朝鮮《てうせん》にも勿論《もちろん》研究《けんきう》せられ、實行《じつかう》せられて居《を》つた、此《こ》の實行《じつかう》者《しや》は乃《すなは》ち印度《いんど》に於《おい》ては佛者《ぶつしや》、支那《しな》に於《おい》ては道家《だうか》あり、仙人《せんにん》あり、日《に》本《ほん》に於《おい》ては儒者《じゆしや》あり、武人《ぶじん》あり、醫家《いか》あり、其數《そのすう》は決《けつ》して少《すく》くはなかつた。

而《しか》も是等《これら》の人々《ひと〴〵》が、其說《そのと》く所《ところ》、其論《そのろん》ずる所《ところ》は大同小異《だいどうせうい》なりしも、其《その》の道《みち》の出《い》つる所《ところ》は一源《げん》であつたのは勿論《もちろん》である、近代《きんだい》に至《いた》り、內《ない》觀法《くわんほう》や精神療法《せいしんれうほう》や、靜坐法《せいざほう》や、複式呼吸法《ふくしきこきうほう》など〻、澤山《たくさん》な同道《どう〴〵》異論《いろん》者《しや》が出《で》て來《き》て、一般普通人《はんぷつうじん》を迷《まよ》はして居《を》るが、僕《ぼく》の今茲《いまこゝ》に說明《せつめい》し論《ろん》述《じゆつ》する所《ところ》の長《てう》壽《じゆ》法《はう》は、古代《こだい》支那《しな》に起《おこ》つて日本《にほん》にも攻究《こうきう》せられた、所謂《いわゆる》仙道《せんだう》であつて近代《きんだい》盛《さか》んに流行《りうこう》せる所《ところ》の呼吸法《こきうはう》や、靜坐法《せいざはう》や、精神《せいしん》療法《れうはう》等《とう》の本家《ほんけ》本元《ほんもと》で、幾多《いくた》末流《まつりう》は混濁《こんだく》することありても、本元《ほんもと》の源泉《げんせん》は清淨《せいぜう》にして鏡《かゞみ》の如《ごと》く光《ひか》つて居《ゐ》ると承知《せうち》し玉《たま》へ。

讀者《どくしや》此道《このみち》に入《はい》り此法《このはう》を行《おこな》へば、精神《せいしん》の統《とう》一も困難《こんなん》ではない、病《べう》氣を治《ち》することも困難《こんなん》でない、悟道《ごどう》の一助《ちよ》此法《このはう》に外《ほか》ならぬ。

第七篇　仙人の萬病退治秘訣

◇

道書《だうしよ》の延年却病牋《えんねんきやくべうせん》に曰《いわく》、凡《およ》そ人《ひと》其《そ》の諸病《しよべう》を治《ち》するには、病氣《べうき》が咽喉《いんこう》又《また》は胸《じゆ》の邊《へん》にあるものは、枕《まくら》の高《たか》さ七寸《すん》、病氣《べうき》が胸部《けうぶ》以《い》下《か》腹中《ふくちう》にあるものは、枕《まくら》の高《たか》さ四寸《すん》、病氣《べうき》が臍《ほぞ》より下《か》部《ぶ》膀胱《ばうこう》の邊《へん》にあるものは、枕《まくら》を去《さつ》て臥《ぐわ》し、口《くち》より徐々《そろ〳〵》と氣《き》を吐《は》き、鼻《はな》より徐々《ぜう〳〵》と氣《き》を納《い》れる、此《か》くの如《ごと》くすることと、十回《くわい》より百回《くわい》三百回《くわい》すれば、五臟《ざう》亦《また》各々《おの〳〵》正氣《せいき》有《あ》り、夜《よ》る臥《ぐわ》するときは息《いき》を閉《と》ぢ、覺《さ》むれば氣《き》を服《ふく》すれば天氣《てんき》自然《しぜん》に調和《てうわ》する、之《こ》れ健康《けんこう》長壽《てうじゆ》の第《だい》一着手《ちやくしゆ》にして、萬病《まんべう》退治《たいち》の初歩《しよほ》である、此《か》くて術者《じゆつしや》は。

一、端座《たんざ》して腰《こし》を伸《の》べ、鼻《はな》より氣《き》を納《い》れて之《これ》を閉《と》ぢ、頭《あたま》を前後《ぜんご》に動《うご》かすこと凡《およ》そ三十回《くわい》、此《この》場《は》合《あい》術者《じゆつしや》は目《め》を閉《と》づること。

二、左脇《ひだりわき》を下《した》にして横臥《おうぐわ》し、口《くち》より徐々《そろ〳〵》と氣《き》を吐《は》き、鼻《はな》を以《もつ》て徐々《そろ〳〵》と之《こ》を納《い》れ、徐々《そろ〳〵》と臍下《せいか》丹田《たんでん》に聚積《しゆうせき》せしむること。

三、端座《たんざ》して腰《こし》を伸《の》ばし、徐々《そろ〳〵》と鼻《はな》より氣《き》を納《い》れ、右手《みぎて》を以《もつ》て鼻《はな》を持《も》ち目《め》を搖《うご》かし、昏《こん》して涙《なみだ》の出《で》る程度《ていど》にまで之《これ》を行《おこな》へば、鼻中《びちう》の疾《やまい》を去《さ》り、亦《また》耳聾《じろう》を治《ち》し、亦《また》傷寒《しやうかん》頭痛《づつう》を治《ち》する。

四、正《たゞ》しく偃臥《えんが》し、口《くち》より徐々《そろ〳〵》と氣《き》を出《だ》し、鼻《はな》より徐々《そろ〳〵》と氣《き》を納《い》れ腹中《ふくちう》より丹田《たんでん》に送《おく》りて暫《しば》らく之《これ》を停留《ていりう》せしむるが如《ごと》くして、亦《また》徐々《そろ〳〵》と之《これ》を口《くち》より吐《は》き出《だ》すこと十より百に至《いた》れば、則《すなは》ち腹中《ふくちう》を整頓《せいとん》し、邪氣《じやき》を除《のぞい》て、正氣《せいき》を補《おぎな》い、腹痛《ふくつう》弱腸《じやくちやう》の如《ごと》きは期《き》せずして之《これ》を治《ち》す。

五、右脇《みぎわき》を下《ひだ》にして横臥《おうぐわ》し、鼻《はな》を以《もつ》て氣《き》を納《い》れ、口《くち》より之《これ》を吐《は》き數《すう》十回《くわい》に至《いた》りて止《や》め、又《また》兩手《りやうて》を相摩《あいま》し熱《ねつ》せしめて以《もつ》て腹《はら》を摩《ま》し、

六、其《その》氣《き》をして之《これ》を丹田《たんでん》に下送《かそう》し、兩脇《れうわき》皮膚《ひふ》痛悶《つうもん》の疾《やまい》を除《のぞ》く。

七、端座《たんざ》して腹《はら》を伸《の》べ、直上《ちよくぜう》して兩臂《れうひ》を展《の》べ、兩手掌《れうてたなごゝろ》を仰《あをむ》けにし、鼻《はな》より徐々《そろく》と氣《き》を納《い》れ、之《これ》を閉《と》づれば、脇下《わきか》集聚《しうしう》の病《やまい》を除《のぞ》く。

七、仰臥《ぎやうぐわ》して枕《まくら》を去《さ》り、兩足《れうあし》を立《た》て、鼻《はな》より氣《き》を納《い》るゝこと四たび復《ま》た鼻《はな》より之《これ》を出《だ》すこと四たび、若《も》し氣《き》出《で》づるの極《きよく》、微氣《びき》をして再《ふたゝ》び鼻中《びちう》に入《い》らしむるも、敢《あへ》て差支《さしつかへ》はない、此《か》くの如《ごと》くすること數《すう》十より數《すう》百に至《いた》れば、身中《しんちう》の熱《ねつ》を除《のぞ》き、背痛《はいつう》の疾《やまい》を治《ち》する。

八、端座《たんざ》し兩手《れうて》を以《もつ》て膝《ひざ》を抱持《はうぢ》し、氣《き》を調《とゝの》へて鼓腹《こふく》二十七、或《あるひ》は三十七、氣《き》滿《み》つれば則《すなは》ち吐《は》き、之《これ》を行《おこな》ふには氣《き》の和《やわ》らぐを程度《ていど》となし、之《これ》を行《おこな》ふこと十年《ねん》、老《ろう》するも童顔《どうがん》の如《ごと》し。

九、端座《たんざ》して腰《こし》を伸《の》べ、左右《さゆう》に傾側《けいそく》し、目《め》を閉《と》ぢ鼻《はな》を以《もつ》て氣《き》を納《い》れ亦《また》徐《そろ》々くと口《くち》より氣《き》を吐《は》く。

十、端《たん》座《ざ》して兩《れう》手《て》に弓《ゆみ》を張《は》るが如《ごと》くし、滿《まん》射《しや》數《すう》回《くわい》、毎《まい》日《にち》之《これ》を行《おこな》へば四肢《し》の煩《はん》悶《もん》を去《さ》る可《べ》し。

十一、平《へい》座《ざ》して兩《れう》手《て》に頭《あたま》を抱《かゝ》へ、之《これ》を上《じやう》下《か》に宛《ゑん》轉《てん》すれは頭《づ》疾《しつ》を治《ち》す、

十二、踞《きよ》座《ざ》して兩《れう》手《て》に兩《れう》膝《ひざ》頭《がしら》を抱《いだ》き、鼻《はな》を以《もつ》て氣《き》を納《い》れ、口《くち》より氣《き》を吐《は》くこと久《ひさし》ふすれば腰《よう》痺《ひ》背《はい》痛《つう》を治《ち》す。

十三、仰《げう》臥《ぐわ》して枕《まくら》の高《たか》さ四寸《すん》、兩《れう》足《あし》を立《た》てゝ、鼻《はな》より氣《き》を納《い》るゝこと四回《くわい》、復《ま》た口《くち》より氣《き》を吐《は》くこと四回《くわい》、腹《ふく》中《ちう》の汚《を》氣《き》を一掃《さう》して、徐《そろ》々くと右《みぎ》手《て》を以《もつ》て腹《はら》より臍《せい》下《か》を按《あん》摩《ま》すること數《すう》十回《くわい》、亦《また》胸《けう》部《ぶ》を按《あん》摩《ま》すること數《すう》十回《くわい》、毎《まい》日《にち》之《これ》を行《おこな》ふて怠《おこた》らずんば、腹《ふく》中《ちう》胸《けう》部《ぶ》の諸《しよ》病《べう》は期《き》せずして治《ち》癒《ゆ》す。

十四、端《たん》座《ざ》して日《にち》常《じやう》手《て》を以《もつ》て兩《れう》眉《び》を按《あん》摩《ま》し、亦《また》手《て》心《しん》及《および》指《ゆび》を以《もつ》て兩《れう》目《もく》を

摩《ま》し、亦《また》手《て》を以《もつ》て耳輪《じりん》を旋摩《せんま》すること三十回《くわい》、此《か》くすれば耳目《じもく》を明《あきら》かならしむ可《べ》し。

十五、大《たい》小《せう》便《ぜん》は強《しひ》て忍《しの》ぶ勿《なか》れ、小便《せうべん》を忍《しの》べば淋《りん》と爲《な》り、大便《たいべん》を忍《しの》べば痔《ぢ》と爲《な》る。

十六、唾《だ》は地《ち》に唾《だ》せずして之《これ》を嚥下《ゑんか》す可《べ》し、然《しか》らば人《ひと》をして生氣《せいき》常《つね》に面《おもて》に留《とゞ》まり、眼目《がんもく》光澤《こうたく》を帶《お》ぶ、故《ゆへ》に曰《いわ》く、遠吐《ゑんと》は近吐《きんと》に如《しか》かず近吐《きんと》は唾《だ》せざるに如《しか》かず、又曰《またいは》く、唾液《だゑき》は吾身《わがみ》の寶《たから》、寶聚《たからあつ》まれば則《すなは》ち富翁《ふおう》と爲《な》り、寶散《たからさん》すれば則《すなは》ち貧客《ひんきやく》と爲《な》る。

十七、髮《かみ》は宜《よろ》しく多櫛《たせつ》す可《べ》く、手《て》は宜《よろ》しく面《めん》に在《あ》る可《べ》く、(手《て》を以《もつ》て面《めん》を按摩《あんま》するを云《い》ふ)齒《は》は宜《よろ》しく數叩《すうこう》す可《べ》く、唾《だ》は宜《よろ》しく之《これ》を嚥下《ゑんか》す可《べ》し。

十八、大語《たいご》大飲《たいいん》は則《すなは》ち血脈《けつみやく》閉《と》ぢ、大醉《たいすい》は神散《しんさん》ず、春《はる》は宜《よろ》しく辛《しん》を食《しよく》す可《べ》く、夏《なつ》は宜《よろ》しく酸《さん》を食《しよく》す可《べ》く、秋《あき》は宜《よろ》しく苦《く》を食《しよく》す可《べ》く、冬《ふゆ》は宜《よろ》しく鹹《かん》を食《しよく》す可《べ》し、此《こ》れ皆《みな》五臟《ざう》を强健《けうけん》にし血氣《けつき》を補《おぎな》ふ。

之《こ》れ實《じつ》に仙人《せんにん》道士《だうし》の萬病《まんべう》を退治《たいぢ》し、健康《けんこう》にして長壽《てうじゆ》の秘訣《ひけつ》である

世《せ》人《じん》此法《このはう》を行《おこな》はゞ、病者《べうしや》は健康《けんこう》に復《ふく》し、長壽《てうじゆ》を得るとは論《ろん》を俟《ま》たぬ。

僕《ぼく》は今《いま》此法《このはう》を根據《こんきよ》とせる、仙人《せんにん》の長生法《てうせいはう》を具體的《ぐたいてき》に述《の》べて見《み》よう。

第八篇　白幽仙人の内觀長生法（上）

◇

按《あん》ずるに、支《し》那《な》の仙《せん》人《にん》と云《い》ふのは、塵《ちん》世《せ》の虚《きよ》飾《しよく》、虚《きよ》禮《れい》、悪《あく》德《とく》より避《さ》けて、道《みち》を修《おさ》め、道《みち》を求《もと》めて山《さん》林《りん》に隠《いん》遁《とん》したる、所《いわ》謂《ゆる》道《だう》士《し》である列《れつ》仙《せん》傳《でん》を讀《よ》めば、老《らう》子《し》の如《ごと》き哲《てつ》學《がく》者《しや》も、仙《せん》人《にん》の仲《なか》間《ま》入《いり》をして居《お》り、五十幾《いく》人《にん》かの仙《せん》人《にん》は八十歳《さい》以《い》上《じやう》の長《ちやう》壽《じゆ》で中《なか》就《づく》廣《かう》帝《てい》の道《だう》師《し》廣《かう》成《せい》子《し》の如《ごと》きは、壽《じゆ》一千二百歳《さい》にして未《ま》た曾《かつ》て衰《すい》老《らう》せず、青《せい》島《たう》公《こう》の如《ごと》きは四百七十歳《さい》にして昇《せう》天《てん》し、彭《はう》祖《そ》は七百餘《よ》歳《さい》にして衰《おそろ》へず、李八百は夏《か》商《せう》同《しう》に亘《わた》りて八百歳《さい》の壽《じゆ》を保《たも》ち、蘇《そ》秦《しん》、張《ちやう》儀《ぎ》の道《だう》師《し》鬼《き》谷《こく》子《し》は數百歳《さい》にして終《おわ》る所《ところ》を知《し》らずと

◇

我《わが》日《に》本《ほん》に於《おい》ても、武《たけ》内《うち》宿《すく》禰《ね》の如《ごと》き三百歳《さい》の長《ちやう》生《せい》者《しや》として傳《つた》へられ

て居《ゐ》るが、純仙人《じゆんせんにん》として白幽仙人《はくゆうせんにん》が居《お》る東山天皇《ひがしやまてんのう》の時代《じだい》今《いま》を距《さ》ること二百年前《ぜん》の人《ひと》であつて、二百歳《さい》まで生《い》きたと云《い》ふ仙人《せんにん》で、彼《か》の有《ゆう》名《めい》な白隱禪師《はくいんぜんし》の道師《どうし》である。

此《こ》の白幽仙人《はくゆうせんにん》は不思議《ふしぎ》な男《をとこ》で、支那《しな》の道書《どうしよ》は勿論《もちろん》、朝鮮《てうせん》の醫書《いしよ》などまで探窮《たんきう》して居《お》る形跡《けいせき》がある、白隱禪師《はくいんぜんし》の夜船閑話《やせんかんわ》は、白幽仙人《はくゆうせんにん》の不老長生《ふろうてうせい》の内觀法《ないかんほう》を詳《くは》しく物語《ものがた》つて居《お》る、僕《ぼく》は今《いま》其《その》原文《げんぶん》を意譯《いやく》にして紹介《せうかい》して見《み》よう。

◇

白幽仙人の内觀長壽法。

白隱禪師《はくいんぜんし》參禪《さんぜん》して、僅《わづ》かに二三年《ねん》に過《す》ぎざるに、一夜《や》忽然《こつぜん》として悟道《ごだう》に入《い》り、禪《ぜん》の根底《こんてい》まで釋然《しやくぜん》として氷解《へうかい》した、そこで白隱《はくいん》は自分《じぶん》は僅《わづ》か二三年《ねん》にして解悟《かいご》しけるに、古《こ》人《じん》が參禪《さんぜん》に二三十年《ねん》を費《つい》やしたなど、云《い》ふは、まつかの捏造《ねつざう》說《せつ》であること一喝《かつ》した。

然《しか》るに、悟《さと》りを開《ひら》いたと思《おも》つて欣喜雀躍《きんきじやくやく》した禪師《ぜんし》は、其後《そのゝち》自分《じぶん》の行住座臥《こうぢうざぐわ》を反省《はんせい》することまだ〳〵未熟《みじゆく》な事《こと》が多《おほ》い、第一《だいいち》動靜《どうせい》の二面共《めんとも》全然《ぜん〳〵》調和《てうわ》して居《お》らぬ、武田信玄《たけだしんげん》が、動《うご》かざること山《やま》の如《ごと》く、靜《しづ》かなること林《はやし》の如《ごと》く、其動《そのうご》くや猛烈《もうれつ》なること疾風《しつぷう》の如《ごと》しと云《い》つたことが傳《つた》へられて居《い》るが、凡《すべ》て禪學《ぜんがく》でも靜《せい》を以《もつ》て先《さき》としてあるに、禪師《ぜんし》は未《ま》だ一箇月《いつかげつ》ならずして、心火逆上《しんくわぎやくじやう》し、肺《はい》は痛《いた》み枯《か》れ、兩脚《れうあし》は氷《こほり》のように冷却《れいきやく》し、兩耳《れうじ》は逆上《ぎやくじやう》の爲《ため》にゴン〳〵鳴《な》り出《だ》し何事《なにごと》にでも怯氣《おぢけ》が付《つ》いて體《からだ》は疲《つか》れ倦《う》み、寢《ね》ては種々《しゆじゆ》の夢《ゆめ》に襲《おそ》はれ、兩方《れうほう》の腋《わき》の下《した》には汗《あせ》を生《しやう》じて兩眼《れうがん》は涙《なみだ》を帶《お》び、絕《た》へず濕《うる》ほうて居《お》る。

◇

白隱《はくいん》はもう肺病《はいべう》になり、禪病《ぜんべう》に取《と》り付《つ》かれて、心火逆上《しんくわぎやくじやう》し、既《すで》に大病人《べうにん》の狀態《ぜうたい》であるから、遍《あま》ねく名僧《めいそう》を尋《たづ》ね、名醫《めいい》を探《さ》がして見《み》たが、百藥《ひやくやし》も寸効《すんこう》が無《な》い。

然《しか》るに或人《あるひと》に京都《けうと》愛宕山下《あたごさんか》の巖穴《がんけつ》に住《すま》ひをして居《お》る、白幽《はくゆう》と云《い》ふ仙人《せんにん》が在《あ》ることを聞《き》いた、此《こ》の白幽《はくゆう》の年齢《とし》は三四甲子《かうし》とて、六十年《ねん》を一甲子《いつかうし》と云《い》へば百八十歳《さい》以《い》上《ぜう》二百四十歳《さい》許《ばか》りで、人里《ひとさと》三四里《り》を隔《へだ》てた山中《さんちう》に在《あつ》て、人《ひと》に逢《あ》ふことを好《この》まぬ、里人《さとひと》は此人《このひと》を仙人《せんじん》と云《いつ》て居《お》つたが、此人《このひと》は石川丈山《いしかわでうざん》の師範《しはん》で、天文醫道《てんもんいどう》に通達《つうだつ》し、滅多《めつた》に何事《なにこと》も話《はな》さぬが、人《ひと》が禮《れい》を盡《つく》して意見《いけん》を叩《たた》けば、幽玄微妙《ゆうげんびめう》の話《はなし》をして呉《く》れる。

◇

そこで白隱禪師《はくいんぜんし》は、寳永《ほうえい》七年《ねん》正月中旬《せうがつちうじゆん》(東山天皇の御代)脚絆《きやはん》を着《つ》け旅裝《りよそう》を整《ととの》へて、美濃《みの》を出發《しゆはつ》し、京都《けうと》に着《ちやく》して東山《ひがしやま》の內《うち》の黑《ろ》谷《たに》を越《こ》へて白河《しつかは》の山村《さんそん》に出《で》て參《まゐ》つて、茶店《ちやみせ》に腰《こし》を下《おろ》し、白幽《はくゆう》仙人《せんにん》が岩穴《がんけつ》の處《ところ》を尋《たづ》ぬると、溪水《けいすゐ》の彼方《かなた》と云《い》ふので、其《その》水聲《すゐせい》に隨《したが》ひ山徑《さんけい》に入《はい》つた、丁《てう》度《ど》一里《いちり》許《ばか》りも來《き》つらんと思《おも》ふ頃《ころ》、水路《すゐろ》は踏斷《そうだん》し、山徑《さんけい》は無《な》くなつた白幽《はくゆう》の幽居《ゆうきよ》は此《この》溪流《けいりう》盡《つ》きて、山氣《さんき》秀麗《しうれい》なる遙《はる》かの彼方《かなた》に在《あ》る。禪師《ぜんし》は裳《もすそ》を褰《かゝ》げ、嶮《けん》を攀《よ》ぢ、生《は》へ茂《しげ》れる草木《さうもく》を踏《ふ》み分《わ》けて、漸《やうや》く巖穴《がんけつ》に近《ちか》づけば、此邊《このあた》りは實《じつ》に風致《ふうち》清絶《せいぜつ》、塵外《ぢんぐわい》に超然《てうぜん》たるを覺《おぼ》ゆる禪師《ぜんし》は此處《ここ》人間《にんげん》界《かい》以外《いぐわい》の仙境《せんけう》に來《きた》れる思《おも》ひをなし、心魂《しんこん》振《ふる》ひ恐《おそ》れ、覺《おぼ》へず肌《はだ》へに粟《あわ》を生《さう》じた、白幽《はくゆう》仙人《せんにん》は實《じつ》に此《この》かる山氣《さんき》凄麗《せいれい》なる山奥《やまおく》に生活《せいくわつ》して居《を》る。

◇

禪師《ぜんし》は暫《しば》らく岩角《いはかど》に腰打掛《こしうちか》け、數百息《すうひやくいき》して心《こころ》を落《お》ち付《つ》け、軈《やが》て衣《ころも》を振《ふる》ひ、襟《えり》を正《た》だし、鞠躬《きくきう》如《じよ》として巖穴《がんけつ》に近《ちか》づき、簾《すだれ》の中《なか》を覗《のぞ》いて見《み》れば、朦朧《もうろう》として白幽《はくゆう》は目《め》を閉《と》ぢて端座《たんざ》して居《お》る、蒼髪《そうはつ》は垂《た》れて膝《ひざ》に至《いた》り、朱顔《しゆかん》は麗《うる》はしくして重棗《てうきよく》の如《ごと》く、布《ぬの》の上衣《うわぎ》を掛《か》け、柔《やわら》かき草《くさ》の席《せき》に坐《す》はつて、穴《あな》の中《なか》は纔《わづ》かに五六尺《しやくし》四方《はう》で、別《べつ》に何等《なにら》衣食《いしよく》の道具《どうぐ》とても無《な》い、机《き》上《じやう》只《たゞ》中庸《ちうよう》と老子《ろうし》と金剛般若《こんがうはんにや》が置《お》かれてある。

白隠《はくいん》は禮《れい》を盡《つく》して白幽《はくゆう》に面會《めんくわい》を求《もと》め、詳《くわ》しく病氣《べうき》の（肺病）模樣《もよう》を告《つ》げ、且《か》つ救助《きうじよ》を乞《こ》ふた、少許《しばらく》ありて白幽《はくゆう》は目《め》を開《ひら》いて、熟々《つらつら》禪師《ぜんし》を見《み》て、徐々《じよく》と話《はな》して曰《いわ》く、我《われ》は今《いま》山中《さんちう》半《なかば》は死《し》せるに等《ひと》しき、役《やく》にも立《たた》たぬ人間《にんげん》であつて、木《き》の實《み》を食《しよく》とし、麋鹿《びろく》を友《とも》として睡《ねむ》る以外《いがい》更《さら》に何《なに》の知《し》る所《ところ》もない。

◇

然《しか》るに、上人《じやうじん》の來《きた》つて余《よ》に問《と》はるゝこと慙愧《ざんき》に堪《た》へずと、而《しか》も禪《ぜん》師《し》は辭《じ》を低《ひく》ふし、禮《れい》を厚《あつ》ふし、ひたすら懇請《こんせい》するのであつた。

茲《ここ》に於《おい》て白幽《はくゆう》は、靜《しづ》かに禪師《ぜんし》の手《て》を捉《とら》へて、精《くわ》しく五臟《ざう》六腑《ぷ》を診《しん》察《さつ》した、白幽《はくゆう》爪《つめ》の長《なが》きこと半寸《はんすん》、診《しん》し終《おわ》て曰《いは》く、之《これ》は實《じつ》に困《こま》つた病《べう》氣《き》で、最《も》早《はや》施《ほど》すべき術《じゆつ》が無《な》い、上人《せうにん》は禪理《ぜんり》を悟《さと》ること度《ど》に過《す》ぎ、修《しう》業《げう》節度《せつど》を失《うしな》ふて遂《つい》に此重症《このちうせう》を受《う》けた、實《じつ》に醫法《いほう》を以《もつ》て治《ち》すべからざるものは公《こう》の禪病《ぜんべう》である、努《つと》めて内觀乃《ないくあんすなは》ち自己《じこ》の本性《ほんせい》を觀察《くあんさつ》する所《ところ》の功《こう》を積《つ》まなければ、公《こう》は遂《つい》に其病氣《そのべうき》の爲《ため》に仆《たふ》れなければならぬと云《い》つた。

◇

そこで禪師《ぜんし》は、然《しか》らば其内觀《そのないくわん》の秘《ひ》法《はう》を授《さづ》け玉《たま》へ、拙僧《せつそう》學《まな》んで且《か》つ修業《しゆげう》を積《つ》まんと云《いひ》ひければ、白幽《はくゆう》は嚴肅《げんしく》に容《かたち》を改《やらた》め、從容《せうよう》として說《と》き出《いだ》すよう。

嗚呼《ああ》公《こう》の如《ごと》きは實《じつ》に知《し》らざるを知《し》らずとし、人《ひと》に問《と》ふことを好《この》むの士《し》也《なり》、余《よ》は公《こう》の至《し》誠《せい》熱《ねつ》心《しん》に感《かん》じ、我《わ》れの昔日《むかし》聞《き》き知《し》りし所《ところ》を以《もつ》て詳《くわ》しく公《こう》にお話《はなし》を致《いた》さん是《こ》れ實《じつ》に養《よう》生《せう》の秘《ひ》訣《けつ》であつて俗《ぞく》人《じん》の知《し》る所《ところ》でない、怠《おこた》らずんば奇《き》功《こう》を奏《そう》し却《きやく》病《べう》長《ちやう》壽《じゆ》疑《うたが》いない。

◇

白《はく》幽《いう》曰《いは》く、夫《そ》れ大《だい》道《だう》分《わか》れて兩《りやう》儀《ぎ》（易に有大極是生兩儀とあり陰陽二氣を云ふ）あり、陰《いん》陽《よう》交《こう》合《がう》して人《にん》間《げん》を生《せう》ずる、父《ふ》母《ぼ》より受《う》けたる元《げん》氣《き》が、人《にん》間《げん》の體《たい》内《ない》に運《うん》轉《てん》して、肺、心、肝、脾、腎の五臟《ざう》が竪《せい》列《れつ》して血《けつ》液《えき》が行《こう》動《どう》する、此《この》血《けつ》液《えき》が經《けい》脈《みやく》を運《うん》行《こう》して暫《しば》らくも休《きう》息《そく》せず、上《うへ》から下《した》、下《した》より上《うへ》と晝《ちう》夜《や》に五十度《ど》の運《うん》行《こう》を爲《な》して居《お》る。

肺《はい》は牝《ひん》臟《ざう》にして（牝は陰なれば陰の臟と云ふ）横《わう》隔《かく》膜《まく》の上《うへ》に浮《うか》び肝《かん》は牡《ぼ》臟《ざう》にして（牡は陽なれば陽の臟なりと云ふ）横《わう》隔《かく》膜《まく》の下《した》に沈《しづ》んで居《お》る、心《しん》火《くわ》（心臟は大《たい》陽《やう》にして上《じやう》部《ぶ》に位《くらゐ》し、腎《じん》水《すい》は大《たい》陰《いん》にして下《か》部《ぶ》を占《し》めて居《お》る、五臓《ざう》に七神《しん》あり、脾《ひ》腎《じん》各《おの》々二神《しん》を藏《ざう》し神《しん》とは一種《しゅ》の靈《れい》力《りよく》を云《い》ふ、乃《すなは》ち肝《かん》には魂《こん》、肺《はい》には魄《はく》、心《しん》には神《しん》、脾《ひ》には意《い》と智《ち》、腎《じん》には精《せい》と志《し》を云《い》ふ。

呼《こ》はつく息《いき》、心《しん》肺《はい》より出《い》で、吸《きう》はひく息《いき》、腎《じん》肝《かん》に入《い》る、一呼《こ》は脉《みやく》の行《ゆ》くこと三寸《すん》、一吸《きう》は脉《みやく》の行《ゆ》くこと二寸《すん》、晝《ちう》夜《や》に一萬《まん》三千五百の氣《き》息《そく》があつて、脉《みやく》の一身《しん》を巡《じゆん》行《こう》すること五十度《ど》、火《くわ》は輕《けい》浮《ふ》にして騰《とう》昇《せう》を好《こう》み、水《すゐ》は沈《ちん》重《ぢう》にして常《つね》に下《した》に流《なが》れんとして居《を》る、人《ひと》若《も》し此《この》理《り》を察《さつ》せずして、思《し》慮《りよ》其《その》度《ど》に過《す》ぐるときは、心《しん》火《くわ》は忽《たちま》ち燃《も》へ上《あが》つて肺《はい》臓《ざう》を衝《つ》くことになる、そこで肺《はい》金《きん》が弱《よわ》り、肺《はい》病《べう》なるものが起《おこ》つて來《く》る、肺《はい》金《きん》が心《しん》火《くわ》に衝《つ》かれて苦《くるし》むときは、腎《じん》水《すゐ》亦《また》其《その》影《えい》響《けう》を受《う》けて衰《すい》滅《めつ》する、乃《すなは》ち胸《けう》部《ぶ》が負《ふ》傷《せう》し亂《みだ》るれば、腹《ふく》部《ぶ》が亂《みだ》るゝは當《たう》然《ぜん》である。

◇

白《はく》幽《ゆう》子《し》更《さら》に曰《いは》く、養《よう》生《ぜう》と云《い》ふことは、國《くに》を守《まも》るようなものである明《めい》君《くん》聖《せい》主《しゆ》は常《つね》に心《こゝろ》を下《した》に專《もつは》らにし、暗《あん》君《くん》庸《よう》主《しゆ》は常《つね》に心《こゝろ》を上《うへ》に恣《ほしい》まにして居《お》る。

心《こころ》を上《うへ》に恣《ほしい》まにすれば、三公《こう》九卿《けう》權《けん》勢《せい》に誇《ほこ》り、百官《くわん》君《くん》寵《てう》を恃《たの》んで、民《みん》間《かん》の困《こん》窮《きう》を顧《かへり》みない、民《たみ》に菜《さい》色《しよく》多《おほ》く國《くに》に餓《が》莩《へう》絶《た》へず、賢《けん》臣《しん》は潜《ひそ》み竄《かく》れて、人《じん》民《みん》は恨《うら》み、諸《しよ》侯《こう》は離《はな》れ叛《そむ》き、衆《しう》夷《い》競《きそ》い起《おこ》つて終《つい》に民《みん》庶《しよ》を塗《と》炭《たん》にし、國《こく》脉《みやく》は長《とこし》へに斷《だん》絶《ぜつ》する。

心《こゝろ》を下《した》に專《もつは》らにする者《もの》は、九《く》卿《けう》儉《けん》を守《まも》り、百官《くわん》精《せい》勵《れい》して、常《つね》に人《じん》民《みん》の苦《く》勞《ろう》を忘《わす》るゝことなく、農《のう》に餘《よ》粟《ぞく》あり、婦《ふ》に餘《よ》布《ふ》あり、賢《けん》人《じん》來《きた》り集《あつ》まり、諸《しよ》侯《こう》恐《おそ》れ服《ふく》して、民《たみ》肥《こ》へ國《くに》強《つよ》く、命《めい》令《れい》に違《たが》ふ人《じん》民《みん》無《な》く、境《さかい》を侵《おか》すの敵《てき》國《こく》無《な》し、國《くに》に干《かん》戈《くわ》鼓《こ》噪《そう》の聲《こゑ》を聞《き》くことなく、太《たい》平《へい》無《ぶ》事《じ》に治《おさ》まると云《い》ふ譯《わけ》になる。

◇

人心《じんしん》も丁度《てうど》其《そ》の通《とほ》り、達道《たつだう》の人《ひと》は常《つね》に心臓《しんざう》の氣《き》を腹部《ふくぶ》なる腎臓《じんざう》の方《はう》に落付《おちつ》けて居《お》る心氣《しんき》が下部《かぶ》に充《み》ちて居《お》る、場合《ばあい》には七情《じやう》の狂《くる》いは容易《ようい》に起《おこ》らず、風寒暑濕《ふうかんしよしつ》の邪氣《じやき》は、外部《ぐわいぶ》より侵入《しんにふ》することは出來《でき》ぬ血氣《けつき》充《み》ち心神《しんしん》常《つね》に壯健《さうけん》である、そこで一生涯《せうがい》口《くち》には藥餌《やくじ》の甘酸《かんさん》、鍼《しん》灸《きう》の痛痒《つうせう》をも知《し》らずに濟《す》む。

然《しか》るに、凡庸《ぼんよう》の人《ひと》は常《つね》に心氣《しんき》を肺金《はいきん》に逆上《ぎやくぜう》せしむるので、心火《しんくわ》が肺臓《はいざう》を苦《くる》しめ弱《よわ》らして、上官《かん》（視官、聽官、味官、嗅官、觸官）縮《ちゞ》れ疲《つか》れて身體《しんたい》は瘦《や》せ衰《おとろ》へると云《い》ふことになる、そこで莊子《さうし》は、眞人《しんじん》の息《いき》は踵《きびす》よりし、衆人《しうじん》の息《いき》は喉《のど》を以《もつ》てすと云《い》い、許浚《きよしゆん》（李朝光海君朝の御殿醫）は氣《き》下焦《かぜう》（膀胱の上に）に在《あ》るときは、其《そ》の息《いき》遠《とほ》く氣《き》上焦《ぜうせう》に在《あ》るときは其《その》の息縮《いきちぢ》まると云《いつ》て居《お》る、又上陽子《またぜうようし》（人物傳記詳かならず）は人《ひと》に眞正純《しんせいじゆん》一の氣《き》有《あ》り、丹田《たんでん》の中《うち》に降下《こうか》する時《とき》は、乃《すなは》ち陽氣《ようき》發生《はつせい》す大凡《おほよそ》養生《ようせう》乃《すなは》ち生《せい》を養《やしな》ふの道《みち》は、上部《せうぶ》は常《つね》に淸凉《せいれう》ならんことを要《よう》し、下部《かぶ》は常《つね》に温《おん》暖《だん》なれば宜《よろ》しいと云《いつ》て居《お》る。

◇

在昔《むかし》漢《かん》の吳《ご》契初《けいしよ》と云《い》ふ人《ひと》が、仙人《せんにん》の石臺先生《せきだいせんせい》に見《まみ》へて、長生不死《ちやうせいふし》の仙藥《せんやく》と稱《せう》する、金丹《きんたく》の錬《ね》り方《かた》を尋《たづ》ねた、石臺《せきたい》曰《いは》く、我《われ》に神妙不可《しんめうふか》思議《しぎ》の秘術《ひじゆつ》あり、然《しか》れども上品《ぜうひん》なる器量《きれう》の人《ひと》に非《あらざ》れば、傳授《でんじゆ》することは出來《でき》ぬと云《い》つた。

又古《またいにし》へ漢土《かんど》に黃成子《こうせいし》と云《い》へる仙人《せんにん》が、空峒山《くうどうざん》に住《すま》ゐをして居《お》つたが、黃帝《こいてい》が一日《じつ》此山《このやま》に黃成子《こいせいし》を訪《たづ》ねて道《みち》を問《と》はせたが、黃成子《くわうせいし》は黃《くわう》帝《てい》の德《とく》至《いた》らざるの故《ゆへ》を以《もつ》て、叱責《しつせき》して傳授《でんじゆ》せなかつた。

黄帝《くわうてい》は退《しりぞ》いて身《み》を責《せ》むること三月《つき》、其後《そのご》再《ふたた》び廣成子《くわうせいし》を訪《と》ふた、そこで廣成子《くわうせいし》は始《はじ》めて錬丹《れんたん》の神秘《しんぴ》を帝《てい》に傳授《でんじゆ》することに爲《な》つたので、帝《てい》は三七二十一日間《かん》齋戒沐浴《さいかいもくよく》して身《み》を淸《きよ》め、其心《そのこゝろ》を養《やしな》い神《しん》を錬《ね》るの大法《たいほう》を受《う》けたと云《い》ふことである。

◇

夫《そ》れ大道《たいだう》の外《ほか》に眞丹《しんたん》(錬氣の意)なく、眞丹《しんたん》の外《ほか》に大道《たいだう》無《な》し、蓋《けだ》し五無漏《むろう》の法《ほう》(眼妄りに見ず、耳妄りに聞かず、舌妄りに言はず、身妄りに觸れず意妄りに思慮せざるを云ふ)あり、爾の六欲《よく》(色慾形貌慾、威儀姿態慾、言語音聲慾、細滑慾、人相慾)を去《さつ》て淸淨《せいぜう》になり、五官《くわん》各々《おの〱》本來《ほんらい》の嗜好《しこう》たる其職《そのしよく》を忘《わす》る、時《とき》は、本來《ほんらい》の眞氣《しんき》乃《すなは》ち先天的元氣《せんてんてきげんき》が目前《もくぜん》に充《み》つる、是《こ》れ彼《か》の大白道人《たいはくだうにん》(建仁寺の大白即ち萍山道人のこと)の謂《い》はゆる我《われ》先天的元氣《せんてんてきげんき》を、天地《てんち》の元氣《げんき》に合《がつ》體《たい》せしむると云《い》ふたのと同《おな》じて、又孟子《またもうし》の謂《いは》ゆる浩然《こうぜん》の氣《き》、是《これ》を聘《せい》下《か》丹田《たんでん》の間《かん》に藏《おさ》めて、之《これ》を守《まも》り之《これ》を養《やしな》ふて成就《じやうじゆ》したる時《とき》が、其身《そのみ》乃《すなは》ち天地《てんち》と合體《がつたい》するのである。

◇

此時《このとき》に當《あた》つて初《はじ》めて、自己《じこ》即《すなは》ち是《こ》れ天地《てんす》に先《さきだ》つて生《せう》せず、虚空《こくう》に後《おく》れて死《し》せざる底《てい》の、乃《すなは》ち天地《てんち》と其《そ》の壽命《じゆめう》を同《おなじ》ふする所《ところ》の、長生不《ちやうせいふ》死《し》の大神仙《だいしんせん》也《なり》との自覺《じかく》が起《おこ》つて來《く》る、是《これ》を眞《しん》の丹田錬氣《たんでんれんき》の功《こう》成《な》つたと云《い》ふものである、豈《あ》に風《ふ》に御《ぎよ》し、霞《かすみ》に跨《またぎ》り、地《ち》を縮《ちぢ》め、水《みず》を渡《わた》るなどのことは、皆《みな》な丹田錬氣《たんでんれんき》の仙人《せんにん》の行《おこな》ふ幻術《げんじつ》であるが、此些《このさ》々《さ》たる幻術《げんじゆつ》を以《もつ》て本懐《ほんかい》とするものでない、と白幽仙人《はくいうせんにん》は嚙《か》んで含《ふく》むる如《ごと》く、天地《てんち》の大道《たいだう》、内觀《ないくわん》の大法《たいはふ》を説《と》いた。

禪師《ぜんし》曰《いは》く、謹《つつし》んで貴命《きめい》を拜聽《はいてう》し、且《しば》らく禪學《ぜんがく》を修《おさ》むることを止《や》めて、我《わが》禪病《ぜんべう》を平癒《へいゆ》せしむることを期待《きたい》します、去《さ》りながら、愚僧《ぐそう》の恐《おそ》る丶所《ところ》は、李《り》士《し》才《さい》（明代の醫にして醫宗必讀の著者）が謂《いわ》ゆる清《せい》凉《れう》劑《ざい》を以《もつ》て心《しん》火《くわ》を降《こう》下《か》せしむると云《い》ふ清《せい》降《こう》に偏《へん》し過《す》ぎた方《はう》法《はふ》では無《な》きや、又《また》心《こゝろ》を丹《たん》田《でん》の一處《しよ》に制《せい》止《し》せば、其《そ》の爲《ため》に血《けつ》氣《き》が停《てい》滯《たい》するようのことはなきや、如《い》何《かん》と、禪《ぜん》師《じ》は聊《いさゝ》か疑《ぎ》問《もん》を放《はな》つて、白《はく》幽《ゆう》仙《せん》人《にん》の說《せつ》を確《たい》かめ糺《たゞ》さんとした。

第九篇　白幽仙人の內觀長生法（下）

◇

白《はく》幽《ゆう》は、微《び》々《ゞ》として笑《わら》つて曰《いは》く、否《いな》とよ、李《り》士《し》才《さい》曰《いは》はずや、火《ひ》の性《せい》は炎《えん》上《ぜう》也《なり》、故《ゆへ》に宜《よろ》しく之《これ》を降《こう》下《か》せしむ可《べ》し、水《みず》の性《せう》は下《した》に就《つ》く、故《ゆへ》に宜《よろ》しく之《これ》を上《のぼ》らしめざる可《べ》からず、水《みず》上《あが》り火《ひ》下《くだ》る、之《これ》を名《なつ》けて交《こう》と云《い》ふ、交《まじは》る時《とき》は既《き》濟《せい》とて事《じ》物《ぶつ》の既《すで》に濟《な》り了《おわ》れる位《くらい》にて、交《まじは》らざる時《とき》は又《また》濟《な》り了《おは》らざる象《かたち》で（此句は何れも易の卦の名）李《り》士《し》才《さい》の謂《いは》ゆる、清降《せいこう》に偏《へん》なりとは、丹溪《たんけい》を學《まな》ぶ者《もの》の弊《へい》を救《すく》はんとしてである。

◇

古人《こじん》曰《いは》く、腎臟《じんざう》、肝臟《かんざう》の相火《さうくわ》の上《のぼ》り易《やす》きものは身中《しんちう》の苦《くるし》む所《ところ》、腎《じん》水《すい》は即《すなは》ち此《この》相火《さうくわ》を制《せい》する補助物《ほじよぶつ》である、蓋《けだ》し火《ひ》には君火《くんくわ》と相火《さうくわ》とがある、君火《くんくわ》は乃《すなは》ち心火《しんくわ》にして、相火《さうくわ》は腎肝《じんかん》の火《ひ》である、心火《しんくわ》は隔膜《かくまく》の上《うへ》に在《あつ》て靜《せい》を主《つかさ》どり、相火《さうくわ》は下《した》に在《あ》て動《どう》を主《つかさ》どるものである、心《しん》火《くわ》を一身《しん》の主《しゆ》とせば、相火《さうくわ》は其《その》輔《ほ》佐《さ》役《やく》である、故《ゆへ》に肝《かん》は雷《らい》に比《ひ》し、腎《じん》は龍《りう》に比《ひ》する、龍《りう》と雷《らい》と相會《あいあ》へば、凄《すさ》まじき現象《げんせう》を呈《てい》すれども、兩者《れうしや》相會《あいあ》はずば何事《なにごと》もない、乃《すなは》ち龍《りう》若《も》し海底《かいてい》に潛《ひそ》みて居《を》つたら、迅《じゆん》雷《らい》の起《おこ》ることもなく、雷《らい》若《も》し澤中《たくちう》に潛《ひそ》まば、飛龍《ひりう》の上《あが》ることも無《な》からん、海《うみ》なる哉《かな》、澤《たく》なる哉《かな》、兩方共《りうはうとも》に水《みづ》に在《あ》らば、迅雷飛龍《じゆんらいひりう》の激動《げきどう》もあるまい是《こ》れ實《じつ》に相火《さうくわ》の上《のぼ》り易《やす》きを制《せい》するの意《い》である。

古《こ》人《じん》又《また》曰《いは》く、心《しん》勞《らう》煩《はん》悶《もん》する者《もの》は血《けつ》氣《き》衰《おとろ》へ、心《しん》氣《き》逆《ぎやく》上《じやう》して熱《ねつ》する、心《しん》虚《きよ》に血《けつ》氣《き》衰《おとろ》ふれば、心《しん》火《くわ》は降《かう》下《か》して腎《じん》水《すい》に交《まじ》はしらむる、是《こ》れ乃《すなは》ち血《けつ》氣《き》を補《ほ》足《そく》する所《ゆ》以《ゑん》である、公《こう》（禪師を云ふ）先《さき》に心《しん》火《くわ》逆《ぎやく》上《じやう》して今《こん》日《にち》の重《ぢう》病《べう》を發《はつ》生《せい》したのであるから、若《も》し心《しん》火《くわ》を腎《じん》水《すい》に降《かう》下《か》せずんば、縱《たて》へ如《い》何《か》なる修《しゆ》業《げう》をしても、再《ふたゝ》び起《た》つことは不《ふ》可《か》能《のう》である。

公《こう》又《また》疑《うたが》ふこと勿《なか》れ、今《いま》我《わ》が風《ふう》采《さい》道《だう》家《か》者《しや》流《りう》（道教を奉ずる者を云ふ老子莊子の類）に似《に》たるの故《ゆへ》を以《も》て、佛《ぶつ》教《けう》の眞《しん》意《い》義《ぎ》と異《こと》なるものとするか、我《わ》が說《と》へ所《ところ》は醫《い》道《だう》に涉《わた》り、仙《せん》道《だう》に涉《わた》り、又《また》道《だう》教《けう》に類《るい》するが如《ごと》きも、而《しか》も之《これ》れ驗《やが》て禪《ぜん》理《り》に一《いつ》致《ち》するものであつて、乃《すなは》ち禪《ぜん》學《がく》の範《はん》圍《い》內《ない》である公《こう》怠《おこた》らずんば他《た》日《じつ》必《かなら》ず首《しゆ》肯《こう》微《び》笑《せう》する時《じ》期《き》が來《く》るであらう。

夫《そ》れ觀《くわん》（梵語にて細かなる分別心を云ふ）は無觀《むくわん》として、分《ふん》別《べつ》思《し》慮《りよ》せざるを正《せい》觀《くわん》とする、多《た》觀《くわん》は邪觀《じやくわん》と云《いつ》て多《た》岐《ぎ》に亘《わた》りて分《ふん》別《べつ》思《し》慮《りよ》するは、生《せい》を養《やしな》ふ所《ゆ》以《ゑん》でない、公《こう》は邪觀《じやくわん》を以《もつ》て既《すで》に此《この》重《ちう》病《べう》を受《う》けて居《ゐ》る、今《いま》は無觀《むくわん》を以《もつ》て之《これ》を救濟《きうさい》するより外《ほか》其《その》道《みち》無《な》きに非《あら》ずや、公《こう》若《も》し心《しん》炎《ゑん》意《い》火《くわ》乃《すなは》ち心《しん》火《くわ》の上《ぜう》衝《しやう》を制《せい》して、之《これ》を常《つね》に丹《たん》田《でん》足《そく》心《しん》の間《あいた》に置《お》くことに熱《ねつ》中《ちう》するならば、胸《きう》膈《かく》は自《し》然《ぜん》に清《せい》涼《れう》にして、俗《ぞく》人《じん》を對《あい》手《て》に競《けう》爭《そう》するとか、處《しよ》世《せい》に煩《はん》悶《もん》することなく、一滴《てき》の理《り》性《せい》感《かん》情《ぜう》に騒《さわ》ぎ立《た》つ樣《よう》のことも無《な》い、是《こ》れ眞觀《しんくわん》である、公《こう》は前《まへ》に暫《しは》らく禪觀《ぜんくわん》を拋棄《はうき》して、治《ち》病《べう》に烈《ねつ》中《ちう》したと云《い》つたが、強《あなが》ち禪觀《ぜんくわん》を拋棄《はうき》するには及《およ》ばぬ。

佛《ぶつ》の曰《いは》く、心《こゝろ》を足《そく》心《しん》に收《おさ》めて、能《よ》く百一の病《やまい》を治《ち》すと、心《こゝろ》の疲《ひ》勞《らう》を救《すく》ふことが何《なに》より大《たい》事《じ》である、天《てん》臺《だい》宗《しう》の開《かい》祖《そ》智《ち》者《しや》大《たい》師《し》の摩《ま》訶《か》正觀《せうくわん》に、人《こん》間《げん》の病《べう》氣《き》の原《げん》因《いん》を述《の》ぶること甚《はなは》だ詳《くわ》はしい、而《しか》して又《また》治《ち》病《べう》の方法《はうはう》を說《と》くことも精密《せいみつ》である、その治《ち》病《べう》の大意《たいい》は心《しん》火《くわ》を放下《はうか》して、丹田《たんでん》及《および》足心《そくしん》に收《おさ》むるを云《い》ふのである。

◇

此方法《このはうはく》は單《たん》に治《ち》病《べう》のみに非《あら》ずして、大《おほい》に禪觀《ぜんくわん》を助《たす》くるのであるから、何《なに》も公《こう》の今《いま》現《げん》に修業《しゆげふ》しつゝある、禪學《ぜんがく》を抛棄《はうき》するの必要《ひつよう》は決《けつ》して無《な》い。

古《いにし》へ永平寺《えいへいじ》の開祖《かいそ》道元禪師《だうげんぜんし》は、始《はじ》め建仁寺《けんにんじ》に榮西《えいせい》に謁《えつ》して禪宗《ぜんしう》に歸《き》し、貞應《ていおう》二年《ねん》宋《そう》に渡《わた》りて、曹洞宗《さうどうしう》の高僧《かうそう》如淨《によぜう》と云《い》へる人《ひと》に拜謁《はいえつ》した、道元《だうげん》一日《にち》修禪《しゆぜん》の室《しつ》に入《いつ》て敎《おしへ》を請《こ》ふ、如淨《によぜう》の曰《いは》く、道元《だうげん》よ、座禪《ざぜん》の時《とき》は子《し》の心《こゝろ》を左《さ》の掌《たなごゝろ》の上《うへ》に置《お》き、氣《き》は丹田《たんでん》腰脚《ようきやく》等《とう》に充塞《じうそく》せしめよと、是《こ》れ乃《すなは》ち智者大師《ちしやたいし》の謂《いわ》ゆる座禪《ざぜん》三昧《さんまい》の大略《たいりやく》である。

智者大師《ちしやたいし》は初《はじ》め此內觀《このないくわん》の秘訣《ひけつ》を以《もつ》て、其家《そのか》兄《けい》の重病《ちうべう》を萬死《ばんし》の間《あいた》に助《たす》けたことがある、又《また》白《はく》雲《うん》和《を》尙《せう》曰《いわ》く、我《わ》れ常《つね》に心《こゝろ》をして腹《ふく》中《ちう》に充《み》たしめ、賓《ひん》に接《せつ》し、機《き》に應《おう》じ、客《かく》に接《せつ》待《たい》し、行《こう》住《ぢう》座《ざ》臥《ぐわ》之《これ》を怠《おこた》ることなし、老《ろう》來《らい》殊《こと》に利《り》益《えき》多《おほ》きを覺《おぼ》ゆと、寔《まこと》に貴《たつと》ぶべき一言《げん》である、是《こ》れ蓋《けだ》し聖《せい》人《じん》の訓《おし》へた恬《てん》淡《たん》虛《きよ》無《む》にして、心《しん》を勞《ろう》すること無《な》ければ、元《げん》氣《き》自《おのづか》ら張《は》り、其《その》元《げん》氣《き》を身《しん》内《ない》に守《まも》り留《とゞ》めば、病《やま》ひ何《いづ》れより來《きた》らんと、蓋《けだ》し元《げん》氣《き》を一身《しん》に充《じう》塞《そく》せしめば、三百六十の骨《こつ》節《せつ》、八萬《まん》四千《せん》の毛《もう》、一毛《もう》髮《はつ》ばかりも欠缺《けつく》の處《ところ》なからしめんことを要《よう》する、是《こ》れ實《じつ》に生《せい》を養《やしな》ふの主《しゆ》要《よう》である。

◇

白《はく》幽《ゆう》諄々《じゆん〱》として尙《なほ》語《かた》り說《せい》て曰《いわ》く、彭《はう》祖《そ》が曰《いわ》く（七百歲の壽を得し仙人）鍊《れん》氣《き》養《よう》生《せう》の法《はう》は、當《まさ》に深《ふか》く密《みつ》室《しつ》を鎖《と》ざし、臥《ぐわ》床《せう》を置《お》き、敷《しき》物《もの》を煖《あたゝ》めて、枕《まくら》の高《たか》さ二寸《すん》半《はん》、姿《し》勢《せい》を正《たゞし》うして仰《げう》臥《ぐわ》し、目《め》を閉《と》ぢて心《しん》氣《き》を胸《けう》隔《かく》の中《うち》に閉《と》ざし、鴻《こう》毛《もう》の如《ごと》き極《きは》めて輕《かる》きものを鼻《び》上《じやう》につけて、動《うご》かざること三百息《いき》を經《へ》て、呼《こう》吸《きふ》は幽《かす》かになり、耳《みゝ》に聞《きこ》ゆるものなく目《め》に見《み》ゆるものなく、調《てう》息《そく》實《じつ》に三《さん》昧《まい》に入《い》るとき、寒《かん》暑《しよ》も侵《おか》すこと能《あた》はず、蜂《ほう》蛇《まん》も害《がい》毒《どく》を加《くは》ふること能《あた》はざるに至《いた》つて、其《その》人《ひと》の壽《じゆ》命《めう》は三百六十歳《さい》に達《たつ》することは何《な》んでも無《な》いこと。

又《また》宋《そう》の蘇《そ》東《とう》坡《は》が曰《いわ》く、生《しやう》を養《やしな》ふの法《はう》は、已《すで》に飢《う》へて食《しよく》し、飽《はう》食《しよく》す可《べ》からず、散《さん》策《さく》逍《せう》遙《よう》して務《つと》めて空《くう》腹《ふく》の時《とき》に當《あた》つて靜《せい》室《しつ》に入《い》り、端《たん》座《ざ》默《もく》然《ねん》として出《しゆつ》入《にふ》の息《いき》を數《かぞ》へ一息《いき》より十息《いき》、十息《いき》より百息《いき》より千息《いき》に至《いた》れば、此《この》身《しん》兀《こつ》然《ぜん》として動《うご》かず、其《その》心《こゝろ》は寂《せき》然《ぜん》として虚《こ》空《くう》と等《ひと》しく、斯《か》くの如《ごと》きもの久《ひさ》しふして一息《いき》自《みづ》から止《とゞ》まり、出《い》でず入《い》らざるの時《とき》、此《この》息《いき》は八萬《まん》四千の毛《もう》竅《けう》の中《うち》より雲《うん》蒸《じよう》し、霧《きり》起《おこ》るが如《ごと》く、諸《しよ》病《べう》は自《みづ》から解《かい》除《じよ》されん、譬《たと》へば盲《もう》人《じん》の忽《こつ》然《ぜん》として眼《め》を開《ひら》くが如《ごと》きものである故《ゆゑ》に目力《もくりよく》を養《やしな》はんとする者《もの》は常《つね》に瞑《めい》し、耳根《じこん》を養《やしな》はんとする者《もの》は常《つね》に聞《き》くことを避《さ》け心氣《しんき》を養《やしな》はんとする者《もの》は常《つね》に沈默《ちんもく》を守《まも》るが宜《よろ》しいこと。

◇

禪師《ぜんし》尚《なほ》少《すこ》しく解《かい》せざる所《ところ》あり、曰《いは》く先生《せんせい》願《ねが》はくば其觀法《そのくわんはふ》如何《いかん》を拜聞《はいぶん》するを得《え》んかと、白幽《はくゆう》曰《いは》く、禪學《ぜんがく》の修業者《しうけうしや》若《も》し地水火風《ちすゐくわふう》の四大《だい》調和《てうわ》せずして、心身《しんしん》共《とも》に疲勞《ひらう》することを覺《おぼ》へなば、乃《すなは》ち勇心《ゆうしん》奮起《ふんき》して應《まさ》さに觀法《くわんはふ》を試《こゝろ》む可《べ》し、譬《たと》へば清淨《せいじやう》の輭酥《なんそ》(輭酥は牛羊の乳汁を煮沸して製したるもの)の鷄卵《けいらん》の大《おほき》さの如《ごと》きものを、急《きう》に頭上《づじやう》に置《お》くに、其氣味《そのきみ》微妙《びめう》にして遍《あま》ねく頭部《づぶ》全體《ぜんたい》を濕《うる》ほし、浸々《しんしん》として潤下《じゆんか》し來《きた》つて、兩肩《れうけん》及《およ》雙臂《ひそうよ》、兩乳《れうにう》、胸膈《けうかく》の間《あひだ》、肺肝《はいかん》腸胃《てうい》背梁《はいれう》臀骨《でんこつ》と、次第《しだい》に潤《うる》ほし來《きた》る時《とき》に當《あた》つて、胸中《けうちう》の疝癖《せんへき》塊痛《くわいつう》、五臟《ざう》、六腑《ふ》の氣《き》の停滯《ていたい》は、心《こゝろ》に隨《したが》つて降《こう》下《か》すること、水《みづ》の下《した》に就《つ》くが如《ごと》く、其《その》氣《き》血《けつ》の降《こう》下《か》する音《おと》がはつきりと聞《き》き得《う》らるゝ。

◇

此《か》くして氣《き》血《けつ》全《ぜん》身《しん》を周《しう》流《りう》し、雙《さう》脚《きやく》を温《おん》潤《じゆん》し、足《そく》心《しん》に至《いた》つて即《すなは》ち止《とゞ》まる、玆《こゝ》に來《きた》つて修《しゆ》業《げふ》者《しや》は、更《さら》に觀《くわん》想《さう》を新《あら》たにすれば、先《さき》に潤《じゆん》下《か》したる輭《なん》酥《そ》の餘《よ》波《は》ありて、又《また》更《さら》に潤《じゆん》下《か》するが如《ごと》く感《かん》ず、此《この》觀《くわん》を爲《な》す時《とき》其《その》本《ほん》體《たい》たる心《こゝろ》が、心《しん》外《ぐわい》に影《えい》像《ざう》を變《へん》現《げん》せしむるを覺《おぼ》ゆる、玆《こゝ》に來《きた》つて心《しん》身《しん》調《てう》適《てき》なること二三十歳《さい》の時《とき》には遙《はる》かに勝《まさ》り、諸《しよ》病《びやう》を消《せう》融《ゆう》し腸《てう》胃《い》を調《てう》和《わ》し、覺《おぼ》へず肌《き》膚《ふ》に光《こう》澤《たく》を生《せう》じ來《きた》る、是《こ》れ實《じつ》に養《よう》生《ぜう》の極《きよく》致《ち》である。

此《か》くの如《ごと》くにして勤《つと》めて怠《おこた》らずんば、何《なん》の病《やまひ》か治《ち》せざらん、何《なん》の德《とく》が積《つ》まざらん、何《なん》の仙《せん》か成《な》らざらん、何《なん》の道《みち》が成《じやう》就《じゆ》せざらん、其《その》功《こう》驗《けん》の遲《ち》速《そく》は修《しゆ》業《げう》者《しや》の修《しゆ》業《げう》の精《せい》粗《そ》に依《よ》るは勿《もち》論《ろん》である。

◇

我《わ》れ幼《よう》少《せう》の時《とき》多《た》病《べう》にして、公《こう》の患《うれ》いに十《じふ》倍《ばい》し、多《おほ》くの醫《い》は既《すで》に我《われ》を見《み》離《はな》せり、玆《こゝ》に於《おい》て我《われ》は上《じやう》下《げ》の神《しん》祇《ぎ》に祈《いの》つて、天《てん》仙《せん》の冥《めい》助《じよ》を請《こ》ふた。

何《なん》の幸《さひはい》ぞや計《はか》らずも内《ない》觀《わくん》の妙《めう》術《じゆつ》を傳《でん》授《じゆ》することを得《え》て、欣《きん》喜《き》に堪《た》へず、綿《めん》々《〳〵》絶《た》へず修《しゆ》業《げう》し、一箇《か》年《ねん》ならずして衆《しゆう》病《べう》は大《たい》半《はん》消《せう》除《じよ》し、爾《じ》來《らい》心《しん》身《しん》此《か》くの如《ごと》く、無《む》病《べう》長《ちやう》壽《じゆ》輕《けい》安《あん》なるに至《いた》つた。

癡《ち》々《ち》兀《こつ》々《く》と痴《ち》者《しや》の如《ごと》く、無《む》智《ち》の如《ごと》く、浮《う》世《きよ》の心《こゝろ》は次《し》第《だい》に輕《けい》微《び》と爲《な》り、風《ふう》俗《ぞく》習《しう》儀《ぎ》もいつしか忘《わす》れて仕《し》舞《ま》い、我《われ》は今《こ》歳《とし》幾《いく》百幾《いく》十歳《さい》なるかも知《し》らぬ、中《なか》頃《ごろ》理《り》由《ゆう》ありて若《わか》狹《さ》の國《くに》の山《さん》中《ちう》に潛《せん》遁《とん》すること凡《およ》そ三十年《ねん》、浮《う》世《きよ》の人《ひと》は誰《たれ》も知《し》る人《ひと》は無《な》かつた。

其《そ》の間《かん》の事《こと》を顧《かへり》みると恰《あだ》かも夢《ゆめ》の樣《やう》である、今《いま》此《この》山中《さんちう》無人《むじん》の處《ところ》に此《この》形容《けいよう》枯槁《ここう》の一肉體《にくたい》を放《はな》つて、布《ぬの》の單衣《ひとへ》二三片《へん》を掛《か》け、嚴寒《げんかん》綿《わた》も氷《こほ》る夜《よ》と雖《いへど》も、枯腸《こちやう》を凍損《とうそん》するに至《いた》らず、山田《やまだ》の米穀《べいこく》既《すで》に斷《た》へて、穀《こく》氣《き》を受《う》けざること動《やゝ》もすれば數月《すうげつ》に及《およ》ぶも、終《つひ》に凍《とう》餒《する》の覺《おぼ》へも無《な》いのは、皆《みな》此《この》内觀《ないくわん》の大力《だいりき》である。

我《われ》今《いま》既《すで》に一生涯《しやうがい》之《これ》を用立《ようた》てゝも尚《なほ》其《その》功驗《こうけん》の全部《ぜんぶ》を盡《つく》す能《あた》はざる程《ほど》の秘法《ひはふ》を公《こう》に傳授《でんじゆ》したのであるから、此外《このほか》更《さら》に話《はな》すことなしと云《いつ》て目《め》を閉《と》ぢ默座《もくざ》し、復《ま》た語《かた》らなかつた、そこで禪師《ぜんし》も亦《また》有難《ありがた》く禮《れい》を述《の》べ、淚《なみだ》を含《の》んで拜辭《はいじ》した。

◇

禪師《ぜんし》巖穴《がんけつ》を離《はな》れて徐々《そろ／＼》と山《やま》を下《くだ》れば、夕陽《せきやう》木末《こずゑ》に掛《かゝ》つて淒寂《せいせき》限《かぎ》りない、時《とき》に駒《こま》下駄《げた》の音《おと》が丁々《てうく》と山谷《さんこく》に聞《きこ》へた、且《か》つ驚《おどろ》き且《かつ》つ怪《あや》しむで回顧《くわいこ》すれば、遙《はる》かに白幽《はくゆう》が巖穴《がんけつ》を離《はな》れて、禪師《ぜんし》を見送《みおく》り來《き》たのであつた。

白幽《はくゆう》曰《いは》く、人跡《じんせき》到《いた》らざる山路《さんろ》、東西《とうざい》分《わか》ち難《かた》く、恐《おそ》らくは歸客《きかく》を惱《なや》まさん、我《わ》れしばらく歸路《きろ》を導《みちび》がんと、大《おほ》駒《こま》下駄《げた》を着《つ》け、杖《つゑ》をつき巖巉《がんざん》を踏《ふ》み、嶮岨《けんそ》を渉《わた》ること、飄々《へうへう》として坦途《たんと》を行《ゆ》くが如《ごと》く、談笑《だんせう》快話《くわいわ》して先驅《せんく》し、山路《やまじ》遙《はる》かに一里《り》許《ばか》りを下《くだ》つて、溪水《けいすい》の畔《ほとり》に到《いた》り即《すなは》ち曰《いは》く、此《この》流水《りうすい》に隨《したが》い下《くだ》らば必《かなら》ず白川《しらかは》の邑《ゆう》に到達《とうたつ》せんと、言《い》ひ終《おわ》つて慘然《さんぜん》として別《わか》れた。

禪師《ぜんし》は且《しば》らく佇立《ていりつ》して、白幽《はくゆう》仙人《せんにん》の歸歩《きほ》を目送《もくそう》するに、其《その》老歩《ろうほ》の勇壯《ゆうそう》なること、飄然《へうぜん》として世《よ》を遁《のが》れて、羽化《うか》登仙《とせん》の人《ひと》の樣《やう》である。

禪師《ぜんし》は、且《か》つ羨《うら》やみ且《か》つ敬《けい》し、世《よ》を終《おわ》るまで此《か》くの如《ごと》きの人《ひと》に隨《したが》い、修《しう》業《げう》する能《あた》はざるを恨《うら》んだ。

◇

禪《ぜん》師《し》は、除々《じよじよ》と歸《かへ》り來《たき》つて、時々《じゞ》に白《はく》幽《ゆう》の傳《でん》授《じゆ》した內《ない》觀《くわん》法《ぽう》を密々《みつみつ》に精《せい》修《しう》するに、纔《わづ》かに三年《ねん》に充《み》たざるに、從《じう》前《ぜん》の諸《しよ》病《べう》は藥《やく》餌《じ》を用《もち》ひず、鍼《しん》灸《きう》を假《か》らずして、獨《ひと》りで消《き》へ失《う》せた。啻《たゞ》にそれのみならず、從《じゆう》前《ぜん》手《て》も足《あし》も出《い》でなかつた難《なん》題《だい》も、直《たゞ》ちに了《れう》解《かい》して大《だい》歡《くわん》喜《き》せしこと六七回《くわい》、其《その》餘《よ》の小悟《ご》で喜《き》悅《えつ》し手《て》の舞《ま》ひ足《あし》の踏《ふ》む所《ところ》を知《し》らざるものは、其《その》數《かず》を知《し》らぬ。

南《なん》宋《そう》の普《ふ》覺《かく》禪《ぜん》師《し》の謂《いわ》ゆる、十悟《ご》十八度《ど》、小《せう》悟《ご》は數《かず》知《し》れぬ、初《はじ》めて知《し》る白《はく》幽《ゆう》仙《せん》人《にん》の我《われ》を欺《あざ》かざることを、曾《か》ては二三足《そく》の足《た》袋《び》を重《かさ》ねてはいても、足《そく》部《ぶ》は常《つね》に氷《へう》雪《せつ》の底《そこ》に浸《した》すが如《ごと》く、冷《つめ》たくありしが今《こん》日《にち》にては三冬《とう》嚴《げん》寒《かん》の日《ひ》と雖《いへど》も足《た》袋《び》もはかず、火《ひ》鉢《はち》も用《もち》いぬが、齡《よわい》は旣《すで》に七十の坂《さか》を踰《こ》へたれども、是《これ》はと云《い》ふ半點《はんてん》の病氣《べうき》も無《な》いのは、彼《か》の内觀神術《ないくわんしんじゆつ》のお蔭《かげ》であらう。

◇

言《い》ふこと勿《なか》れ、鵠林《こうりん》（禪師の禪窟の異様）半《はな》死《し》の我《わ》れ、豈《あ》に荒誕無稽《こうたんむけい》の妄談《ばうだん》を試《こころ》みて、學德《がくとく》優《すぐ》れる人々《ひとびと》を誑惑《けうわく》すと、余《よ》は世《よ》の優《すぐ》れたる學德《がくとく》ありて、一言《ごん》の下《もと》に悟道徹底《ごどうてってい》する俊流《しゆんりう》の爲《ため》に、此言《このこと》を設《もう》くるに非《あら》ず癡鈍《ちごう》余《よ》が如《ごと》く、勞病《ろうべう》余《よ》に類《るい》するの人《ひと》は、一讀《どく》して修業《しゆけう》を試《こころ》みば必《かなら》ず功能《こうのう》がある。

禪門向上《ぜんもんこうぜう》の事《こと》に到《いた》つて疑團《ぎだん》あらん人々《ひとびと》は、大《おほい》に手《て》を打《うつ》て大笑歡喜《たいせうくわんき》せん云々。

第十篇　櫻寧室主人の養生秘訣

◇

按《あん》ずるに、體容《たいよう》を正《たゞ》して、氣息《きそく》を調和《てうわ》せよと云《い》ふは、周身《しうしん》の氣息《きそく》を臍下《せいか》に充實《じうじつ》し、其《その》四肢《しし》を輕虛《けいきよ》にし、頭面《づうめん》、肩《かた》、背《せ》、胸《むね》、腹《はら》、四肢《しし》に毫《がう》も氣《き》の礙滯《そたい》する所《ところ》無《な》く、物《もの》を提《さぐ》るにも、事《こと》を行《おこな》ふにも、凡《すべ》て臍《せい》下《か》の力《ちから》を用《もち》ゆるようにせよとの敎《おし》へである。

此《こ》の臍輪《ほそのぐるり》以下《いか》丹田《たんてん》の地《ところ》は、人身《じんしん》の正中《まんなか》にて、肢體《したい》を運用《うんよう》するところの樞紐《しんき》である、上《うへ》は鼻《はな》と相應《あいおう》じて、天地間《てんちかん》の大氣《たいき》を鼻《はな》より吐納《とのう》し其外氣《そのぐわいき》を丹田《たんてん》より全身《ぜんしん》に周流《しうりう》せしめ、內外《ないぐわい》一貫《くわん》となりて、生命《せいめい》を保《たも》つ根本《こんほん》と爲《な》る、故《ゆゑ》に婦人《ふじん》の懷孕《くわいにん》するも、又其種子《またそのたね》を茲《こゝ》に生育《せいいく》す、而《しか》して兒《こ》の子宮中《しきうちう》に在《あ》るや、其鼻自《そのはなおのづ》から臍《ほそ》を覗《うかゞ》ふやうに、體《からだ》を弓形《ゆみかた》にして、鼻《はな》と臍《ほそ》とを相對《あいたい》し、被膜裏《ふくろのうち》より母《はゝ》の丹田《たんでん》と通應《つうおう》し、自《おのづ》から外《ぐわい》氣《き》を感得《かんとく》する、是《こ》れ乃《すなは》ち天賦《てんぷ》の妙機《めうき》と云《い》ふものである。

◇

夫《そ》れ、日月星辰《にちげつせいしん》の沖天《ちうてん》に繫《かゝ》るも、地界《ちかい》の萬物《ばんぶつ》を載《の》せて重《おも》しとせざるも、悉《ことごと》く皆《み》な其《そ》の樞軸《すうぢく》の運轉《うんてん》するからである、人《ひと》も亦《また》此《か》くの如《ごと》く、身體《しんたい》を運轉《うんてん》すべき大氣《だいき》を、正中《まんなか》の丹田《たんでん》より運《はこ》びて、上下《じやうげ》左《さ》右《う》平《へい》等《とう》にして遍《あま》ねきときは、自《みづか》ら天賦《てんぷ》の機關《きかん》に合《あ》ふが故《ゆゑ》に、求《もと》めずして不可思議《ふかしぎ》の妙用《めうよう》を具《そな》へ、變化《へんくわ》自在《じざい》の德《とく》を有《たも》つに至《いた》るのである。

此《か》くするときに於《おい》ては、心《こゝろ》に憂《う》愁《れい》嗔《い》恐《かり》の惱《なや》みもなく、身《み》に痛苦《つうく》疾《しつ》症《せう》の煩《わつらい》をも受《う》けず、苦界《くかい》に在《あつ》て苦《く》を知《し》らず、樂境《らくけう》に在《あつ》て樂《らく》に耽《ふけ》らず此《か》くの如《ごと》くなるを天地《てんち》と其德《そのとく》を同《おな》じくし、日月《にちげつ》と其《そ》の明《あかり》を合《とも》にするものと云《い》ふべきである、今人《いまじん》身《しん》の中心《まんなか》が臍《へそ》と下股《したまた》より、上腰《うわこし》と小腹《こはら》の間《あひだ》、所謂《いわゆる》丹田《だんでん》のところに在《あ》るを驗《ため》さんに、假令《たとへ》ば背《せ》に重《おも》きも負《お》へば、體《からだ》は必《かなら》ず前《まへ》に屈《かゞ》み、前《まへ》に物《もの》を提《さ》ぐれば、背《せ》は必《かなら》ず後《うしろ》に仰《あを》ぐ、右《みぎ》に提《さ》ぐれば左《ひだり》に傾《かたむ》き、左《ひだり》に提《さ》くれば右《みぎ》に傾《かたむ》くのである。

◇

凡《およ》そ物《もの》の輕重《けいちう》に從《したが》ひ、前後左右《ぜんごさう》の重力《ちうりよく》に任《つ》れて、其中心《そのちうしん》を支《さゝ》ゆること、假令《たとへ》は稱錘《ふんすい》を以《もつ》て秤衡《はかり》を平等《べうどう》にするが如《ごと》く、其身體《そのしんたい》の什《たを》されざる樣《やう》に、心無《こゝろな》くして自《みづ》から此《か》くの如《ごと》くなるは、地界《ちかい》の中心《ちうしん》より人身《じんしん》の中心《ちうしん》をさし貫《つらぬ》きたる直線《ちよくせん》を、外《はづ》るゝこと無《な》き樣《やう》にこの、天賦《てんぷ》の妙機《めうき》に由《よ》るのである。

今體容及呼吸《いまかたちおよびこきう》を調《しら》ぶるは、偏《ひと》へに此中心《このまんなか》を身體《しんだい》の樞軸《すうぢく》となして、上下前後左右平等《じやうげぜんごさうべうどう》に、一氣《き》の命令《めいれい》よく行《ゆき》はたりて、起居動靜《ききよどうせい》自《おの》づから過不及《かふきう》なからしめんが爲《ため》である、然《しか》るを若《も》し之《これ》に反《はん》して身體《しんたい》に偏倚《へんは》なる所《ところ》あれば、其偏倚《そのへんは》なるに從《したが》つて病苦《べうく》と爲《な》る、今之《いまこれ》を衆人《しうじん》に試《こゝろ》むるに、下腹臍下《かふくせいか》充實《じうじつ》し、大腹《たいふく》に支結痞濂《しりつかへ》なきものは、無病《むびやう》なるのみならず、精神《せいしん》よく安定《あんてい》して、仁義《じんぎ》の道《みち》を志《こゝろざ》し、決斷《けつだん》必《かなら》ず宜《よろ》しきを得《う》て居《ゐ》る。

又胸脇《またむねわき》支濂《つか》へ、心下中脘《みづおちちうかん》の邊壅塞《へんようそく》し、臍下《せいか》に力無《ちからな》き者《もの》は必《かなら》ず宿病《しくびやう》ありて、且《か》つ治《ち》し難《がた》く、其思慮定《そのしりよさだ》まらず、愚痴蒙昧《ぐちもうまい》にして、動《うごき》もすれば耳目《じもく》の慾《よく》に惑《まど》ひ易《やす》く、飲食《いんしよく》も亦停滯《またていたい》がちにて、多《おほ》くは天壽《てんじゆ》を全《まつた》ふすることは出來《でき》ぬ、假令偶々《たとへたまたま》壽《じゆ》を得《え》ても、老耄《ろうもう》して役《やく》に立《た》たぬ。

◇

方今昇平《ほうこんせうへい》二百餘年《よねん》、人《ひと》は安逸《あんいつ》に耽《ふけ》り、歡樂《くわんらく》に習《なら》つて、只富貴榮華《たゞふうきえいぐわ》を慕《した》ひ、名聲功利《めいせいこうり》を競《きそ》ふて飽《あ》くことを知《し》らず、其心外《そのこゝろほか》にのみ馳《は》せて内《うち》に守《まも》るもの無《な》く、臍下空洞《せいかくうどう》にして物無《ものな》きが如《ごと》く、腰脚《こしあし》に力無《ちからな》く、腹胃漸々狹隘《ふくいぜんぜんけうあい》となり、日々《ひゞ》の飲食停滯敗壞《いんしよくていたいはいわい》して、血液《けつえき》の運輸怠慢《うんゆたいまん》と爲《な》る、此《か》くては病《やまい》を生《せう》ぜぬには居《おら》れぬ、之《こ》れ自《し》然《ぜん》の對《たい》法《ほう》を失《うしな》へるが故《ゆゑ》である、此《か》かる人《ひと》の常《つね》として假令《たとへ》强《けう》健《けん》のように見《み》へても、大事《だいじ》に臨《のぞ》んでは必《かなら》ず周《しう》章《さう》狼《ろう》狽《ばい》して、思《し》慮《りよ》定《さだ》まらず、遂《つい》には白《はく》痴《ち》の名《な》をとるか、或《あるひ》は惰《だ》弱《じやく》にして氣《き》宇《う》無《な》なものが多《おほ》い。

古《いにし》へは、髓《ずい》海《かい》、谷《こく》神《しん》、天《てん》谷《こく》、涙《るい》丸《がん》宮《きう》、又《また》は上《ぜう》丹《たん》宮《きう》、或《あるひ》は項《てう》上《ぜう》金《こん》剛《こう》宮《きう》などゝ、種《しゆ》々の名《めい》稱《せう》があつて、人《にん》間《げん》の頭《あたま》の中《なか》には一身《しん》を主《しゆ》宰《さい》する所《ところ》の心《しん》識《しき》があるこ云《いつ》て居《を》る、若《も》し然《しか》らば、其《そ》の外《ぐわい》物《ぶつ》を攝《せつ》受《じゆ》する所《ところ》の耳《じ》目《もく》口《ひ》鼻《こう》を、頭《づ》腦《のう》に近《ちか》き面《めん》部《ぶ》に開《ひら》きて、身《しん》體《たい》を使《し》役《えき》するに便《べん》利《り》のやうにしたるも、之《こ》れ天《てん》賦《ぷ》の妙《めう》巧《こう》であらう、その耳《じ》目《もく》口《こう》鼻《び》の窓《まど》より、霧《きり》の如《ごと》く烟《けむり》の如《ごと》きものを薫《くす》べ浸《した》して、咫《し》尺《せき》を辨《べん》ずることも能《のう》はず、凡《ぼん》百《ぴやく》の事《こと》凡《すべ》て恰《あだ》かも暗《あん》中《ちう》に物《もの》を摸《も》索《さく》するが如《ごと》くなるが故《ゆゑ》に、己《おの》れが有《もちまへ》なる天《てん》地《ち》こ混《こん》融《ゆう》一體《たい》なる靈《れい》妙《めう》の心《しん》識《しき》は、譬《たと》へば糞《ふん》壞《くわい》の中《なか》に埋《うづ》もれたる金玉《きんぎよく》に均《ひと》しく、光耀《こうやく》を發《はつ》するの期《き》あることがない。

◇

此《か》く耳目《じもく》の慾《よく》に體膚《たいふ》を勞《ろう》らし、心志《しんし》を苦《くる》しめ、一生《せう》を名利《めいり》の巷《ちまた》に奔走《ほんそう》し、譬《たと》へば客舍《かくしや》の居住《きよぢう》の己《おの》が意《い》に愜《かな》はざるを憂《うれ》いて、曉《あかつき》まで眠《ねむ》らざるが如《ごと》きは、豈《あ》に愚《ぐ》の至《いた》りではないか、唯《た》だ一念《ねん》の慾《よく》を忍《しの》ぶこと能《あた》はずして、遂《つひ》に禽獸《きんじう》と類《るい》を同《おなじ》ふし、かく天壽《てんじゆ》を短《みじ》かむるに至《いた》るが故《ゆへ》に、今《いま》攝生《せつせい》の第《だい》一義《ぎ》とするものは、唯《た》だ其《その》慾《よく》を忍《しの》ぶと云《い》ふにある。

要《よう》は攝生《せつせい》長壽《ちやうじゆ》の道《みち》は、天眞《てんしん》を完《まつた》ふする自《し》然《ぜん》の道《みち》に從《したが》ふにあるのである、此《か》くの如《ごと》くなれば夫婦《ふうふ》父子《ふし》君臣《くんしん》朋友《ほうゆう》は、人倫《じんりん》の道《みち》に從《したが》つて、其《そ》の道《みち》は敎《おし》へを待《ま》たずして、自《し》然《ぜん》に具《そな》へあるが如《ごと》く、攝生《せつせい》の道《みち》も亦《また》天地《てんち》自《し》然《ぜん》の條理《でうり》に依《よつ》て、逆《さかろ》ふことなきやうにする迄《まで》のことにて其他《そのた》に道《みち》はない、左《さ》りながら一旦《たん》利慾《りより》に心《こゝろ》の昧《くら》みたる者《もの》を、遽《にわ》かに其本《そのほん》性《せい》に復《かへ》らしめんとするは、大《おほい》に難事《なんじ》であつて、人々《ひと〴〵》は之《これ》を自己《じこ》の性《せい》格《かく》なり或《あるひ》は親《おや》の氣質《きしつ》を受《う》けたりなど〻云《いつ》て、改《あらた》めんとする者《もの》は少《すく》ない。

◇

然《しか》らば、先《ま》づ其《そ》の性格《せいかく》とする所《ところ》のものは、暫《しば》らく其《その》まゝに放任《ほうにん》して置《おい》ても宜《よろ》しい、而《しか》して只《たゞ》飲食《いんしよく》の量《れう》を定《さだ》め、睡眠《すいみん》の規則《きそく》を立《た》てゝ、さて夫《それ》より身體《しんたい》の倚《ゆ》側《がゐ》を戒《いまし》め、呼吸《こきう》を調和《てうわ》せしめて、行住座臥《こうぢうざやわ》に此《この》心《こゝろ》を以《もつ》て、瞬時《しゆんじ》も忘《わす》るゝことなからしむれば、其心《そのこゝろ》の沈《しづ》むも浮《うか》ぶも何時《いつ》となく調《とゝの》ふて、胸腹《けうふく》は寛《ゆ》つたりとなり、臍下《せいか》自然《しぜん》に充實《じうじつ》して、頭《あたま》と肩《かた》は漸《やうや》く輕《かろ》く、腰《こし》と脚《あし》に力《ちから》ありて、其心《そのこゝろ》の偏倚《へんい》は、自《みづか》ら改《あらた》まり行《ゆ》くに從《したが》い、從來《じうらい》の癇癪《かんしやく》、溜飲《りういん》凡《すべ》て肩脊《けんはい》に結塞《けつそく》せる病《やまい》、婦人血《ふじんち》の道《みち》月經《げつけい》不順《ふじゆん》其他《そのた》一切《さい》の宿《しく》病《べう》も、藥石《やくせき》の力《ちから》を待《ま》たずして平癒《へいゆ》する、此《か》くて其性格《そのせいかく》と思《おも》つた氣質《きしつ》は、何時《いつ》の間《ま》にか忘失《ばうしつ》したるが如《ごと》く、心意坦《しんいたん》懐《くわい》に言行柔順《げんかうじうじゆん》なること、其妙擧《そのめうあげ》て言《い》ふ可《べ》からずである。

◇

人若《ひとも》し、斯《か》くの如《ごと》き境地《けうち》に到達《とうたつ》し得《う》るの後《のち》は、假令《たとへ》健啖過飮《けんたんくわいん》すと雖《いへど》も、身體《しんたい》に左《さ》までの妨害《ばうがい》と爲《な》らざるのみか、病氣《べうき》と爲《な》つて困《こ》まる樣《やう》のことは先《ま》づ無《な》きものである、且《か》つ凡《すべ》て心《こゝろ》は形《かたち》に隨《したが》ふものなることは言《い》ふを俟《ま》たぬ、故《ゆゑ》に病《やまひ》を去《さ》り心《こゝろ》を轉《てん》ぜしむるの捷徑《せうけい》は、此食《このしよく》、眠《みん》、體《たい》、息《そく》を調《とゝの》ふるに優《すぐ》れたものは無《な》い。

夫《そ》れ人《ひと》の世《よ》に在《あ》るや、白駒《はくく》の隙《ひま》を過《す》ぐるが如《ごと》く、涯《かぎり》ある生《せい》を以《もつ》て極《きわ》みなき利慾妄想《りよくばうさう》の爲《ため》に、病《やまひ》を抱《いだ》いて天命《てんめい》を縮《ちゞ》むることは愚《ぐ》の至《いた》りである。

第十一篇　櫻寧室主人の調息法

◇

櫻《あう》寧《ねい》室《しつ》主《しゆ》人《じん》曰《いはく》、余《よ》は近來《きんらい》調《てう》息《そく》の術《じゆつ》を得《う》たり、其《その》法《ほう》は布《ぬの》を以《もつ》て胸《むね》の下《した》腹《はら》の上《うへ》を緊《きん》縛《はく》して、臍《せい》下《か》へ氣《き》息《そく》を充《じう》實《じつ》せしむる、之《これ》を試《こころ》みるに大《おほい》に簡《かん》便《べん》にして行《おこな》ひ易《やす》く、五《ご》事《じ》調《てう》和《わ》を爲《な》し得《う》ざるものご雖《いへど》も、よく此《この》法《ほう》に從《したが》ふごきは、其《その》成《せい》功《こう》は尤《もつと》も速《すみや》かである、それは綿《めん》布《ぷ》の長《なが》さ六尺《しやく》有《ゆう》餘《よ》のものを四つに折《お》りて、左《さ》右《いう》の季《あ》布《はら》の邊《へん》にかけて、二重《じう》に纏《まと》いくゝり、力《ちから》を極《きわ》めて臍《せい》下《か》へ大《たい》氣《き》を吸《す》ひ入《い》るこご、其《その》人《ひと》の氣《き》根《こん》に應《あう》じて、日《ひ》々《ゞ》三四百回《くわい》より二三千回《くわい》に至《いた》り、之《これ》を行《おこな》ふには其《その》體《からだ》を柔《にう》和《わ》にし、肩《かた》を垂《た》れ、背《せ》を屈《かゞ》め、胸《むね》及《および》肩《かた》、臂《ひぢ》を虚《きよ》にして、臍《せい》下《か》に息《いき》を充《じう》實《じつ》する、之《こ》れ從《じう》來《らい》傳《つた》へられし所《ところ》ご異《こご》なるが如《ごご》くなるも、其《その》本《ほん》旨《し》は必《かなら》ずしも相《あい》背《そむ》かぬ。

◇

世《よ》の坐《ざ》禪《ぜん》家《か》の法《ほう》も、鼻《はな》と臍《へそ》とを上《うへ》と下《した》とに相《あい》對《たい》し、背《せ》骨《ぼね》を起《た》て、坐《ざ》其《その》體《たい》を偏《へん》斜《しや》低《てい》昂《こう》ならしめ、面《めん》を平《たいら》かにし、耳《じ》輪《りん》を肩《けん》上《ぜう》に中《あ》て、坐《ざ》禪《ぜん》するも、之《こ》れ正《せい》座《ざ》に非《あらざ》るを以《もつ》て、心《しん》氣《き》はよく臍《せい》下《か》に止《とゞ》まること能《あた》はず、左《さ》れども觀《くわん》想《そう》を以《もつ》て行《おこな》ふことなれば、自《じ》己《こ》はよく修《おさ》め得《え》たりと思《おも》ふものも、多《おほ》くは偏《へん》見《けん》に陷《おちい》りて禪《ぜん》定《てう》成《ぜう》就《じゆ》せざるのみか、之《これ》に原《げん》因《いん》して發《はつ》病《べう》する者《もの》も多《おほ》い。

當《とう》世《せい》の長《てう》老《ろう》智《ち》識《しき》と呼《よ》ばれ、參《さん》禪《ぜん》工《く》夫《ふう》間《かん》斷《だん》なしと云《い》ふものも、其《その》身《しん》體《たい》各《かく》處《しよ》に氣《き》の停《てい》滯《たい》ありて一向《こう》に取《と》り所《ところ》の無《な》い者《もの》多《おほ》きを見《み》れば、言《げん》行《こう》一致《ち》内《ない》外《ぐわい》一貫《くわん》の境《けう》地《ち》には、容《よう》易《い》に到《とう》達《たつ》し能《あた》はざるものと見《み》ゆる、之《こ》れ蓋《けだ》し靜《せい》中《ちう》に動《どう》あり、動《どう》中《ちう》に靜《せい》ありて、動《どう》靜《せい》元《もと》より不《ふ》二なることを知《し》らず、唯《た》だ虚心靜座《きよしんせいざ》でなくば禪定《ぜんでう》に入《い》つたのでなく、道《みち》を得《ロ》られぬものと思《おも》ひ謬《あや》まり、行住座臥《こうぢうざぐわ》盡《ことごと》く坐禪《ざぜん》ならざるものなき理を明《あきら》かにせない結果《けつくわ》、修業者《しゆげうしや》は狐《こ》、狎《り》に誑《たは》かされたるが如《ごと》く、或《あるひ》は大悟徹《たいごてつ》底《てい》と自慢《じまん》して、其言行《そのげんこう》殆《ほと》んど狂人《きやうじん》に似《に》たる者《もの》が多《おほ》い。

◇

彼《か》の慧能禪師《ゑのうぜんし》の、空心靜坐《くうしんせいざ》が大道《たいどう》を妨《さまた》ぐる旨《むね》を說《と》かれしは全《まつた》く此《か》かる輩《はい》の爲《ため》である、故《ゆゑ》に余《よ》が五事調和《ごじてうわ》も動中《どうちう》の工夫《くふう》を專《もつぱ》らに示《しめ》したるは、聊《いささ》か微意《びい》のあればである、今此帶《いまこのおび》を用《もち》いて胸《むね》の下腹《したはら》の上《うへ》を緊《きん》縛《ばく》するのは、强《あなが》ち背骨《せぼね》を眞直《まつすぐ》にして座《ざ》するにも及《およ》ばず、唯《た》だ其體《そのたい》を寛《く》つろいで座《すは》り、面《めん》を俯《うつむ》けて臍中《へそのなか》を覗《のぞ》くやうにして、鼻《はな》と臍《へそ》とを對《むか》はし、且《か》つ行住座臥《こうぢうざぐわ》に其意《そのい》を用《もち》いて、須臾《しばらく》も止《や》むことなく、大氣《たいき》をして常《つね》に臍下丹田《せいかたんでん》に充實《じうじつ》せしむる。

之《こ》れ實《じつ》に活用《くわつよう》の法《はふ》にして、鼻《はな》と臍《ほぞ》と對《たい》せしむるに、唯《た》だ内外《ないぐわい》の差《さ》別《べつ》あるまでなれども、彼《か》の胸閉塞《むねつかえ》、腹《はら》の苦惱《こり》、又《また》は臍《ほぞ》の側《そば》に固疾《かたまり》ありて、如何《いか》に正坐《せいざ》しても、氣息《きそく》臍下《せいか》に到《いた》り難《がた》きものも、其《その》胸腹《そうふく》を空《むな》しくして、氣力《きりよく》を臍下《せいか》に吐納《とのう》せしむる時《とき》には、必《かな》らず到《いた》らざることなきを以《もつ》て、大《おほい》に行《やり》い易《やす》しとす、若《も》し此《この》術《じゆつ》に從《したが》つて息《いき》を調《ととの》へんには其《その》坐《すわ》はるに臀肉《でんにく》を以《もつ》て席上《せきじやう》を壓《あつ》し、歩《ほ》行《こう》には氣息《きそく》を以《もつ》て小腹《せうふく》を引締《ひきし》めるが如《ごと》くし、足《あし》よりも小腹《せうふく》先《ま》づ進《すゝ》むが如《ごと》くし、其《そ》の面《めん》は人《ひと》に對《たい》し眼《め》には外物《ぐわいぶつ》を視《み》るときにも、心《こゝろ》には必《かな》らず臍下《せいか》を視《み》るの心《こゝろ》を瞬間《しゆんかん》も忘《わす》るゝこと無《な》くば、其《その》の外物《ぐわいぶつ》と交《まぢ》はる所《ところ》の妄心《もうしん》自《おのづか》ら斷《た》へて、心神《しんしん》安《あん》定《てい》し、陰陽《いんよう》調和《てうわ》することを得《う》る捷徑《せうけい》の法《はう》である。

◇

余《よ》曾《かつ》て此《この》術《じゆつ》を、兵法者《へいはうしや》白井《しらい》鳩州《きうしう》翁《おう》に傳《つた》へた、此《この》翁《おう》の師《し》に寺田《てらだ》五《ご》右衛門《もん》と云《い》ふ人《ひと》が有《あつ》て、白隠《はくいん》の弟子《でし》東嶺《とうれい》より、參禪《さんぜん》錬丹《れんだん》の術《じゆつ》を受《う》け、初《はじ》めて之《これ》を兵法《へいはう》に加《くは》へたれども、其術《そのじゆつ》未《いま》だ全《まつ》きことを得《え》ず、之《これ》を人《ひと》に傳《つた》ふることは出來《でき》なかつた。

然《しか》るに鳩州《きうしう》翁《おう》の技術《ぎじゆつ》は、其師《そのし》に卓越《たくゑつ》して、よく動中《どうちう》の工夫《くふう》を凝《こ》らし、空中《くうちう》大氣《たいき》の活動《くわつどう》あるを察《さつ》し、鋒尖《きつさき》の赫機《かくき》を觀《み》いだせしも、皆其《みなその》の自得《じとく》に出《い》で、よく身心《しんしん》を虚《きよ》にし、敵《てき》を伏《ふく》するに天眞《てんしん》無爲《むい》の道《みち》を以《もつ》てするの妙《めう》を得《え》た。

翁《おう》の人《ひと》と爲《な》りは恭謙《けうけん》忠實《ちうじつ》で、よく老母《らうぼ》に仕《つか》へて孝《かう》を盡《つく》し、よく貧《ひん》に安《やすん》んじて些《いささ》かも功名《こうめう》富貴《ふうき》を慕《した》ふの念《ねん》なく、實《じつ》に當代《たうだい》の處士《しよし》と云《い》ふ可《べ》きである、宜《う》べなる哉《かな》、古今《ここん》未發《みはつ》の兵法《へいはう》を發明《はつめい》せしも、其《そ》の行住《かうちう》座臥《ざぐわ》に調息《てうそく》に志《こころざ》した結果《けつくわ》である、余《よ》茲《ここ》に於《おい》て大《おほい》に心服《しんぷく》し、寺田《てらだ》より此敎《このをしへ》を受《う》け、其《そ》の帶《おび》を用《もち》ひて之《これ》を沈痾《ちんあ》固疾《こしつ》に試《こころ》みたるに、効《かう》を見《み》るもの數《すう》十《じう》人《にん》其他《そのた》傳《つた》へて行《おこな》はしめしもの百有餘人《ひやくゆうよにん》に及《およ》び、各々《おのおの》其利《そのり》を得《わ》たるを以《もつ》て、吾《わ》が醫術《いじゆつ》の一助《いつぢよ》と爲《な》りしを怡《よろこ》んだ。

◇

元來腹《くわんらいはら》を緊縛《きんばく》して息《いき》を調《ととの》へる法《はう》は、白幽仙人《はくゆうせんにん》とやらが、白隱《はくいん》に傳《つた》へたと聞《き》きつるが、余之《よこれ》を按《あん》ずるに、此法《このはう》は後漢《ごかん》の安世高《あんせいかう》の譯《やく》に、大比丘三千威儀《だいびくさんぜんいぎ》と云《い》ふ律部《りつぶ》の書《しよ》に出《い》で、禪家《ぜんか》には必要《ひつよう》のものなりしを、如何《いか》にして廢《すた》れしか今《いま》に至《いた》るも其製法《そのせいはう》の詳《つまびら》かなることは得《わ》て知《し》ることが出來《でき》ぬ、今試《いまこころ》みに其尺度《そのしやくど》に倣《なら》つて之《これ》を製《こしら》へんには、後漢《ごかん》の尺《しやく》を用《もち》ゆべきなれども、其《そ》の初《はじ》め天竺《てんぢく》の尺度《しやくど》を漢地《かんち》にて譯《やく》せしも、算數《さんすう》の强弱《けうじやく》必《かな》らず有《あ》るべき分《わけ》なるを、唯《た》だ一尺《いつじやく》と云《い》い、八尺《しやく》とのみあるは、其大概《そのたいかい》を記《しる》したものであらう、其尺度《そのしやくど》の如《ごと》きは蓋《けだ》し大《たい》して拘泥《こいでい》すべきことでもなく、それは各體《かくたい》の肥瘦《ひさう》に應《おう》じて之《これ》を製《こしら》へたら宜《よろ》しい。

思《おも》ふに、余《よ》が此帶《このおび》を用《もち》いて試驗《しけん》せしより、肺癰《はいよう》、喘息《ぜんそく》、癇疾《かんしつ》、眩《め》暈《まい》、頭痛《づつう》等《など》に類《るい》せる患者《くわんじや》、肩《かた》及《および》背《せた》の癒《い》へ難《がた》き患者《くわんじや》は、何《いづ》れも調息法《てうそくほう》に依《よつ》て治醫《ちい》した、老子《らうし》の其心《そのこゝろ》を虚《きよ》にし、其腹《そのはら》を實《じつ》にすこ云《い》ひ、又聖《またせい》人《じん》は腹《はら》を爲《な》して目《め》を爲《な》さずなごあるを、既《すで》に甲斐《かい》の德本翁《とくもとおう》も、息《いき》を臍下《せいか》に充實《じうじつ》せしめ、心《こゝろ》を虚無自然《きよむしぜん》の地《ち》に任《ま》かするこここにこりて、其《その》著《あら》はす所《ところ》の極秘法《ごくひほう》こ云《い》へる書《しよ》に、凡《すべ》て病人《べうにん》を見《み》るには、心中《しんちう》に一点《いつてん》の念慮《ねんりよ》なく、氣海丹田《きかいたんでん》に氣《き》を藏《おさ》め、病人《べうにん》も無《な》く、我《われ》も無《な》しこ云《い》ふ所《いわ》謂《ゆる》無《む》念《ねん》無《む》我《が》の境地《けうち》に立《たつ》て手《て》を下《くだ》せば、自然《しぜん》に病氣《べうき》の根源《こんげん》を見定《みさた》め得《う》るのであるこ記《しる》せしは、よく此意《このい》を得《え》たるが故《ゆゑ》である。

◇

按《あん》ずるに、易《ゑき》の彖傳《てんでん》に、「君子《くんし》は虚《きよ》にして以《もつ》て人《ひと》を受《う》く」こ云《い》ひ莊子《そうし》に『君子《くんし》は以《もつ》て心《こころ》を剗《さ》かざる可《べ》からず』と、又《また》『虚緣《きよえん》にして眞《しん》を保《たも》つ』と云《い》ふも、皆其《みなそ》の私《わたくし》を去《さ》り己《おの》れを虚《きよ》にして、唯《ただ》た自然《しぜん》の道《みち》に從《したが》ひ天眞《てんしん》を養《やしな》ふの意《い》なりと雖《いへど》も、今鳩州翁《いまきうしうおう》が兵法《へいはう》の『たゞ天眞《てんしん》に任《まか》せて毫《ごう》も私意《しい》を挾《さしはさ》むこと勿《なか》れ』と示《しめ》したるは、全《まつた》く老莊《らうそう》の骨髓《こつずい》を得《え》たる者《もの》と云《い》ふ可《べ》しである。

古人曰《こじんいわく》、人慾《ひとよく》一分《いちぶ》消《き》ゆれば、天理《てんり》一分《いちぶ》長《てう》ずと云《いつ》て、此《こ》の事《こと》を深《ふか》く誡《いまし》められた、假令《たとへ》書《しよ》を讀《よ》み道《みち》を講《こう》ずるにも、此心《このこころ》が無《な》ければ、皆古《みなこ》人《じん》の餘唾《よだれ》を嘗《な》め、唯《た》だ其形跡《そのけいせき》を追《お》ふまでのことにて、博學《はくがく》で却《かへつ》て害《がい》と爲《な》ることもある、若《も》し斯《か》かる輩《はい》ありて此旨《このしね》を會得《ゑとく》せざる心《こころ》よりして云《い》はしむれば、必《かな》らず迂濶《うくわつ》との樣《やう》に思《おも》ふけれども、大《だい》にしては天下國家《てんかこくか》を治《おさ》め、小《せう》にしては凡百《ぼんひやく》の技藝《ぎけい》も心術《しんじゆつ》を主《しゆ》にせざれば、皆《みな》淺膚《うわべ》の事《こと》と爲《な》りて、實用《じつよう》に立《た》ち難《かた》い、故《ゆゑ》に志《こころざし》あらん者《もの》はよく此理《このり》を

體《たい》認《にん》す可《べ》きである云々《うんぬん》。（南冥曰、櫻寧室主人とは、天保年間の醫家平野元良を云ふ櫻寧室主人は雅號也）

老子曰。人生大期。百年爲限。節護之者。可至千歳。如膏之小炷與大耳。衆人大言。我小語。衆人多煩。我少記。衆人悸怖。我不怒。不以 事累意。淡然無爲。神氣自滿。以爲長生不死之藥。

莊子曰。能遺生者。雖富貴不以養傷身。雖貧賤不以利累形。今世之人。居高年尊爵者。皆重失之。

陰符經曰。淫聲美色。破骨之斧鋸也。世之人。不能秉靈燭以照迷情。持慧劍以割愛慾。則流浪生死之海。是害先於恩也。

第十二篇　貝原益軒の養生訓

陰《いん》陽《やう》の氣《き》、天《てん》にあつて、流行《りうかう》して滯《とどこほ》らざれば、四時《じ》よく行《おこな》はれ、百物《ぶつ》よく生《な》る、偏《へん》にして滯《とどこほ》れば、流行《りうかう》の道《みち》ふさがり、冬《ふゆ》あたたかに夏《なつ》さむく、大風《たいふう》大雨《たいう》の變《へん》ありて、凶害《けうがい》をなす、人身《じんしん》にあつても亦然《またしか》り、血氣《けつき》よく流行《りうかう》して滯《とどこほ》らざれば、氣《き》つよくして病《やまひ》なし、血氣《けつき》流行《りうかう》せざれば病《やまひ》となる、其氣《そのき》、上《かみ》に滯《とどこほ》れば頭痛《づつう》眩暈《めまひ》となり、中《うち》に滯《とどこほ》れば必《かなら》ず腹痛《ふくつう》となり、痞滿《ひまん》となり、下《しも》に滯《とどこほ》れば、腰痛《えうつう》脚氣《かつけ》となり、淋疝《りんせん》痔漏《ぢろう》となる、此故《このゆゑ》によく、生《せい》を養《やしな》ふ人《ひと》はつとめて、元氣《げんき》の滯《とどこほり》がないようにする。

素問《そもん》に、怒《いか》れば氣《き》上《あが》る、喜《よろこ》べば氣《き》緩《ゆる》まる、悲《かな》しめば氣《き》消《き》ゆ、恐《おそ》るれば氣《き》めぐらず、寒《さむ》ければ氣《き》とづ、暑《あつ》ければ氣《き》泄《も》る、驚《おどろ》けば氣《き》亂《みだ》る勞《らう》すれば氣《き》へる、思《おも》へば氣《き》詰《つま》ることある、百病《べう》は皆《みな》氣《き》より生《せう》ず、病《やまひ》とは氣《き》やむ也《なり》、故《ゆゑ》に養生《やうせい》の道《みち》は、氣《き》を調《とゝの》ふるにあり、調《とゝの》ふるとは氣《き》を和《やわ》らげ平《たひ》らかにするのである、凡《およ》そ氣《き》を養《やしな》ふの道《みち》は、氣《き》をへらさざるとふさがざるとにある、氣《き》を和《やわら》らげ平《たひら》にすれば、此《こ》の二のうれひはない。

臍下《さいか》三寸《すん》を丹田《たんでん》と云《い》ふ、腎間《じんかん》の動氣《どうき》ここにあり、難經《なんけい》に、臍下《さいか》腎《じん》間《かん》動氣《どうき》は人之生命《じんのせいめい》也《なり》、十二經《けい》の根本《こんぼん》也《なり》と云《いつ》て居《ゐ》る、是《これ》人身《じんしん》の命根《めいこん》のある所《ところ》である、養氣《やうき》の術《じゆつ》、つねに腰《こし》を正《たゞ》しくするゐ、眞氣《しんき》を丹田《たんでん》にをさめあつめ、呼吸《こきう》をしづめてあらくせず、事《こと》にあたりては胸中《けうちう》より微氣《びき》をしば〳〵口《くち》に吐《は》き出《だ》して、胸中《けうちう》に氣《き》をあつめずして、丹田《たんでん》に氣《き》をあつむる、如此《かくのごとく》すれば氣《き》上《あが》らす、胸《むね》さわがずして身《み》に力《ちから》あり、貴人《きじん》に對《たい》して物《もの》を云《い》ふにも、大事《だいじ》の變《へん》にのぞみ、いそがはしき時《とき》も此《か》くの如《ごと》くすべし、若《も》しやむ事《こと》を得《え》ずして、人《ひと》と是非《ぜひ》を論《ろん》ずとも、怒《ど》氣《き》にやぶられず、浮《ふ》氣《き》ならずして、あやまりがない、或《あるひ》は藝《げい》術《じゆつ》をつとめ、武《ぶ》人《じん》の槍《やり》太《た》刀《ち》をつかひ、敵《てき》と戰《たゝか》ふにも、皆《みな》此《この》法《はふ》を主《しゆ》とせなければならぬ、凡《およそ》技《ぎ》術《じゆつ》を行《おこな》ふ者《もの》、殊《こと》に武《ぶ》人《じん》は、此《こ》の法《はふ》を知《し》らなければならぬ、又《また》道《だう》士《し》の氣《き》を養《やしな》ひ、比《び》丘《く》の坐《ざ》禪《ぜん》するも、皆《みな》眞《しん》氣《き》を臍《さい》下《か》にをさむる法《はふ》である、是《これ》主《しゆ》靜《せい》の工《く》夫《ふう》、術《じゆつ》者《しや》の秘《ひ》訣《けつ》である。

氣《き》を和《わ》平《へい》にし、あらくすべからず、しづかにして、みだりにうごかすべからず、ゆるやかにして、急《きう》なるべからず、言《げん》語《ご》を少《すくな》くして氣《き》をうごかすべからず、常《つね》に氣《き》を臍《へそ》の下《した》におさめて、胸《むね》にのぼらしむべからず、是《これ》氣《き》を養《やしな》ふ法《はふ》である。

呼《こ》吸《きう》は、人《ひと》の鼻《はな》より常《つね》に出《で》入《い》る息《いき》である、呼《こ》は出《い》づる息《いき》である、内《ない》氣《き》を吐《は》くのである、吸《きう》は入《い》る息《いき》である、外《ぐわい》氣《き》をすふのである、呼《こ》吸《きう》は人《ひと》の生《せい》氣《き》である、呼《こ》吸《きう》なければ死《し》す、人《ひと》の腹《ふく》中《ちう》の氣《き》は、天《てん》地《ち》の氣《き》と同《おな》じくして、内外《ないぐわい》相通《あひつう》ず、人《ひと》の天地《てんち》の氣《き》の中《うち》にあるは魚《うを》の水中《すゐちう》にあるが如《ごと》きもの、魚《うを》の腹中《ふくちう》の水《みづ》も、外《そと》の水《みづ》を出入《しゆつにふ》して、同《おな》じ人《ひと》の腹中《ふくちう》にある氣《き》も、天地《てんち》の氣《き》と同《おな》じ、されども腹中《ふくちう》の氣《き》は、臟腑《ざうふ》にありて、ふるくけがる、天地《てんち》の氣《き》は、新《あたら》しくして淸《きよ》し、時々《ときどき》鼻《はな》より外《ぐわ》氣《き》を多《おほ》く吸入《すゐい》るべし、吸入《すゐい》るるところの氣《き》、腹中《ふくちう》に多《おほ》くたまりたるとき、口中《こうちう》より少《すこし》づつ、しづかに吐《は》き出《いだ》すべし、あらく早《はや》く吐《は》き出《いだ》してはならぬ、是《これ》ふるくけがれたる氣《き》を吐《は》き出《いだ》して、新《あたら》しき淸《きよ》き氣《き》を吸入《すゐい》るるのである、是《これ》を行《おこな》ふ時《とき》、身《み》を正《たゞ》しく仰《あふ》ぎ、足《あし》を伸《の》べ、目《め》をふさき手《て》をにぎりかため、兩足《れうあし》の間去《あひださ》る事《こと》五寸《すん》、兩《れう》ひぢと體《たい》との間《あひだ》も、相去《あひさ》る事《こと》、各々《おのおの》五寸《すん》、一日《じつ》一夜《や》の間《あひだ》、一兩《れう》度行《どおこない》ひ、久《ひさ》しくしてしるしが見《み》へる、氣《き》を安和《あんわ》にして行《おこな》はなければならぬ。

千金《きん》方《はう》に、常《つね》に鼻《はな》より淸氣《せいき》を引《ひ》き入《い》れ、口《くち》より濁氣《だくき》を吐出《はきいだ》す、入《い》る事《こと》多《おほ》く、出《いだ》す事《こと》すくなくす、出《いだ》す時《とき》は、口《くち》をほそく開《ひら》きて、少《すこ》し吐《は》かねばならぬ。

常《つね》の呼《こ》吸《きう》の息《いき》はゆるやかにして、深《ふか》く丹《たん》田《でん》に入《い》れ、急《きう》にしては宜《よろ》しくない、調《てう》息《そく》の法《はふ》は呼《こ》吸《きふ》をとゝのへ、しづかにすれば息《いき》やうやく微《かす》かになり、彌《いよ〳〵》久《ひさ》しければ後《のち》は、鼻中《はなのなか》に全《まつた》く氣《い》息《き》なきが如《ごと》く、只《たゞ》臍《ほぞ》の上《うへ》より微《び》息《そく》往《わう》來《ふく》することを覺《おぼ》ふ、如此《かくのごとく》すれば、神《しん》氣《き》定《さだ》まる、是《これ》氣《き》を養《やしな》ふ術《じゆつ》である、呼《こ》吸《きう》は一身《しん》の氣《き》の出《しゆつ》入《にふ》する道《だう》路《ろ》である、あらくしてはならぬ。

第十三篇　貝原益軒の頤生輯要

古今醫統《ここんゐとう》に曰《いは》く、呼吸《こきう》は、綿《めん》々として深《ふか》く丹田《たんでん》に入《い》ることを要《よう》すと、經《けい》に曰《いは》く、氣《き》を閉《と》ぢて呑《の》めば、呼吸《こきふ》胸胎《けうたい》の中《うち》に在《あ》るが如《ごと》し、胎息《たいそく》と名《な》づくと。

荀悦申鑒《じゆんゑつしんかん》に曰《いは》く、臍《へそ》に隣《ちか》き三寸《すん》、之《こ》れを關《くわん》と謂《い》ふ、道者《だうしや》常《つね》に氣《き》を關《くわん》に致《いた》す、是《これ》を要術《えうじゆつ》と謂《い》ふと。

難經《なんけい》に曰《いは》く、臍下《せいか》腎間《じんかん》の動氣《どうき》は人《ひと》の生命《せいめい》である、十二經《けい》の根本《こんぽん》である、故《ゆゑ》に名《なづ》けて原《げん》と曰《い》ふと。

趙公哲《てうこうてつ》が脈室《みやくしつ》に、天機《てんき》は臍下《せいか》一寸《すん》三分《ぶ》なり、難經《なんけい》の註《ちう》に云《い》ふ、膽《たん》下《か》腎間《じんかん》の動氣《どうき》は、丹田《たんでん》なり、人《ひと》の生命《せいめい》なり、丹田《たんでん》は生命《せいめい》の本道《ほんだう》、神《しん》を思《おも》ひ、比丘尼《びくに》坐禪《ざぜん》す、皆《みな》眞氣《しんき》を臍下《せいか》に聚《あつ》む、良《まこと》に此《こ》れ由《よし》あるなり口鼻《こうび》は、只是《ただこ》れ呼吸《こきう》の門戸《もんこ》、丹田《たんでん》は氣《き》の本《もと》なりと。

抱朴子《はうはくし》曰《いは》く、人《ひと》は氣中《きちう》に在《あ》り、氣《き》は人中《じんちう》に在《あ》り、天地《てんち》萬物《ばんぶつ》、氣《き》を須《まつ》て以《もつ》て生《せう》ぜざるものはない、善《よ》く氣《き》を行《おこな》ふ者《もの》は、内《うち》以《もつ》て身《み》を養《やしな》ひ外《ほか》以《もつ》て惡《あく》を卻《しりぞ》く、然《しか》も之《これ》を行《おこ》ふに法《はう》有《あ》り、子《ね》より已《み》に至《いた》るまでを生《せい》氣《き》の時《とき》と爲《な》す、午《うま》より、亥《いね》に至《いた》るまでを死《し》氣《き》の時《とき》と爲《な》す、常《つね》に生氣《せいき》の時《とき》を以《もつ》て、鼻中《びちう》に氣《き》を引《ひ》き入《い》るゝを多《たは》くし、出《は》すを少《すくな》くし、閉《さ》ぢて之《これ》を數《かぞ》へ、九九より八八、七七、六六、五五、に至《いた》りて止《や》む、乃《すなわ》ち微《かすか》に之《これ》を吐《は》き、耳《みゝ》をして聞《き》かしむること勿《なか》れ、之《これ》を習《なら》ふこと既《すで》に熟《じゆく》すれば、増《ま》して千數《すう》に至《いた》る此《こ》れを胎息《たいそく》となすと。

攝生《せいせい》調氣《てうき》篇《へん》に曰《いは》く、天地《てんち》虚空《こくう》の中《うち》皆《みな》氣《き》、人身《じんしん》虚空《きよくう》の處《ところ》皆《みな》氣《き》、故《ゆゑ》に濁氣《だくき》を呼出《こしゆつ》するは身中《しんちう》の氣《き》なり、淸氣《せいき》を吸入《きふにふ》するは天地《てんち》の氣《き》なり、人《ひと》、氣中《きちう》に在《あ》ること魚《うを》の水中《すゐちう》に游《あそ》ぶが如《ごと》く、魚《うを》の腹中《ふくちう》、水《みづ》出入《しゆつにふ》するを得《ね》ざれば即《すなは》ち死《じ》す、人《ひと》の腹中《ふくちう》、氣《き》出入《しゆつにふ》することを得《ね》ざるも亦死《またし》す其理《ねのり》一なり、調氣《てうき》の術《じゆつ》を修《をさ》めんと欲《ほつ》する者《もの》は、常《つね》に密室《みつしつ》を得《ね》、戸《と》を閉《さ》して牀《せう》を安《あん》じ、席《せき》を煖《あたたか》にし、枕高《まくらたか》きこと二《に》寸《すん》許り、身《み》を正《ただ》して偃《わん》臥《ぐわ》し、目《め》を瞑り握固《あくこ》す、兩足《れうそく》の間《かん》、相去《あひさ》ること五寸《すん》、兩臂《れうへき》、體《たい》と相《あひ》去《さ》ること亦各《またかく》五寸《すん》、先《ま》づ氣《き》を閉《と》づることを習《なら》ひ、鼻《はな》を以《もつ》て吸入《きふにふ》し、漸漸《ぜんぜん》に腹《はら》滿《あ》つれば乃《すなは》ち之《こ》れを閉《と》ぢ、久《ひさ》しうして忍《しの》ぶべからざれば乃《すなは》ち口《くち》より細々《こまごま》に吐出《としゆつ》し、一呼《こ》に即《すなは》ち盡《つく》す可《べか》らず、氣定《きさだま》つて復前《またまへ》の如《ごと》く之《こ》れを閉《と》ぢ始《はじ》めは、十息或《そくあるひ》は二十息《そく》、復忍《またしの》ぶべからざるも漸《やうや》く熟《じゆつ》して漸《やうや》く多《おほ》くせよ、但《ただ》だ能《よ》く閉《と》づること七八十息《そく》以上《いじやう》に至《いた》れば、則《すなは》ち臟腑胸隔《ざうふきようかく》の間《あいだ》皆滑氣《みなせいき》の布護《ふご》とならん、純熟《じゆんじゆく》するに至《いた》れば、其氣《そのき》閉づるの時《とき》に當《あた》りて、鼻《ひ》中《ちう》唯短息《ただたんそく》一寸餘《すんよ》有《あ》り、閉《と》ざす所《ところ》の氣《き》中《ちう》に在《あ》りて、火《ひ》の肺宮《はいきう》を蒸潤《ぼうじゆん》するが如《ごと》し、一《ひと》たび縱《はな》てば則《すなは》ち身委《みゐ》脫《だつ》するが如《ごと》く、神《しん》、身外《しんぐわい》に在《あ》りて、其《そ》の快《くわい》、其《そ》の美《び》、言《い》ふ可《べ》からざるの狀《じやう》有《あ》り蓋《けだ》し一氣《き》流通《りうつう》して、表裏《へうり》上下《じやうげ》に徹澤《てつたく》する故《ゆゑ》なり、其《そ》の閉《と》づる所《ところ》の氣《き》漸《やうや》く消《き》ゆれば、則《すなは》ち恍然《くわうぜん》として舊《きう》に復《かへ》る、此《こ》の道《みち》、多《おほ》きを以《もつ》て貴《たつと》しとなし、久《ひさ》しきを以《もつ》て功《かう》となす、但《た》だ能《よ》く日夜《にちや》の間《あひだ》に於《おい》て、此《こ》の一兩度《れうど》を得《う》れば久ふして、耳目《じもく》聰明《そうめい》、精神《せいしん》完固《くわんこ》、體健《たいけん》に、身《み》輕《かろ》くして百病《べうびやう》消滅《せうめつ》せん、凡《おそ》そ氣《き》を調《ととの》ふるの初《はじめ》、務《つと》めて體《だい》を安《やす》く氣《き》和《や》らぎ、意《い》と爭《あらそ》ふこと無《な》からんことを要《えう》す、若《も》し安和《あんわ》ならざれば、且《かつ》止《や》め、和《わ》を俟《ま》つて乃《すなは》ち之《これ》を爲《な》し、久《ひさ》しうして倦《う》まざれば則《すなは》ち善《よ》し、氣《き》に閉《と》づること降龍《かうりよう》伏虎《ふくこ》の如《ごと》く、其《そ》の神理《しんり》に達《たつ》せんことを要《えう》し、胸隔《きようかく》常《つね》に虛空《きよくう》なるが宜《よろ》し、飽《はう》滿す可《べか》らず若《も》し、氣《き》に結帶《けつたい》有《あ》れば宣流《せんりう》を得《え》ず、之《こ》れを覺《おぼ》ねば便《すなは》ち吐法《とはう》を用《もち》ひて以《もつ》て之《こ》れを除《のぞ》くべし吹《すい》、噓《きよ》、呵《か》、嘻《き》、呬《し》呼《こ》の類《るゐ》の如《ごと》き是《これ》なり、然《しか》らざれば、泉原《せんげん》壅遏《ようあつ》し、必《かなら》ず逆流《ぎやくりう》に至《いた》り、瘡《さう》瘍《せう》中《ちう》滿《まん》の患《くわん》作《おこ》る。

又《また》蘇《そ》氏《し》養《やう》生《ぜい》訣《けつ》に曰《いは》く、毎《まい》夜《よ》三更《かう》より五更《かう》に至《いた》り、以《い》來《らい》床《しやう》上《じやう》被《ひ》を擁《よう》し、盤《はん》足《そく》し、東《ひがし》或《あるひ》は南《みなみ》に向《むか》ひ、齒《は》を叩《たた》くこと三十六通《つう》、握《あく》固《こ》して目《め》を冥《ふさ》ぎ、兩《れう》手《て》を以《もつ》て腰《こし》腹《はら》の間《あひだ》を支《ささ》へ、息《いき》を閉《と》ぢて想《さう》心《じん》す、炎《わん》火《くわ》炎《わん》明《めい》洞《どう》徹《てつ》の下《した》も丹《たん》田《でん》に入《い》ることをなし、腹《はら》滿《み》ち、氣《き》極《きは》まるを待《ま》ちて、即《すなは》ち徐々氣《き》を出《だ》せ、耳《みみ》をして聞《き》かしむることを得《う》ざれ、復《また》た舌《した》を以《もつ》て齒《は》を舐《ねぶ》り、華《くわ》池《ち》水《すゐ》を取《と》りて口《くち》に滿《み》たし、頭《とう》を低《た》れて嚥《えん》下《か》し丹《たん》田《でん》に送《おく》り入《い》れ、意《い》を用《もち》ふる精《せう》猛《まう》、津《しん》と氣《き》とをして、谷《こく》谷《こく》然《ぜん》として聲《こゑ》有《ろ》らしめ、經《へ》て丹《たん》田《でん》に至《いた》り、畢《をは》りて再《ふた》び前《まへ》に依《よ》りて之《こ》れをなすこと凡《およ》そ九たび、息《いき》を閉《さ》ぢ、三たび津《しん》を嚥《の》んで止《や》む、然《しか》る後《のち》、兩《れう》手《て》を以《もつ》て熱《ねつ》して兩《たう》脚《きやく》の心《しん》及《およ》び腰《こし》脊《せ》の兩《れう》旁《はう》を摩《さす》り、皆《みな》熱《ねつ》をして徹《とほ》らしめ、次《つぎ》に兩《れう》手《て》を以《もつ》て眼《さん》面《めん》耳《じ》項《こう》を摩《ます》り熨《の》し、皆《みな》極《きは》めて熱《あつ》からしめ、仍《よつ》て鼻《ひ》梁《れう》の左《さ》右《いう》を接提《せつてい》すること七下《か》、頭《とう》を梳《くしけづ》ること百餘梳《たよりう》して臥《ふ》し、熟睡《じゆくする》して明《かい》に至《いた》る。

壽世保元《じゆせいほげん》呼吸《こきう》靜功《せいこう》の妙訣《めうけつ》に曰《いは》く、子《ね》午《うま》卯《う》酉《とり》の時毎《ときごと》に、靜室《せいしつ》の中《なか》に於《おい》て、厚褥《こうじよく》を榻上《たふじやう》に舖《し》き、盤脚大坐《はんきやくたいざ》し、目《め》を瞑《ふさ》ぎ、臍《ほそ》を視《み》、綿《わた》を以《もつ》て、耳《みみ》を塞《ふさ》ぎ、心《しん》に念慮《ねんりよ》を絶《た》ち意《い》を以《もつ》て呼吸《こきふ》に隨《したが》ひて一往《わう》一來《らい》の、心腎《しんじん》の間《あひだ》に上下《じやうか》せしめよ亟《すみやか》にすること勿《なか》れ、徐にすること勿《なか》れ、其《そ》の自然《しぜん》に任《にん》ぜよ、坐《すわ》ること一炷香《ちうかう》の後《のち》、口鼻《こび》の氣《き》、麁《あら》からず、漸漸《ぜんぜん》に和柔《わにう》なることを覺《さと》り得て、又《また》一炷香《ちうかう》の後《のち》、口鼻《こび》の氣《き》、出入《しゆつにう》無《な》きに似《に》ることを覺《さと》り得、然《しか》して後《のち》緩緩《くわんくわん》に脚《あし》を伸べ、目《め》を開《ひら》き、耳《みみ》の塞《ふさ》ぎを去《さ》り、榻《たふ》を下《くだ》りて行《ゆ》くこと數歩《すうほ》、又《また》榻上《たふじやう》に偃臥《えんぐわ》し、少《すこ》しく睡《ねむ》り、片時《へんじ》起來《たききた》りて、淡粥半碗《たんじゆくはんわん》を啜《すす》る、勞《らう》を作《な》し惱怒《なうど》して以《もつ》て靜功《せいかう》を損《そん》ず可《べか》らず、毎日《まいにち》能《よ》く心《こころ》を專《もつぱ》らにし、法《はふ》に依《よ》りて之《これ》を行《おこな》はゞ兩月《りやうげつ》の後《のち》自《おのづか》ら攻《こう》效《かう》を見《み》んと。

千金方《きんはう》に云《い》ふ、常《つね》に鼻《はな》を以《もう》て氣《き》を引《ひ》き、口《くち》、氣《き》を吐《は》くこと小微《せうび》に之《こ》れを吐《は》き、口《くち》を開《ひら》くことを得《え》ず、復《また》氣《き》を出《だ》すこと少《すく》なく、氣《き》を入《い》ることを多《おほ》きことを得《え》んと欲《ほつ》す、胎息《たいそく》を調《ととの》ふれば、久《きう》うして神《しん》愈《いよ》凝《こ》り、息《いき》愈《いよいよ》微《び》なり、又《また》久《ひさ》しければ則《すなは》ち鼻中《びちう》全《まつた》く呼吸《こきふ》無《な》く、止《た》だ微息《びそく》有《あ》り、臍上《さいぜう》に在《あ》りて往來《わうらい》す、嬰兒《ゑいじ》、胎中《たいちう》に在《あ》ること一般《はん》、故《ゆゑ》に之《こ》れを胎息《たいそく》と謂《い》ふ、乃《すなは》ち神氣《しんき》大《おほい》に定《さだま》る、自然《しぜん》にして然《しか》り、修煉《しゆれん》必《かなら》ず胎息《たいそく》に至《いた》りて後《のち》、氣《き》、元海《げんかい》に歸《き》す、方《まさ》に是《こ》れ純坤《じゆんこん》十月の功《かう》なりと。

第十四篇　黄帝と岐伯の壽夭問答

◇

道書《だうしよ》に、黄帝《こうてい》、曰《いわ》く余《よ》聞《き》く、上古《じやうこ》の人《ひと》は、春秋《しゆんじう》百歳《さい》に亘《わた》りて動作《どうさ》衰《おとろ》へず、老《すい》て益《ます》々《ます》旺《さか》ん也《なり》と云《い》ふが、當今《とうこん》の人《ひと》は年《とし》五《ご》十歳《さい》にして、動《どう》作《さ》が衰《おとろ》へて仕《し》舞《ま》ふのは何《ど》ふ云《い》ふ譯《わけ》か、之《これ》れ時世《じせい》が異《こと》なるに依《よ》るか、又《また》は人《ひと》が養生《ようせい》に留意《りうい》するとせざるに依《よ》るかと。

岐伯《ぎはく》對《こた》へて曰《いは》く、上古《じやうこ》の人《ひと》は其道《そのみち》を知《し》る者《もの》陰陽《いんよう》に法《のつと》り、術數《じゆつすう》に和《わ》し、飲食《いんしよく》節《せつ》有《あ》り、起《き》居《きよ》常《つね》有《あ》り、妄《みだ》りに過激《くわげき》なる勞働《ろうどう》はせない、故《ゆゑ》に能《よ》く形容《けいよう》も精神《せいしん》も共《とも》に天年《てんねん》を終《お》へ、百歳《さい》にして逝去《せいきよ》する、然《しか》るに當《とう》今《こん》の人《ひと》は陰陽《いんよう》の理《り》と壽夭《じゆよう》の法《はう》を知《し》らず、酒《さけ》を暴飲《ばういん》し、妄勞《もうらう》するを常《つね》とし、醉《よ》ふては寢《い》ね、寢《い》ねては女色《ちよしよく》に接《せつ》して其精《そのせい》を失《うしな》い、其神《そのしん》を耗《もう》し、滿《えん》を持《ち》して放《はな》つことを爲《な》さず、故《ゆゑ》に半百《はんはく》にして衰弱《すいじやく》して仕《し》舞《ま》ふと。

◇

黄帝《こうてい》又《また》曰《いわ》く、余《よ》聞《き》く上古《ぜうこ》に眞人《しんじん》有《あ》り、天地《てんち》に提携《ていけい》し、陰陽《いんよう》を把握《はあく》し、精氣《せいき》を呼吸《こきう》し、獨立《どくりつ》精神《せいしん》を守《まも》り、肌肉《きにく》一の如《ごと》く能《よ》く長壽《てうじゆ》し、天《てん》地《ち》を蔽《お》ふて無終《むしう》の慨《がい》がある、此《こ》れを道《みち》を以《もつ》て生《い》ると謂《い》ふのである。

中古《ちうこ》の時《とき》に至人《しじん》有《あ》り、淳《じゆん》德《とく》全《ぜん》道《どう》、陰陽《いんよう》に和《わ》して四時《じ》に調《ととの》ひ、世《よ》を去《さ》り俗《ぞく》を離《はな》れ、精《せい》を積《つ》んで神《しん》を全《まつた》ふし、天地《てんち》の間《かん》に遊行《ゆうこう》して壽命《じゆめい》益《ます》々長《なが》く、眞人《しんじん》と同樣《どうよう》道《みち》を以《もつ》て生《いき》るものである。

其次《そのつぎ》に聖人《せいじん》有《あ》り、天地《てんち》の和《わ》に處《しよ》して八風《はちふう》の理《り》に從《したが》ひ、嗜慾《しよく》を世俗《せぞく》の間《あいだ》に適宜《てきぎ》にし、擧動《きよどう》は俗《ぞく》を觀《み》るを欲《ほつ》せず、外《ほか》は形《かたち》を事《こと》に勞《ろう》せず、内《うち》思想《しそう》の憂無《うれいな》く、恬淡《てんたん》を以《もつ》て務《つとめ》と爲《な》し、自得《じとく》を以《もつ》て功《こう》と爲《な》し、形體《けいたい》弊《やぶ》れず、精神《せいしん》散《さん》せず、亦《また》以《もつ》て百歳《さい》に長壽《てうじゆ》して尚《なほ》强健《けうけん》である。

其《その》次《つぎ》に賢《けん》人《じん》有《あ》り、法《ほう》は天《てん》地《ち》に則《のつと》り、象は日《にち》月《げつ》に照《て》らし、辨《べん》は星《せい》辰《しん》に列《れい》し、陰《いん》陽《よう》に逆《ぎやく》從《じゆう》し、四時《じ》を分《ふん》別《べつ》し將《まさ》に上《じよう》古《こ》に從《したが》つて、道《みち》は合《ごう》同《どう》し、壽《じゆ》は無《む》窮《きう》であること。

◇

岐《き》伯《はく》對《こた》へて曰《いは》く、人《ひと》の壽《じゆ》夭《よう》は各《おの》々《おの》天《てん》命《めい》に依《よ》りて左《さ》右《ゆう》せらるゝ、天《てん》命《めい》なるものは天《てん》地《ち》父《ふ》母《ぼ》の元《げん》氣《き》である、父《ちち》は天《てん》であつて母《はは》は地《ち》である父《ちち》の精《せい》母《はは》の血《ち》は、盛《せい》衰《すい》不《ふ》同《どう》である、故《ゆへ》に人《ひと》の壽《じゆ》夭《よう》も亦《また》相《あい》異《こと》なる譯《わけ》である。

人《ひと》は其《その》懐胎《いわいたい》の初《はじ》めに於《おい》て、父《ふ》母《ぼ》の氣《き》の兩《れう》盛《せい》を受《う》くる者《もの》は長《てう》生《せい》し、父《ふ》母《ぼ》の氣《き》の偏《へん》盛《せい》を受《う》くる者《もの》は早《そう》世《せい》する、乃《すなは》ち父《ちち》も母《はは》も兩《れう》方《はう》共《とも》に盛《せい》氣《き》なる時《とき》に懐《くわつ》胎《たい》せる者《もの》は長《てう》生《せい》し、父《ちち》は盛《せい》氣《き》なるも母《はは》は然《しか》らず、母《はは》は盛《せい》氣《き》なるも父《ちち》は然《しか》らざる場《は》合《あい》には、其《その》子《こ》は父《ふ》母《ぼ》兩《れう》盛《せい》の場《は》合《あい》の如《ごと》き長《てう》生《せい》は出《で》來《き》ぬ。

反之《これにはんし》父母《ふぼ》の氣《き》兩衰《れうすい》を受《う》くる者《もの》は、能《よ》く保養《ほやう》すれば僅《わづ》かに壽《とし》を得《う》るも、若《も》し放任《はうにん》すれば夭折《えうせつ》する、併《しか》し父母《ふぼ》の氣《き》の兩盛《れうせい》を受《う》けたる者《もの》と雖《いへど》も、或《あるひ》は風寒暑濕《ふうかんしよしつ》の外《ほか》に感《かん》じ、飢飽勞役《きはうらうえき》の内《うち》に其心身《そのしんしん》を傷《いた》ましむることがあれば、一々《いちいち》天稟《てんりん》の元氣《げんき》を保《たも》つて、長生《ちやうせい》することは困難《こんなん》である。

故《ゆゑ》に上古《じやうこ》の聖人《せいじん》は、百草《ひやくそう》を嘗《な》めて醫藥《いやく》を製《せい》し、生民《せいみん》をして各々《おのおの》其《その》天稟《てんりん》の壽《じゆ》を終《を》へしめんと努力《どりよく》した、傳《でん》に曰《いわ》く、身《み》を修《をさ》めて以《もつ》て天命《てんめい》を俟《ま》つとは此事《このこと》で、必《かな》ず須《すべか》らく人事《じんじ》を盡《つく》して以《もつ》て天意《てんい》に副《そ》はゞ、即《すなは》ち凶《けう》は吉《きつ》と化《くわ》して長生《ちやうせい》することが出《で》來《き》よう、人《ひと》は決《けつ》して天命《てんめい》に委《ゆだ》ねてはならぬ云々《うんうん》と。

岐《き》伯《はく》又《また》曰《いは》く、身體《じんたい》と精氣《せいき》と兩《ふた》つながら全《まつた》ければ長壽《てうじゆ》する、全《まつた》からざれば則《すなは》ち夭折《ようせつ》する、皮《かは》と肉《にく》と兩《ふた》つながら全《まつた》ければ則《すなは》ち長壽《てうじゆ》し、全《まつた》からざれば則《すなは》ち夭折《ようせつ》する、身體《しんたい》肥大《ひだい》にして皮膚《ひふ》緩《くわん》なる者《もの》は長生《てうせい》し、形《かたち》肥大《ひだい》にして皮膚《ひふ》急《きう》なる者《もの》は則《すなは》ち夭折《ようせつ》する、形《かたち》肥大《ひだい》なるも脈《みやく》小《せう》にして弱《よわ》き者《もの》は夭折《ようせつ》する、形《かたち》肥大《ひだい》にして肉《にく》堅《かた》き者《もの》は長壽《てうじゆ》し、堅《かた》からざる者《もの》は夭折《ようせつ》する。

又《また》曰《いは》く、性急《せいきう》なれば脈《みやく》亦《また》急《きう》也、性緩《せいくわん》なれば脈《みやく》亦《また》緩也《くわんなり》、大抵《たいてい》脈緩《みやくくわん》にして遲《おそ》き者《もの》は長壽者《てうじゆしや》多《おほ》く、脈急《みやくきう》にして數《かぞ》ふる者《もの》は多《おほ》くは夭折《ようせつ》する。乃《すなは》ち脈《みやく》の遲緩《ちくわん》なる者《もの》は、氣血《きけつ》平和《へいわ》にして、晝夜《ちうや》一萬三千五百《いちまんさんぜんごひやく》息《そく》、故《ゆへ》に天地《てんち》の壽《じゆ》は悠久《ゆうきう》にして無窮《むきう》、脈《みやく》の急《きう》なる者《もの》は氣血《きけつ》缺《か》け易《やす》くして神《しん》機《き》息《や》み易《やす》し、故《ゆへ》に多《おほ》く夭折《ようせつ》する云々《うんうん》と。

黄帝《こうてい》又《また》問《とう》て曰《いは》く、余《よ》は百病《ひやくべう》の氣《き》より生《せう》するを知《し》れり、怒《いか》れは則《すなは》ち氣《き》上《ぜう》り、喜《よろこ》べば則《すなは》ち氣《き》緩《ゆる》み、悲《かなし》めば則《すなは》ち氣《き》消《き》へ、恐《おそ》るれば則《すなは》ち氣《さ》下《くだ》り、寒《さむ》ければ則《すなは》ち氣《き》收《おさ》まり、笑《わつ》へば則《すなは》ち氣《き》泄《も》れ、驚《おどろ》けば則《すなは》ち氣《き》亂《みだ》れ勞《らう》すれば則《すなは》ち氣《き》耗《もう》し、思《おも》へば則《すなは》ち氣《き》結《むす》ぶ、九氣《きうき》同《おな》じからざれば何《なん》の病《やまい》か之《これ》れ生《せう》ずるやと。

岐《き》伯《はく》答《こた》へて曰《いわ》く、怒《いか》れは則《すなは》ち氣《き》逆《ぎやく》し甚《はなは》だしければ則《すなは》ち嘔《おう》血《けつ》す、故《ゆへ》に氣《き》は逆上《ぎやくじやう》する、喜《よろこ》べば則《すなは》ち氣《き》和《わ》し志《し》達《たつ》す、故《ゆへ》に氣《き》は緩《ゆる》む、悲《かなし》めば則《すなは》ち心《しん》急《きう》に氣《き》上《ぜう》焦《せう》し、熱《ねつ》氣《き》中《うち》に在《あ》り、故《ゆへ》に氣《き》消《き》ゆ、恐《おそ》るれば則《すなは》ち精《せい》縮《ちゞ》まる、縮《ちゞ》まれば則《すなは》ち上《ぜう》焦《せう》閉《と》づ、閉《と》づれば則《すなは》ち氣《き》還《かへ》る、還《かへ》れば則《すなは》ち下《か》焦《せう》脹《は》る、故《ゆへ》に氣《き》行《ゆ》かず、寒《さむ》けれは則《すなは》ち氣《き》行《ゆ》かず、故《ゆへ》に氣《き》收《おさ》まる、笑《わら》へば則《すなは》ち汗《あせ》泄《も》る、故《ゆへ》に氣《き》泄《も》る、驚《おどろ》けば則《すなは》ち心《しん》倚《よ》る所《ところ》無《な》し、神《しん》歸《き》する所《ところ》無《な》く、慮《りよ》定《さだ》まる所《ところ》無《な》し、故《ゆへ》に氣《き》亂《みだ》る、勞《らう》すれば則《すなは》ち喘《ぜん》息《そく》し汗《あせ》出《い》づ故《ゆへ》に氣《き》耗《もう》す、思《おも》へば則《すなは》ち心《しん》存《そん》ずる所《ところ》あり、神《しん》歸《き》する所《ところ》あり、正《せい》氣《き》留《とゞ》まつて行《ゆ》かず、故《ゆへ》に氣《き》結《むす》ぶと。

◇

黄《こう》帝《てい》又《また》問《とう》て曰《いわ》く、人《ひと》の善《よ》く忘《わす》るゝ者《もの》は何《なん》の氣《き》か然《しか》らしむと、岐《ぎ》伯《はく》答《こた》へて曰《いは》く、上《ぜう》氣《き》不《ふ》足《そく》して下《か》氣《き》餘《あま》りあり、腸《てう》胃《い》實《じつ》て心《しん》肺《はい》虚《きよ》也《なり》、虚《きよ》なれば則《すなは》ち血《ち》下《か》方《はう》に留《とゞ》まること久《ひさ》しく、時《とき》を以《もつ》て上《あが》らず、故《ゆへ》に善《よ》く忘《わす》るゝ也《なり》、又《また》曰《いは》く、腎《じん》盛《せい》怒《ど》して止《や》まずんば則《すなは》ち志《し》を傷《いた》む、傷《いた》めば則《すなは》ち善《よ》く其《その》前《ぜん》言《けん》を忘《わす》る、丹《たん》溪《けい》が曰《いわ》く、健《けん》忘《ぼう》の症《せう》は精《せい》神《しん》短《たん》少《せう》の者《もの》多《おほ》く、又《また》痰《たん》有《あ》るものも善《よ》く忘《わす》ると。

又《また》問《と》ふて曰《いわ》く、人《ひと》生《うま》れて病《やまい》有《あ》り、癲《てん》癇《かん》なるものは病《べう》名《めい》何《なん》に由《よつ》て來《きた》れるや、岐《ぎ》伯《はく》答《こた》へて曰《いは》く、病《べう》名《めい》は胎《たい》病《べう》たり、此《この》病《やまひ》を得《う》るは母《はは》の胎《たい》内《ない》に在《あ》る時《とき》、其《その》母《はは》大《おほい》に驚《おどろ》くことありて、氣《き》上《のぼ》つて下《くだ》らず、精《せい》氣《き》幷《へい》居《きよ》す故《ゆへ》に子《こ》をして疾《てん》癲《しつ》を發《はつ》せしむと、又曰《またいは》く、什倒《ぼくとう》して人事不省《じんじふせい》に陷《おちい》る者《もの》は、皆《みな》邪氣《じやき》の逆上《ぎやくじやう》に由《よ》る、陽分《ようわか》れて頭中《とうちう》に亂《みだ》る、、癲癇《てんかん》は痰邪《たんじや》の逆上《ぎやくじやう》からも來《く》る、邪痰《じやたん》の逆上《ぎやくじやう》すれば、則《すなは》ち頭中氣亂《とうちうきみだ》る、氣亂《きみだ》るれば則《すなは》ち脉道《みやくだう》が閉塞《へいそく》する、故《ゆへ》に耳《みゝ》は聲《こへ》を聞《き》かす、目《め》は人《ひと》を識《し》らず、而《しか》して眩昏倒什《げんこんとうぼく》する其病《そのやまい》の頭巓《づれい》に在《あ》るを以《もつ》て故《ゆへ》に癲疾《てんしつ》と曰《い》ふと。

仙經曰。氣清則神暢。氣濁則神昏。氣亂則神勞。氣衰則神去。故油盡燈滅。髓竭人亡。添油燈焰補髓人强。

仙經曰。口中言少。頭中事少。腹中食少。自然睡少。依此四少。神仙可了。

仙經曰。戒滿意之食。省爽口之味。冬食不得大煖。夏食不得大凉。

第十五篇　臞仙人の長壽法

◇

臞《く》仙《せん》が曰《いわ》く、精《せい》は身《み》の根《こん》本《ぽん》であつて、氣《き》は神《しん》の主《しゆ》、形《かたち》は神《しん》の宅《たく》である、故《ゆへ》に神《しん》を勞《ろう》すること其《その》度《ど》に過《す》ぐれば則《すなは》ち痛《いた》み、精《せい》を用《もち》ゆること度《ど》に過《す》ぐれば則《すなは》ち竭《つ》き、氣《き》を勞《ろう》すること度《ど》に過《す》ぐれば則《すなは》ち死《し》亡《ぼう》する。

是《これ》を以《もつ》て覧《み》れば、人《ひと》の生《せい》命《めい》は神《しん》であつて、形《かたち》の宅《たく》は氣《き》である、人《ひと》若《も》し氣《き》が衰《おとろ》ふれば老《ろう》耄《もう》し、老《ろう》耄《もう》して長《てう》壽《じゆ》せる者《もの》は未《いま》だ之《これ》を聞《き》かぬ。夫《そ》れ有《う》は無《む》に因《よつ》て生《せう》じ、形《かたち》は神《しん》を須《まつ》て立《たつ》て居《を》る、有《う》を無《む》の舘《くわん》にして、形《かたち》は神《しん》の宅《たく》である、若《も》し宅《たく》を全《まつた》ふして生《せい》を安《やす》んぜず、身《み》を修《かさ》めて以《もつ》て神《しん》を養《やしな》はざれば、氣《き》散《さん》じて空《くう》に歸《き》するを免《まぬか》れぬ、之《これ》を燭《しよく》に譬《たと》ふ、燭《しよく》盡《つ》くれば則《すなは》ち火《ひ》居《お》らず、之《これ》を堤《つゝみ》に譬《たゝ》ふ、堤《つゝみ》壞《こわ》るれず則《すなは》ち水《みづ》存《ぞん》ぜず、夫《そ》れ魂《こん》は陽《よう》で魄《はく》は陰《いん》である、神《しん》能《よ》く氣《き》を服《ふく》し、形《かたち》能《よ》く味《あぢ》を食《くら》ふ、氣《き》清《きよ》ければ則《すなは》ち神《しん》爽《さわ》やかに、形《かたち》勞《ろう》すれば則《すなは》ち氣《き》は混濁《こんだく》する。

◇

氣《き》を服《ふく》する者《もの》は百千年《ねん》にして死《し》せず、故《ゆへ》に身《み》は天《てん》に飛《と》び、穀《こく》を食《しよく》する者《もの》は皆《みな》早世《さうせい》する、故《ゆへ》に形《かたち》は地《ち》に歸《き》す。

人《ひと》の死《し》するや魂《こん》は天《てん》に飛《と》び、魄《はく》は泉《せん》に落《お》つ、水火《すいくわ》分散《ぶんさん》して各々《おの／＼》本《ほん》源《げん》に復歸《ふくき》する、飛沈《ひちん》の相《あい》異《こと》なるは天稟《てんりん》であつて、譬《たと》へば一根《こん》の木《き》の如《ごと》く、火《ひ》を以《もつ》て之《これ》を焚《た》けば、烟《けむり》は則《すなは》ち上《ぜう》昇《せう》し、灰《はい》は則《すなは》ち下《した》に沈《しづ》む、亦《また》自然《しぜん》の理《り》である。

夫《そ》れ神明《しんめい》は生化《せいくわ》の本《もと》であつて、精氣《せいき》は萬物《ばんぶつ》の體《たい》である、故《ゆへ》に其形《そのかたち》を全《まつた》ふせば則《すなは》ち生《い》き、其《その》精《せい》氣《き》を養《やしな》へば則《すなは》ち其《その》生命《せいめい》は長存《ちやうそん》することが出來《でき》る云々《うん／＼》と。

臞《く》仙《せん》又《また》曰《いわ》く、古《いにし》への神《しん》聖《せい》の醫《い》は、能《よ》く人《ひと》の心《こゝろ》を療《れう》し、豫《あらかじ》め疾《しつ》病《ぺい》を醸《かも》さぬように注《ちう》意《い》した、然《しか》るに今《いま》の醫《い》は人《ひと》の病《やまひ》を治《ち》療《れう》することは知《し》て居《を》るが、人《ひと》の心《こゝろ》を治《ち》療《れう》することは知《し》らぬ。

是《こ》れ其《その》本《もと》を捨《す》て、末《すへ》を逐《お》ひ、其《その》源《みなもと》を窮《きは》めずして其《その》流《なが》れを攻《せ》め、本《ほん》末《まつ》顚《てん》倒《たう》の状《ぜう》態《たい》に於《おい》て、人《ひと》の病《やまひ》の癒《い》ゆるを求《もと》めんと欲《ほつ》するは、愚《ぐ》の至《いた》りでないか、一時《じ》僥《けう》倖《こう》にして治《ぢ》癒《ゆ》しても、此《こ》れは則《すなは》ち世《せ》俗《ぞく》の庸《よう》醫《い》の爲《な》すことにして、敢《あへ》て取《と》るに足《た》らぬ。

太《たい》白《はく》道《だう》人《にん》曰《いわ》く、其《その》病《やまひ》を治《ち》せんと欲《ほつ》せば、先《ま》づ其《その》心《しん》を治《ち》せよ、必《かな》らず其《その》心《こゝろ》を正《たゞ》ふして道《みち》に資《し》せば、病《びやう》者《しや》をして盡《こと〴〵》く心《しん》中《ちう》の疑《ぎ》慮《りよ》、一切《さい》の妄《ばう》念《ねん》、一切《さい》の不《ふ》平《へい》、一切《さい》の人《じん》我《が》を去《さ》り、平《へい》生《ぜい》爲《な》す所《ところ》の過《くわ》惡《あく》を悔《くわい》悟《ご》し久之《しばらく》にして神《しん》を凝《こ》らして心《しん》君《くん》安《あん》泰《たい》に、世《せ》間《けん》の萬《ばん》事《じ》は皆《みな》是《こ》れ虚《こ》空《くう》と爲《な》り、終《しう》日《じつ》爲《な》す所《ところ》皆《みな》是《こ》れ妄《もう》想《さう》と爲《カ》り、我《わか》身《み》は皆《みな》是《こ》れ虛《きよ》無《む》、禍《くわ》福《ふく》吉《きつ》凶《けう》も無《な》く、生《せい》死《し》は皆《みな》是《これ》れ一夢《む》である。

◇

玆《こゝ》に來《きた》つて慨《がい》然《ぜん》として頓《とん》悟《ご》し、頓《とん》然《ぜん》として解《かい》釋《しやく》すれば、則《すなは》ち心《しん》地《ち》は自《じ》然《ぜん》に清《せい》淨《じやう》と爲《な》り、疾《しつ》病《ぺい》は自《じ》然《ぜん》に安《あん》癒《ゆ》する、人《ひと》能《よ》く此《か》くの如《ごと》くなれば、則《すなは》ち藥《くすり》未《いま》だ口《くち》に到《いた》らずして病《べう》氣《き》は已《すで》に忘《わす》れる、此《こ》れ眞《しん》人《じん》が道《みち》を以《もつ》て心《こゝろ》を治《ち》し、病《やまい》を療《れう》するの大《たい》法《ほう》であること。

又《また》曰《いは》く、至《し》人《じん》は未《み》病《べう》の先《さき》に治《ち》し、醫《い》家《か》は已《すで》に病《べう》出《しゆつ》の後《のち》に治《ち》す、未《み》病《べう》の先《さき》に治《ち》するものは治《ち》心《しん》と云《い》ひ、修《しう》養《よう》と曰《い》ふ、已《き》病《べう》の後《のち》に治《ち》するものは藥《やく》餌《じ》と曰《い》ひ、之《これ》を治《ち》するの法《はふ》は二有《あ》りと雖《いへど》も、而《しか》も病《やまい》の根《こん》源《げん》は則《すなは》ち同《どう》一である、未《いま》だ必《かな》らずしも心《しん》因《いん》に由《よつ》て發《はつ》生《せい》せない病《べう》氣《き》は無《な》ひ。

然《しか》らば心有《こゝろあ》らば則《すなは》ち道《みち》と違《ちが》い、無心《むしん》なれば則《すなは》ち道《みち》と合《がつ》すると云《い》ふことになる、此無《このむ》の一字《じ》は諸有《しよいう》を包《つゝん》で餘《あま》す所無《ところな》く、萬物《ばんぶつ》を生《いか》して竭《つ》きず、天地《てんち》は大《だい》にして能《よ》く有形《いうけい》を役《やく》すと雖《いへど》も、無形《むけい》を役《やく》することは出《で》來《き》ぬ、陰陽《いんよう》は妙《めう》に能《よ》く有氣《いうき》を役《やく》すと雖《いへど》も、無氣《むき》を役《やく》することは出《で》來《き》ぬ、五行《ぎやう》は至精《しせい》にして能《よ》く有數《いうすう》を役《やく》するも無數《むすう》を役《やく》することは出《で》來《き》ぬ、百念《ねん》は紛起《ふんき》して能《よ》く有識《いうしき》を役《やく》するも、無識《むしき》を役《やく》することは出《で》來《き》ぬ。

今夫《いまそ》れ此理《このり》を修《おさ》むる者《もの》は、先《ま》づ其形《そのかたち》を錬《ね》るに如《し》かぬ、形《かたち》を錬《ね》るの妙《めう》は神《しん》を凝《こ》らすにあり、神《しん》を凝《こ》らせば則《すなは》ち氣《き》聚《あつ》まる、氣《き》聚《あつ》まれば則《すなは》ち丹成《たんな》る、丹成《たんな》れば則《すなは》ち氣《き》固《かた》く、固《かた》ければ則《すなは》ち神全《しんまつた》し、故《ゆゑ》に未《み》齊《さい》丘《きう》が曰《いは》く、形《かたち》を忘《わす》れて以《もつ》て氣《き》を養《やしな》ひ、氣《き》を忘《わす》れて以《もつ》て神《しん》を養《やしな》ひ、神《しん》を忘《わす》れて以《もつ》て虚《きよ》を養《やしな》ひ、只此《たゞこ》の忘《ばう》の一字《じ》は則《すなは》ち是《こ》れ無物《むぶつ》である、本來《ほんらい》一物《もつ》無《な》くして何處《どこ》に塵埃《じんかい》有《あ》るかとは、蓋《けだ》し味《あじは》ふ可《べ》き言《げん》である。

◇

又《また》曰《いは》く、凡人《ばうじん》の修養攝生《しうようせつせい》の道《みち》は、各《おの／＼》其法《そのはふ》有《あ》り、大概《たいだい》は精《せい》を損《そん》ずるなく、氣《き》を耗《もう》するなく、神《しん》を傷《いた》むるなし、此《この》三者《しや》は道家《だうか》の謂《い》はゆる全精《ぜんせい》、全氣《ぜんき》、全神《ぜんしん》是《こ》れ也《なり》、常《つね》に鷄鳴《けいめい》の時《とき》に便《べん》し、起座《きざ》して調息《てうそく》し、叩齒《こうし》して神《しん》を聚《あつ》め、良久《やゝひさしく》ふして神氣《しんき》既《すで》に定《さだ》まり、運動數《うんどうすう》十遍《ぺん》すれば忽《たちま》ち渾身《こうしん》の和暢《わてう》を覺《おぼ》へ、血脈《けつみやく》は自然《しぜん》に流通《りうつう》する、此時《このとき》に當《あた》り華池《くわち》に水《みづ》生《せう》じ神氣《しんき》谷《たに》に滿《み》つ（口中に唾液生ずるを曰ふ）依《よつ》て之《これ》を嚥下《えんか》し、之《これ》を丹田《たんでん》に納入《のうにう》して元陽《げんよう》を補《おぎな》い、そして逍遙庭中《せうようていちう》を散歩《さんぽ》し、約《やく》行《ゆ》くこと百歩《ぽ》、日《ひ》の高《たか》さ三五丈《ぢやう》を待《まつ》て粥《かゆ》を食《しよく》し、食《しよく》し畢《をは》つて手《て》を以《もつ》て腹《はら》を捫《もん》し、行《ゆ》くこと二三百歩《ぽ》、此《こ》れ養生《ようぜう》の大略《たいりやく》である。

胎息論《たいそくろん》に曰《いは》く、凡《およ》そ服食《ふくしよく》（唾液を嚥下するを曰ふ）は、子《ね》の刻《こく》（午後十一時より十二時に至る）後《ご》にし、瞑目《めいもく》盤座《はんざ》し、東《ひがし》に面《めん》して腹内《ふくない》の舊氣《きうき》を呵出《かしゆつ》すること兩三口《れうくち》、然《しか》る後《のち》停息《ていそく》し鼻内《びない》より清氣《せいき》を微納《びのう》すること數口《すうくち》、舌《ぜつ》下《か》に二穴《けつ》有《あ》り、上《うへ》は腎竅《じんきやう》に通《つう》ず。舌《した》を用《もち》ひて上腭《ぜうがく》に柱《ちう》し、絶息《ぜつそく》少時《さうじ》にして津液《しんゑき》自《おのづか》ら出《い》づ、由《よ》て灌漱《くわんそう》して之《これ》を口《くち》に滿《み》たし、除《じよ》々く嚥下《ゑんか》すれば、自然《しぜん》に五臟《ざう》に灌注《くわんちう》し、氣《き》は丹田《たんでん》に歸《き》し、常《つね》に之《これ》を子《ね》の刻後《こくご》、丑《うし》の刻《こく》（午前一時より二時）前《ぜん》に行《おこな》ひ、寅《とら》の刻《こく》（午前三時より四時）の前《まへ》に之《これ》を爲《な》すも亦《また》宜《よろ》しい、又臥《またぐ》中《ちう》に於《おい》て之《これ》を爲《な》すも宜《よろ》しい。

又《また》曰《いは》く、人能《ひとよ》く常《つね》に津液《しんゑき》を食《く》へば長年《ちやうねん》ならしめ、面《おもて》に光澤《くわうたく》有《あ》りと鷄鳴《けいめい》の時《とき》に、早晨《さうしん》の時《とき》に、日《ひ》出《いづ》るの時《とき》に、日中時《につちうじ》に、日沒時《にちぼつじ》に、黄《たそ》昏《がれ》時《とき》に、夜《や》半時《はんじ》に、一日《にち》凡《およ》そ八九回《くわい》に口中《こうちう》に唾《つばき》を蓄《たくは》へて之《これ》を嚥下《ゑんか》すろが宜《よろし》い。

◇

臞《く》仙《せん》人《にん》又《また》曰《いは》く、漢《かん》の蒯京は年《とし》百二十歳《さい》にして、氣力《きりよく》甚《はなは》だ盛《さか》んであつた、其以《そのゆ》へを聞《き》けば毎《まい》朝《てう》唾《つはき》を服食《ふくしよく》し、叩歯《こうし》二十七、名《なづ》けて錬精《れんせい》と曰《い》ふと、又《また》杜《と》景《けい》升《せう》、王《わう》眞《しん》は、常《つね》に唾《だ》液《ゑき》を嚥下《ゑんか》して長生《てうせい》した。

養生《やうせい》書《しよ》にも、毎《まい》朝《てう》叩歯《こうし》九回《くわい》、嚥唾《ゑんだ》九回《くわい》、手《て》を以《もつ》て鼻《はな》の上《ぜう》下《け》左《さ》右《いう》を按摩《あんま》すること數《すう》十回《くわい》、又《また》曰《いは》く、毎《まい》朝《てう》早《はや》く起《お》き津液《しんゑき》を口《くち》に滿《みた》して之《これ》を嚥下《ゑんか》し、鼻《はな》を縮《ちゞ》めて氣《き》を閉《と》ぢ、右手《みぎて》を以《もつ》て頭《づ》上《ぜう》より左手《ひだりて》を按下《あんか》すること十四回《くわい》、復《ま》た左手《ひだりて》を以《もつ》て頭《づ》上《ぜう》より、右耳《うじ》を按下《あんか》すること四十四回《くわい》、耳《みゝ》をして聰《そう》ならしめ、年《とし》をして延《の》ばしむと。

又曰《またいわ》く、手心《しゆしん》を熱摩《ねつま》して兩眼《れんかん》を熨《い》すること十四回《くわい》、人《ひと》をして眼目《がんもく》は自《し》然《ぜん》に障《しやう》翳《い》無《な》く、明《めい》目《もく》なるを得《う》、頻《しき》りに額《がく》上《ぜう》を拭《ふ》く之《これ》を天《てん》庭《てい》を修《おさ》むと謂《い》ひ、髪際《かみぎは》に連《つら》なる十四回《くわい》、面上自然《めんぜうしぜん》に光澤《くわうたく》を生《せう》ず、又中指《またちうし》を以《もつ》て鼻梁《びれう》の兩邊《れうへん》を摩《ま》すること二三十回《くわい》、表裏《へうり》をして倶《とも》に熱《ねつ》せしめ、所謂《いはゆる》中岳《ちうがく》に灌漑《くわんがい》し以《もつ》て肺《たい》を潤《うる》ほし、手《て》を以《もつ》て耳輪《みゝわ》を摩《ま》すること遍數《へんすう》に拘《かゝは》らず、所謂《いはゆる》其城郭《そのぜうくわく》を修《をさ》めて以《もつ》て腎氣《じんき》を神《ねぎな》ひ、以《もつ》て聾《ろう》を防禦《はうぎよ》する。

要《よう》するに、此攝生《このせつせい》を守《まも》れば、健康長壽《けんかうちやうじゆ》は願《ねが》はずして得《え》らるゝ云々《うんぬん》と。

仙經曰。專精養神不爲物雜。謂之淸。反神復氣。安而不動。謂之靜。制念以定志。志靜身以安。神保氣以存精。思慮兼忘。冥想内視。則身神並一。身神並一。則近眞矣。

莊子曰。養志者忘形。養形者忘利。致道者忘心。

第十六篇　太乙仙人の七禁文と養生法◇

太《たい》乙《おつ》仙《せん》人《にん》の七禁《きん》文《もん》に曰《いわ》く。

一、言語《ごんご》を少《すくな》ふして内《ない》氣《き》を養《やしな》ふ
二、色慾《しきよく》を戒《いまし》めて精《せい》氣《き》を養《やしな》ふ
三、滋《じ》味《み》を薄《うす》ふして血《けつ》氣《き》を養《やしな》ふ
四、津《しん》液《ゑき》を嚥《の》んで臓氣《き》を養《やしな》ふ
五、憤《ふん》怒《ど》すること莫《な》く肝《かん》氣《き》を養《やしな》ふ
六、飲《いん》食《しよく》を美《び》にして胃《い》氣《き》を養《やしな》ふ
七、思《し》慮《りよ》を少《すくな》ふして心《しん》氣《き》を養《やしな》ふ

と、蓋《けだ》し人《ひと》は氣《き》に由《よつ》て生《せう》し、氣《き》出《いで》て、神《しん》旺《さか》んに、氣《き》を養《やしな》ふて神《しん》を全《まつた》ふせば眞《しん》道《だう》を得《う》へし、凡《およ》そ萬《はん》形《けい》の中《うち》に在《あつ》て保《たも》つ所《ところ》のものは、元《げん》氣《き》より先《さき》なるはなひ。

黄庭經《くわうていけう》に曰《いわ》く、予《よ》は死《し》するを欲《ほつ》せすこ、修《しう》崑崙《こんろん》に謂《い》ふ、髪《はつ》は宜《よろ》しく多《た》櫛《さつ》す可《べ》く、手《て》は宜《よろ》しく面《めん》に在《あ》る可《べ》し、齒《は》は宜《よろ》しく數《すう》叩《こう》す可《べ》く、津唾《しんだ》は宜《よろ》しく常《ぜう》嚥《えん》す可《べ》く、氣《き》は宜《よろ》しく精錬《せいれん》す可《べ》しこ。

◇

此《この》五者《しや》は則《すなわ》ち修《しう》崑崙《こんろん》である、崑崙《こんろん》こは頭《あたま》を謂《い》ふ也《なり》、葛仙翁《かつせんおう》清淨經《せいぜうけう》に曰《いわ》く、人《ひと》能《よ》く其《その》慾《よく》を去《さつ》て心《しん》自《おのづか》ら靜《しづ》かに、其《れの》心《しん》を澄《すま》して神《しん》自《おのづか》ら淸《きよ》く自《し》然《ぜん》に六慾《よく》生《せう》せずして三毒《どく》消滅《せうめつ》する。

夫《そ》れ人《ひと》は心《しん》虚《きよ》なれば自《おのづか》ら澄《す》み、坐定《ざだ》まれは則《すなは》ち靜《しつ》かに、寡言《くわこん》希《き》聽《てう》は神《てん》を存《そん》し命《いのち》を保《たも》つこ、蓋《けだ》し多言《たこん》は則《すなは》ち氣《き》を損《そん》し、多喜《たき》は則《すなは》ち情《ぜう》を放《はな》ち、多怒《たど》は則《すなは》ち悲哀《ひあい》多《おほ》く、思慮《しりよ》ば則《すなは》ち神《しん》を傷《いた》め、多貪慾《たどんよく》勞困《らうこん》は則《すなは》ち精《せい》を傷《いた》む、凡《およ》そ此等《これら》のものは皆《みな》修業《しゆげう》の人《ひと》の禁物《きんもつ》である。又《また》曰《いわ》く生《せい》を養《やしな》ふの士《し》は唾《だ》することを遠《とほ》きに至《いた》らしめす、其《そ》の行《ゆ》くや疾走《しつそう》せず、耳《みゝ》極聴《きよくてう》せす、目《め》極視《きよくし》せす、極飢《きよくき》せすして食《くら》ひ、而《しか》して其食《そのくら》ふや過食《くわしよく》せす、極渇《きよくき》せすして飲《の》み、而《しか》して其飲《そのの》むや過多《くわた》ならすと。

◇

嵇康《たいこう》が曰《いわ》く、養生《ようせい》に五難《なんあ》有り、名利《めいり》去《さ》らざるは一難《なん》と爲《な》し、喜怒《きど》除《のぞ》かざるは二難《なん》と爲《な》し、聲色《せいしよくさ》去らざるは三難《なん》と爲《な》し、滋味《しみ》絶《た》たざるは四難《なん》と爲《な》し、神虚《しんきよ》に精散《せいさん》するは五難《なん》と爲《な》す、此《こ》の五者《しや》胸中《けうちう》に無《な》ければ、壽《じゆ》を求《もと》めずして自《おのづか》ら延命《えんめい》す、是《こ》れ養生《ようせい》の大旨《たいし》である。

類纂《るいさん》に曰《いわ》く、目力《もくりよく》を養《やしな》ふ者《もの》は常《つる》に瞑《めい》し、耳力《じりよく》を養《やしな》ふ者《もの》は常《つね》に飽《あ》き臂肘《ひちう》を養《やしな》ふ者《もの》は常《つね》に屈伸《くつしん》し、股脛《こけい》を養《やしな》ふ者《もの》は常《つね》に歩行《ほかう》すと。

孫眞人《そんしんじん》が曰《いわ》く、常《つね》に服餌《ふくじ》すと雖《いへど》も養生《ようせい》の術《じゆつ》を知《し》らざれば、以《もつ》て長《てう》生《せい》し難《かた》く、養生《ようせい》の道《みち》は常《つね》に少勞《せうらう》を欲《ほつ》し、大《おほい》に疲勞《ひちう》してはいけぬ。

夫《そ》れ流水《りうすい》腐《くさ》らす、戸樞《こすう》朽《く》ちさるは、其《そ》の運動《うんどう》するを以《もつ》ての故《ゆゑ》也《なり》、養生《やうせい》の道《みち》は久行《きうかう》する莫《な》く、久座《きうざ》する莫《な》く、久視《きうし》する莫《な》く、久聽《きうてう》する莫《な》し、蓋《けだ》し之《こ》れ皆《みな》壽《じゆ》を損《そん》するからである。

◇

洞神眞經《とうしんしんけう》に曰《いわ》く、養生《やうせい》し以《もつ》て損《そん》せさるは延年《えんねん》の術《じゆつ》であつて、損《そん》せずして以《もつ》て補《おぎな》ひ有《あ》るは衞生《ゑいせい》の經《けい》である、安《やす》きに居《ゐ》て危《あやう》きを慮《おもんばか》るは未《み》萠《ほう》に防《ふせ》くのである、少年《せうねん》にして損《そん》を致《いた》し、氣《き》弱《よわ》く體《たい》枯《か》るゝと雖《いへど》も、晩年《ばんねん》に及《およ》ひて悟《さと》ることを得《わ》、患《うれい》を防《ふせい》て補益《ほゑき》せば、則《すなは》ち氣血《きけつ》は餘《あま》り有《あつ》て神《しん》自《おのづ》ら足《た》り、自然《しぜん》に長生《ちやうせい》することが出來《でき》る。

養生書《やうぜうしよ》に曰《いわ》く、攝生《せつせい》を善《よ》くする者《もの》は、日月《にちけつ》の忌《き》を犯《をか》すこと無《な》く、歳時《きいじ》の和《わ》を失《うしな》ふことなく、須《すべか》らく一日《じつ》の忌《き》を知《し》るべく、暮《くれ》に飽食《はうしよく》することなく、一月《ぐわつ》の忌《き》は晦《みそか》に大醉《たいする》するなく、一歳《きい》の忌《き》は冬《ふゆ》に遠行《ゑんかう》するなく、終身《しうしん》の忌《き》は夜《よ》る燭《しよく》を照《て》らして房事《ばうじ》を行《おこな》ふてはならぬ。

又曰《またいわ》く、喜怒《きど》は心《しん》を損《そん》し、哀痛《あいつう》は生《せい》を損《そん》し、榮華《ゑいくわ》は德《とく》を惑《まど》はし、眼《め》陰陽《いんやう》は精《せい》を竭《つく》す、蓋《けだ》し道《みち》を學《まな》ふ者《もの》の大禁物《だいきんもつ》である、眞語《しんご》に曰《いわ》く、多《おほ》は身《み》の鏡《かゞみ》、耳《みゝ》は軀《からだ》の窓《まど》、視《み》ること多《おほ》ければ則《すなは》ち鏡昏《かゞみくら》み、聽《き》くこと多《おほ》ければ則《すなは》ち窓閉《まどと》づ、面《めん》は神《しん》の庭《にわ》にして髪《かみ》は腦《のう》の華《はな》、心憂《しんうれう》ふれば則《すなは》ち面戚《めんちゞ》み、腦減《のうけん》すれば則《すなは》ち髪白《けつじろ》し。

◇

抱朴子《はうぼくし》曰《いわ》く、攝生《せつせい》を善《よ》くする者《もの》は、常《つね》に少思《せうし》、少慾《せうよく》、少念《せうねん》、少語《せうご》少《せず》笑《せう》、少慾《せうよく》、少樂《せうらく》、少喜《せうき》、少怒《せうど》、少好《せうこう》、少惡《せうあく》でながらねばならぬ、此《この》十二少《せう》なるものは養生《せうせい》の要訣《ようけつ》である。

多思《たし》は則《すなは》ぬ神殆《しんあや》うく、多念《たねん》は則《すなは》ち心散《しんさん》し、多慾《たよく》は則《すなは》ち心昏《しんくら》み、多《た》事《じ》は則《すなな》ち形勞《けいろう》し、多語《たご》は則《すなは》ち氣乏《きとぼ》しく、多笑《たせう》は則《すなは》ち臟傷《ざういた》み、多慾《たよく》は則《すなは》ち懾《せつ》し、多《た》樂《らく》は則《すなは》ち意《い》溢《あふ》れ、多《た》喜《き》は則《すなは》ち妄《もう》錯《さく》昏《こん》亂《らん》し、多《た》怒《ど》は則《すなは》ち百脉《みやく》定《さだ》まらず、多《た》好《こう》は則《すなは》ち迷《まよ》ひ、多《た》惡《あく》は則《すなは》ち燋《せう》悴《すい》する、此《この》十二多《た》を除《のぞ》かねば、血《けつ》氣《き》妄《もう》行《こう》して生《せい》を喪《うしな》ふの本《もと》と爲《な》る云々《うんぬん》。

仙經曰。子欲長生。當由所生之門。游處得中。進退得所。動靜以法。去留以度。可以延命。而愈疾矣。

仙經曰。喜怒損性。哀樂傷神。性損則害生。故養性以全氣。保神以安身。氣全體平。心安神逸。此全生之訣也。

第十七篇　李眞人の長生十六字秘訣

◇

一吸便提氣々歸臍。一提便咽水火相見。

右《みぎ》の十六字《じ》は、仙家《せんか》名《なづ》けて十六至言《しげん》とも又《また》は金言《きんげん》とも云《いつ》て、乃《すなわ》ち長壽《ちやうじゆ》の秘訣《ひけつ》である、之《これ》を行《おこな》ふに官《くわん》に在《あつ》ても事務《じむ》に妨《さまた》げず、俗《ぞく》に在《あつ》ても家務《かむ》に妨《さまた》げず、只《たゞ》二六時中《じちう》に行住座臥《かうぢうざぐわ》隨意《ずいい》隨所《ずいしよ》に、之《これ》を行《おこな》ふて宜《よろ》しい、之《これ》を行《おこな》ふには先《ま》つ口中《こうちう》を嗽《くちそゝ》ぐこと三五回《くわい》、舌《した》を以《もつ》て上下《じやうげ》の腭《あご》を攪《あら》へ、後《の》ち舌《した》を上腭《うわあご》に支《さゝ》へて唾液《だえき》を拵《こしら》へ、盛《さか》んに之《これ》を嚥下《えんか》すれば汩然《べきぜん》として聲《こゑ》有《あ》り、鼻《はな》より徐々《じよ〳〵》と清氣《せいき》を吸《す》い、腹《はら》より臍下《せいか》一寸《すん》二分《ぶ》丹田元海《たんでんおんかい》の中《なか》に送《おく》り、存《そん》するが如《ごと》く、存《そん》せざるが如《ごと》きを一吸《きう》と謂《い》ふ。

◇

又《また》下部《かぶ》より輕《かろ》く便《べん》を忍《しの》ふが如《ごと》き狀《ぢやう》を以《もつ》て、意力《いりよく》を以《もつ》て提起《ていき》し之《これ》を臍《ほそ》に歸《き》せしめ、腎門《じんもん》を通過《つうくわ》し直上《ちよくぜう》して後項玉枕關《こうけいぎよくちんくわん》(頭部)に至《いた》り、更《さら》に上頭部《ぜうがうぶ》に升《のぼ》り、氣《き》の上出《ぜうしつ》するを覺《おぼ》へさるが如《ごと》きを一呼《こ》と謂《ゆ》ふ、一呼《こ》一吸之《きうこれ》を一息《そく》と謂《ゆ》ふ、氣《き》既《すせ》に上升《ぜうせう》すれば前《ぜん》の如《ごと》く汨然《べきぜん》として聲有《こゑあ》り、氣《き》上升《ぜうせう》し終《をは》れば更《さら》に復《ま》た清氣《せいき》を鼻《はな》より吸《す》ふて丹田《たんでん》に送《おく》り、存《そん》するが如《ごと》く存《そん》せさるが如《ごと》き狀《ぜう》を以《もつ》て、又下部《またかぶ》より前《ぜん》の如《ごと》く輕《かろ》く堤上《ていぜう》して臍《ほそ》と相接《あいせつ》し、氣《き》をして臍《ほそ》に歸《き》せしむれば、壽《じゆ》は天《てん》と齊《ひと》しく長生《ちやうせい》することが出來《でき》る。

凡《およ》そ氣《き》を咽下《えんか》するには、口中《こうちう》に唾液有《だえきあ》れば愈《いよ》く妙《めう》なると、唾液無《だえきな》くとも構《かま》はぬ、此《か》くの如《ごと》く一吸《きう》一呼《こ》、或《あるい》は三五口《こう》、或《あるい》は七九口《こう》、或《あるひ》は十二口《こう》、或《あるい》は二十四口《こう》、之《これ》を行《おこな》はんとせば則《すなは》ち行《おこな》い、之《これ》を止《や》めんとせば則《すなは》ち止《や》め、行住座臥《かうぢうざぐわ》に忘《わす》れさるを要《よう》す、之《これ》を行《おこな》ふこと久《ひさ》しければ病《やまい》を却《しりぞ》け年《ねん》を延《の》はし、形體《けいたい》一變《へん》して百疾《しつ》起《おこ》らす、自然《しぜん》に饑《う》へし渇《かつ》せす、之《これ》を行《おこな》ふこと一年《いちねん》なれば、感冒《かんぼう》、痞積《ひせき》、逆滯《ぎやくたい》、不和《ふわ》、瘡毒《そうどく》等《とう》の疾患《しつくわん》を永絶《えいぜつ》し耳聰《みみそう》にして目《め》明《あきら》かに、心力《しんりよく》強健《けうけん》にして宿痾《しゆくあ》退散《たいさん》し長生《ちやうせい》することが出來《でき》る。

◇

而《しか》して人《ひと》は成《な》るへく色慾《しよくよく》を抑制《よくせい》して、房事《ばうじ》を避《さ》けねばならぬ、色慾《しよくよく》漫《みだ》りに旺盛《わうせい》にして、房事《ばうじ》頻々《ひんぴん》たらんか、苦心《くしん》の修養《しうよう》は忽《たちま》ち破壞《はくわん》せらる丶、故《ゆへ》に房事《ばうじ》は適度《てきど》なる可《べ》く、決《けつ》して亂發《らんはつ》してはならぬ、若《も》し之《これ》を避《さ》け難《かた》きの場合《ばあい》に際會《さいくわん》せんか、泄《もら》さんと欲《ほつ》して未《ま》た泄《も》れさるの時《とき》、亦《また》能《よ》く此《この》提呼《ていこ》を以《もつ》て氣《き》を丹田《たんでん》元海《げんかい》に歸《き》せしめ、漫《みだ》りに精液《せいえき》を發《はつ》射《しや》し、氣《き》精《せい》を失《うしな》つてはならぬ、是《これ》は修業者《しゆげうしや》の必《かな》らず愼《つつし》むへき事《こと》であつて、所謂《いはゆる》造化《ざうくわ》は吾《さ》が手《て》に、宇宙《うちう》は吾《わ》が心《こころ》にありと云《い》ふもので、其《その》妙《めう》は筆紙《ひつし》の能《よ》く述《の》ふる所《ところ》でない云々《うんうん》と。

李《り》眞《しん》人《じん》の堤《てい》氣《き》法《はう》は、實《じつ》に却《きやく》病《べう》の偉《い》效《こう》ある許《ばか》りでなく、色《しき》慾《よく》を制《せつ》し男《なん》女《によ》交《こう》合《ごう》の塲《ば》合《あい》に際《さい》しても、精《せい》液《えき》を放《はう》射《しや》するこさせざるこは自《じ》由《ゆう》、自《じ》在《ざい》で、自《じ》己《こ》は精《せい》氣《き》を喪《さう》失《しつ》せず、精《せい》液《えき》を消《せう》耗《もう》せすして、女《をんな》の要《よう》求《きう》を滿《まん》足《そく》せしむるこさが出《で》來《き》る、獨逸《どいつ》のヘッケルさ云《い》ふ博《はか》士《せ》は、人《にん》間《げん》の死《し》は生《せい》殖《しよく》器《き》にありさも云《いつ》て居《お》るが、精《せい》液《えき》を消《せう》耗《もう》し盡《つく》した時《とき》が、則《すなは》ち人《にん》間《げん》の死《し》期《き》であるこの意《い》であらう。

◇

東《とう》醫《い》寶《ほう》鑑《かん》（朝鮮の醫書許浚の著）には、人《ひと》の精《せい》は最《さい》貴《き》にして甚《はなは》だ少《すく》ない人《ひと》の身《しん》中《ちう》に在《あつ》て通《つう》有《ゆう》するもの一《いつ》升《しやう》六《ろく》合《ごう》、之《これ》は男《だん》子《し》二《に》八《はち》の未《いま》た泄《も》らさざる時《とき》の成《せい》數《すう》で積《つ》んで、滿《み》つる者《もの》は三《さん》升《じやう》に至《いた》るも、損《そん》して之《これ》を失《うしな》ふ者《もの》は一《いつ》升《しやう》に及《およ》ばず、精《せい》さ氣《き》さ相《あい》養《やしな》ひ、氣《き》聚《あつ》まれは則《すなは》ち、精《せい》滿《み》ち精《せい》滿《み》つれば則《すなは》ち氣《き》盛《さか》んに、日《ひ》に飮《いん》食《しよく》の華《か》美《び》を食《くら》ふ者《もの》は精《せい》さ爲《な》り、其《その》色《いろ》が宜い。

凡《およ》そ人《ひと》は十《じう》六《ろく》歳《さい》に達《たつ》すれば、則《すなは》ち精《せい》液《えき》を泄《も》らすことが出《で》來《き》る、而《しか》して交《こう》合《ごう》一《いつ》回《かい》すれば則《すなは》ち半《はん》合《ごう》を失《うしな》い、失《うしな》ふことありて補《ほ》益《えき》すること無《な》ければ、則《すなは》ち精《せい》は欠《けつ》乏《ぼう》し身《しん》體《たい》疲《ひ》憊《たい》する、故《ゆゑ》に人《ひと》は色《しき》慾《よく》を節《せつ》せずんば精《せい》液《えき》を消《せう》耗《もう》する精《せい》を耗《もう》すれば、則《すなは》ち氣《き》衰《おとろ》へ、氣《き》衰《おとろ》ふれば則《すなは》ち病《や》み病《やまい》至《いた》れば危《あや》うい、嗚《あ》呼《あ》精《せい》の物《もの》たる夫《そ》れ人《しん》身《しん》の至《し》寶《ほう》乎《か》と。

◇

又《また》仙《せん》書《しょ》に曰《いは》く、陰《いん》陽《よう》の道《みち》は精《せい》液《えき》を寶《たから》と爲《な》す、之《これ》を謹《きん》守《しゅ》すれば長《てう》生《せい》す、惜《おし》む可《べ》きは身《み》也《なり》、重《おも》んす可《べ》きは精《せい》也《なり》、若《も》し漫《あだ》りに之《これ》を放《はう》散《さん》すれば、疾《しつ》病《ぺい》則《すなは》ち生《せう》じ、死《し》亡《ばう》隨《したが》つて至《いた》る、蓋《けだ》しヘツナル博《はか》士《せ》の人《にん》間《げん》の死《し》は生《せい》殖《しよく》器《き》にありと一《いつ》致《ち》した議《ぎ》論《ろん》である、古《こ》今《こん》眞《しん》人《じん》の言《げん》符《ぷ》節《せつ》を合《あわ》せたる如《ごと》きは、實《じつ》に吾《ご》人《じん》の嘆《たん》賞《しやう》に勝《た》へざる所《ところ》である。

第十八篇　仙人の調氣及氣論

◇

彭祖《ほうそ》が曰《いわ》く、和《わ》神《しん》導《どう》氣《き》の道《みち》は、當《まさ》に密《みっ》室《しつ》を得《え》て戸《と》を閉《と》ぢ、床《とこ》を安《やす》んじ席《せき》を煖《あたゝ》め、枕《まくら》の高《たか》さ二寸半《すんはん》、身《み》を正《たゞ》ふして偃《えん》臥《ぐわ》し、氣《き》を胸《けう》隔《かく》中《うち》に閉《と》ぢ、鴻《こう》毛《もう》を以《もつ》て鼻《び》上《じやう》に着《つ》け、而《しか》して動《うご》かず、三百息《そく》を經《へ》て耳《み》に聞《き》く所《ところ》無《な》く、目《め》に見《み》る所《ところ》無《な》く、心《こゝろ》に思《おも》ふ所《ところ》無《な》く、此《か》くの如《ごと》くなれば則《すなは》ち寒《かん》暑《しよ》も浸《おか》すこと能《あた》はず、蜂《ほう》蠆《たい》も毒《どく》する能《あた》はず、壽《じゆ》三百六十歳《さい》此《こ》れ眞《しん》人《じん》に近《ちか》し。

又《また》曰《いわ》く、人《じん》身《しん》は虛《きよ》無《む》なり、但《た》た遊《ゆう》氣《き》有《あ》り、氣《き》息《そく》理《り》を得《う》れば則《すなは》ち百病《びやう》生《せう》せす、故《ゆへ》に攝《せつ》養《よう》を善《よ》くする者《もの》は、須《すべか》らく調《てう》氣《き》の法《ほう》を知《し》らなければならぬ、夜《や》半《はん》後《ご》より日《ひ》中《ちう》前《ぜん》は、氣《き》生《せう》して調《てう》を得《え》、日《にっ》中《ちう》後《ご》夜《や》半《はん》前《ぜん》は氣《き》死《し》して調《てう》を得《え》ず、調《てう》氣《き》の時《とき》は則《すなは》ち仰《ぎやう》臥《ぐわ》し、手《て》は脚《きやく》に展《の》べ、兩《れう》手《て》は握《あく》固《こ》して、身《み》を去《さ》る四五寸《すん》、兩脚《りやうきやく》は相《あひ》去《さ》ること四五寸《すん》、數數《しばく》叩齒《こうし》して玉漿《ぎよくしやう》（唾液を云ふ）を飮《の》み、氣《き》を引《ひき》て鼻《はな》より入《い》れ、更《さら》に口《くち》より細《ほそ》く長《なが》く之《これ》を吐《は》き出《だ》し、更《さら》に鼻《はな》を以《もつ》て細《ほそ》く長《なが》く引《ひき》入《い》れ、之《これ》を數數《しばく》せなければならぬ、そして耳《みゝ》をして聞《き》かざらしめ能《よ》く千に至《いた》れば、仙人《せんにん》と相《あひ》去《さ》ること遠《とほ》からずと。

◇

仙經《せんけう》に曰《いわく》、一身《しん》を周流《しうりう》して生《い》きる者《もの》は氣《き》である、苟《いやし》くも内《うち》に傷《いた》む所《ところ》無《な》く、外《ほか》に感《かん》する所《ところ》無《な》ければ、決《けつ》して氣《き》病《べう》なるものは無《な》い、冷氣《れいき》帶氣《たいき》、逆氣《ぎやくき》、上氣《じやうき》は皆是《みなこ》れ肺《はい》の火邪《くわじや》を受《う》け、炎上《えんじやう》の化《くわ》を得《う》るが爲《た》めである、升《のぼ》ることありて降《くだ》ること無《な》ければ、轉《てん》して病氣《べうき》と爲《な》る、張《ちやう》子《し》和《わ》か曰《いは》く、諸病《しよべう》は皆《み》な氣《き》より生《せう》じ、諸痛《しよつう》は皆《み》な氣《き》に源因《げんいん》して居《を》ると、又回春《またくわいしゆん》に曰《いわ》く、風《ふう》、氣《き》を傷《いた》む者《もの》は疼痛《とうつう》と爲《な》り、寒《かん》、氣《き》を痛《いた》む者《もの》は戰慄《せんりつ》と爲《な》り、暑《しよ》、氣《き》を傷《いた》む者《もの》は熱悶《ねつもん》と爲《な》り、濕《しつ》、氣《き》を傷《いた》む者《もの》は腫滿《まん》と爲《な》り、燥《そう》、氣《き》を傷《いた》む者《もの》は閉結《へいけつ》と爲《な》ること。

序例《じよれい》に曰《いわ》く、人《ひと》の氣《き》中《ちう》に生《いき》るは魚《うを》の水《みづ》に在《あ》るが如《ごと》く、水《みづ》濁《にご》れば則《すなは》ち魚《うを》疲《つか》れ、氣《き》昏《こん》すれば則《すなは》ち人《ひと》病《や》む、邪氣《じやき》の人《ひと》を痛《いた》むは最《もつと》も深重《しんてう》である、經絡《けいらく》既《すで》に此《この》氣《き》を受《う》けて臟腑《ざうふ》に轉入《てんにう》し、其《その》虚實《きよじつ》に隨《したが》い冷熱《れいねつ》結《むす》んで以《もつ》て病氣《べうき》と爲《な》り、病《やまい》は病《やまい》を生《せう》して、流變《りうへん》して遂《つい》に廣大《こうだい》する。

◇

道書《だうしよ》に曰《いわ》く、人《ひと》に七情《ぜう》あり、病氣《べうき》は七氣《き》（氣怒悲思憂驚恐）に生《せい》じ、氣《き》結《むす》べば則《すなは》ち痰《たい》を生《せう》じ、痰盛《たんさか》んなれば氣《き》愈愈《いよ〱》と結《むす》ぶ、故《ゆへ》に氣《き》を調《とゝの》ふるには、豁痰《なつたん》を先《さき》にすと、又《また》曰《いわ》く、七氣《き》相干《あいおか》して痰涎《たんえん》凝結《けつ》し、絮《じよ》の如《ごと》く膜《まく》の如《ごと》く、甚《はなは》だしきは梅核《ばいかい》の如《ごと》く、咽喉《いんこう》の間《あひだ》に窒碍《ちつがい》し、咯《らく》するも出《で》でず、嚥《えん》するも下《くだ》らず、或《あるひ》は中滿《ちうまん》して食《くら》ふに難《かた》く、或《あるい》は上氣《じやうき》喘《ぜん》息《そく》することがある、氣《き》隔《かく》と云《い》い、氣《き》秘《ひつ》と云《い》い、氣《き》中《ちう》と云《い》い、以《もつ》て五積《せき》六聚《しう》して、疝癖《せんへき》と爲《な》ることがあること。

◇

仙經《せんけう》に曰《いは》く、黄帝《こうてい》問《もん》て曰《いは》く、余《よ》は百病《べう》の氣《き》より生《せう》ずることを知《しつ》て居《を》る、怒《いか》れば則《すなせ》ち氣《き》上《のぼ》り、喜《よろこ》べは則《すなは》ち氣《き》緩《ゆる》み、悲《かなし》めば則《すなは》ち氣《き》消《き》へ、恐《おそ》るれば則《すなは》ち氣《き》下り、寒《さむ》ければ則《すなは》ち氣《き》收《おさ》まり、笑《わら》へば則《すなは》ち氣《き》泄《も》る、驚《おどろ》けば則《すなは》ち氣《き》亂《みだ》れ、勞《ろう》ざれば則《すなは》ち氣《き》耗《もう》し、思《おも》へは則《すなは》ち氣《き》結《むす》び、九氣《き》同《おな》じからざれば、如何《いか》なる病《やまい》が之《こ》れ生《せう》ずるやと、岐伯《ぎはく》答《こた》へて曰《いわ》く、怒《いか》れば則《すなは》ち氣《き》逆《ぎやく》し、甚《はなは》だしければ則《すなは》ち嘔血《おうけつ》す、故《ゆへ》に氣《き》は上《のぼ》る、喜《よろこ》べは則《すはな》ち氣《き》和《わ》し、志《し》達《たつ》し、故《ゆゑ》に氣《き》は緩《ゆる》む、悲《かなし》めば則《すなは》ち心急《しんきう》に、氣《き》上焦《ぜうせう》し鬱《ろつ》して散《さん》せず、熱氣《ねつき》中《ちう》に在《あ》り故《ゆへ》に氣《き》消《き》へ、恐《おそ》るれば則《すなは》ち精《せい》縮《ちゞ》まる縮《ちゞ》まれば則《すなは》ち上焦《ぜうせう》して閉《さ》づる、閉《と》づれば則《すなは》ち氣《き》還《かへ》る、還《かへ》れば則《すなは》ち下《か》焦《せう》脹《は》る、故《ゆへ》に氣行《きあゆ》かず、寒《さむ》ければ則《すなは》ち氣《き》收《おさ》まる、笑《わら》へば則《すなは》ち汗大《あせおほい》に泄《も》る、驚《おどろ》けば則《すなは》ち氣《き》倚《よ》る所無《ところな》く、神歸《しんき》する所無《ところな》く、慮《りよ》定《さだ》まる所《ところ》なし、故《ゆへ》に氣《き》亂《みだ》る、勞《らう》すれば則《すなは》ち喘息《ぜんそへ》し、汗出《あせい》づ、故《ゆへ》に氣《き》耗《もう》す、思《おも》へば則《すなは》ち心存《しんそん》ずる所《ところ》あり、神歸《しんき》する所《ところ》あり、正氣《せいき》留《とゞ》まつて行《ゆ》かず、故《ゆゑ》に氣《き》結《むす》ぶと。

◇

又曰《またいは》く、凡《およ》そ人《ひと》暴《にわ》かに喜《よろこ》べは陽《よう》を傷《いた》め、暴《にわ》かに怒《いか》れば陰《いん》を傷《いた》むる得効《とくこう》に曰《いわ》く、中風《ちうふう》は則《すなは》ち脈浮《みやくう》き、身温《みあたゝ》かに、口《くち》には常《つね》に痰涎《たんゑん》が絶《た》へない、中氣《ちうき》は則《すなは》ち脈沈《みやくしづ》み身《み》涼《すゞ》しく、口《くち》に痰涎《たんゑん》が無《な》い、中氣《ちうき》に中風《ちうふう》の藥《くすり》を用《もち》ゆれば禍《わざわい》ひ踵《きびす》を旋《めぐ》らさず、中風《ちうふう》に中風《ちうき》の藥《くすり》を用《もち》ゆるも禍《わざわい》はない。

方氏《はうし》曰《いわ》く、中風《ちうふう》は多《おほ》く治《ち》することが出來《でき》ないが、中氣《ちうき》は須臾《しはらく》にして醒むる、其故《そのゆへ》は何《ど》う云《い》う譯《わけ》であるか、夫《そ》れ中氣《ちうき》と中風《ちうふう》は其源因《そのげんいん》は一つである、皆《み》な忿怒《ふんど》から起《おこ》るものである、蓋《けだ》し少壯《せうそう》の人《ひと》は氣血《けつき》未《ま》だ虛《きよ》ならず、眞水《すんすい》未《ま》だ竭《つ》きず、火《ひ》は水《みづ》に畏《おそ》れて上升《ぜうせう》することが出來《でき》ぬ、故《ゆへ》に身《み》は涼《すゞ》しく痰涎《たんゑん》はない、故《ゆへ》に須臾《しはらく》にして醒《さ》むる、老衰《らうすい》の人《ひと》は氣《き》血《けつ》倶《とも》に空《むな》しく、眞水《しんすい》竭《つ》く、故《ゆへ》に火《ひ》は畏《おそ》れすして上升《ぜうせう》する、身温《みあたゝ》かにして痰涎《たんゑん》有《あ》る所以《ゆゑん》である、故《ゆへ》に治《ち》することは困難《こんなん》であること。

仙經曰。神靜而心和。心和而形全。神躁則心蕩。心蕩則形傷。欲全其形。先在理神。故恬和養神以于內。清虛棲。心不誘于外也

第十九篇 陰陽論 長壽と色慾

◇精液增進と貯藏法

易《えき》に曰《いわ》く、一陰《いん》一陽《やう》之《これ》を道《みち》と謂《い》ふ、蓋《けだ》し陰《いん》有《あ》れば陽《よう》有《あ》り、陰《いん》陽《よう》相《あひ》合《がっ》するを則《すなは》ち道《みち》と云《い》ふのである、孤《こ》陰《いん》孤《こ》陽《よう》各《かく》偏《べん》するのは道《みち》とは云《い》はぬ、故《ゆゑ》に詩《し》に關《かん》雎《しよ》の篇《へん》を首《はじ》めと爲《な》すものは、特《とく》に其《その》君子《くんし》の道《みち》を示《しめ》さんか爲《た》めである。

蓋《けだ》し夫婦《ふうふ》の道《みち》は則《すなは》ち陰陽《いんよう》造《ぞう》花《くわ》の道《みち》、凡《およ》そ天地間《てんちかん》に有情《うぜう》無情《むぜう》の者《もの》、牝《ひん》は皆《みな》陰《いん》に屬《ぞく》し、雌《し》と爲《な》り婦《ふ》と爲《な》る、一牝《ひん》一牡《ぼ》、一雌《し》一雄《ゆう》、一婦《ふ》一夫《ふ》、一陰《いん》一陽《よう》、彼此《ひし》相須《あひま》つて造《ぞう》花《くわ》の妙《めう》がある、人間《にんげん》に在《あつ》ては男女《なんによ》同《どう》居《きよ》して生育《せいいく》し、物《もの》に在《あつ》ては龜《き》蛇《だ》禽《きん》獸《じう》に至《いた》るまで其通《そのとほ》りである、之《こ》れ則《すなは》ち牝《ひん》牡《ぼ》相《あひ》須《ま》ち、雌《し》雄《ゆう》相《あひ》合《がつ》するの理《り》、以《もつ》て類《るい》推《すい》して知《し》ることが出來《でき》る、譬《たと》へば此《この》二人《にん》をして同《どう》室《きょ》せしめは結《むす》んで夫《ふう》婦《ふ》と爲《な》る、是れ理《り》の當《たう》然《ぜん》にして見《み》易《やす》きもの、世《せ》間《けん》不《ふ》修《しう》道《だう》の盲《もう》漢《かん》、陰《いん》陽《よう》配《はい》合《ごう》の理《り》、牝《ひん》牡《ぼ》相《あひ》須《ま》つの道《みち》を知《し》らず、自《じ》己《こ》が眞《しん》陰《いん》眞《しん》陽《よう》性《せい》命《めい》の根《ね》を舍《す》て、或《あるひ》は齊《せい》戒《かい》して哀《あい》を諸《しょ》鬼《き》に請《こ》ひ〔祈禱するを云ふ〕延《ゑん》年《めい》長《てう》壽《じゆ》長《てう》生《せい》不《ふ》死《し》を冀《き》望《ほう》するは、實《じつ》に牝《ひん》牡《ぼ》相《あひ》須《ま》つの理《り》を知《し》らず、非《ひ》類《るい》不《ふ》同《どう》を以《もつ》て後《こう》學《がく》に開《かい》示《じ》するは慨《がい》嘆《たん》の至《いた》りで、一切《さい》の盲《もう》漢《かん》は以《もつ》て悟《さと》る可《べ》しであること。

◇

僕《ぼく》思《おも》ふに、天《てん》下《か》を治《おさ》むるには一國《こく》よりし、一國《こく》を治《おさ》むるには一家《か》よりし、一家《か》を治《おさ》むるには一身《しん》よりするは、堯《げう》舜《しゆん》以《い》來《らい》の大《たい》法《ほふ》である天《てん》下《か》に君《きみ》たらんものにして夫《ふう》婦《ふ》の仲《なか》惡《あ》しきにては、何《なに》人《ひと》をか治《おさ》め得《う》べき、夫《ふう》婦《ふ》相《あひ》和《やわ》らぐは實《じつ》に天《てん》下《か》を平《たひら》かにするの基《もとひ》である、而《しか》して夫《ふ》唱《とな》へて婦《ふ》和《わ》し、夫《ふう》婦《ふ》相《あひ》共《けう》鳴《めい》して家《か》庭《てい》を保《たも》ては、幸《こう》福《ふく》と長《てう》生《せい》は願《ねが》はずして得《え》られるこ云《い》ふのが即《すなは》ち關雎《くわいじよ》の詩《し》の意《い》である。然《しか》らば夫婦《ふうか》共鳴《けうめい》和樂《わらく》して、一家《か》を保《たも》てば長命《ちやうめい》であり、孤獨《こどく》寂寞《せきばく》にして樂《たのし》まざるは短命《たんめい》こ云《い》ふこごに歸着《きちやく》する乎《か》、勿論《もちろん》左襟《さよう》である、内經《ないけい》に曰《いわ》く、喜《よろこ》び樂《たのし》めば則《すなわ》ち氣和《きわ》して長生《ちやうせい》し、悲《かなし》み憂《うれ》い寂寞《せきばく》なれば則《すなは》ち氣消《きき》へ魂《こん》を傷《いた》め、竭絶《かつぜつ》して生《せい》を失《うしな》ふこある。

◇

之《これ》に依《よつ》て之《これ》を觀《み》れば、聖書《せいしよ》にも道書《だうしよ》にも、夫婦《ふうふ》翕鳴《きうめい》して長生《ちやうせい》し、孤獨《こどく》にして短命《たんめい》なることを示《しめ》して居《ゐ》る、仙經《せんけう》には長生《ちやうせい》を望《のぞ》まば陰《いん》を閉《と》ぢよこある、則《すなは》ち精液《せいえき》を發射《はつしや》することを止《や》めよこの謂《い》ひである、之《これ》は則《すなは》ち孤獨《こどく》の男《をとこ》を戒《いまし》めたるもので、妻《つま》ある男《をとこ》に對《たい》する戒飭《かいちよく》こしては本書第《ほんしよだい》十七篇《へん》李眞人《りしんじん》の長生《ちやうせい》十六字《じ》秘訣《ひけつ》の『一吸便提氣氣歸臍』は調氣《てうき》の奥義《おくぎ》であつて、同時《どうじ》に精液《せいえき》を放飛《はうひ》せざる秘訣《ひけつ》である、古《いにしへ》へより女《をんな》は多《おほ》いが賢女《けんぢよ》は少《すく》ないと見《み》へる、而《しか》して色慾《しきよく》に於《おい》ては、女《をんな》は男《をとこ》より猛烈《まうれつ》であると見《み》ゆる、少壮《せうそう》の時《とき》之《これ》を戒《いまし》むる色《いろ》にありと古人《こじん》は云《いつ》て居《ゐ》るが、女《をんな》は中老《ちうらう》にして愈愈《いよく》色慾《しきよく》を喚發《かんはつ》し、男《をとこ》は中老《らうらう》にして愈々《いよく》色慾《しきよく》衰《おさろ》へる、喚發《ゑんはつ》するのと衰《おさろ》へるは逆行《ぎやくかう》であつて順調《じゆんてう》ではない、女《をんな》の猛烈《まうれつ》時代《じだい》に男《をとこ》は既《すで》にへコ垂《た》れると云《い》ふことになること、凡能《ぼんのう》の家庭《かてい》は決《けつ》して圓滿《ゑんまん》平和《へいわ》に治《おさ》まるまい、之《こ》れ易《あき》の謂《い》はゆる牝牡《ひんぼ》相須《あひま》ち、雌《し》雄《ゆう》相合《あひがつ》するの理《り》を沒却《ぼつきやく》するからである。

◇

茲《こゝ》に來《きた》つては男《をとこ》の苦痛《くつう》實《じつ》に推量《すゐれう》に餘《あま》りある、故《ゆゑ》に道士《だうし》や仙人《せんじん》は、此《この》男女《だんじよ》の交合《かうがう》機微《きび》の問題《もんだい》に迄《まで》立入《だちい》つて、思《おも》ひ切《き》つた事《こと》を言《いつ》て居《ゐ》るのは痛快《つうくわい》だが、如何《いか》にも片手《かたて》落《おち》で、只《たゞ》單《たん》に男《をとこ》のみ長生《ちやうせい》すれば宜《よ》しいと云《い》ふことの結論《けつろん》は聊《いさゝ》か偏頗《へんぱ》である、故《ゆゑ》に道士《だうし》仙人《せんじん》の此《この》議《ぎ》論《ろん》は、何《な》んか追追《おい〱》研究《けんきう》することにして、之《これ》を他日《たじつ》に讓《ゆづ》り、取敢《とりあ》へず男《をとこ》は仙人《せんにん》の所謂《いわゆる》精液《せいゑき》を漏らさず、徒《いたづ》らに精液《せいゑき》を發射《はつしや》せざる事《こと》に深《ふか》く熟練《じゆくれん》を積《つ》み交合《こうごう》の際《さい》に三度《ど》に一度《で》位《くら》いの精液發射《せいゑきはつしや》に止《や》むる可《べ》しである、堤氣《ていき》の不熟練《ふじゆくれん》の間《あひだ》は、左樣《さよう》に自由《じゆう》にも出來《でき》兼ぬるが、少《すこ》しなれると何《な》んでもないから、修業者《しゆげうしや》は行住座臥《こうじうざぐわ》熱心《ねつしん》に之《これ》を試《こゝろ》み、其《その》實行《じつかう》を繼續《けいぞく》すれば、後《のち》には平氣《へいき》に易易《やす〱》と出來《でき》る樣《よう》になる、茲《こゝ》に來《いた》れば精氣《せいき》の發射《はつしや》、閉塞《へいそ》は自由自在《じゆうじざい》である。

此《か》くて絕《た》へず唾液《だゑき》を嚥下《ゑんか》し、臟腑《ざうふ》を整調《せいてう》し、發達《はつたつ》せしめ、摩腎法《まじんはふ》を行《おこな》ひ、或《あるひ》は氣《き》を氣海丹田《きかいたんでん》に充實《じゆじつ》せしめて、精氣《せいき》を旺《さか》んにして精液《せいゑき》を增進《ぞうしん》し、之《これ》を貯藏《ちよぞう》し、生生《せい〱》の氣《き》を消失《せうしつ》せざる樣《よう》努力《どりよく》す可《べ》しである

而《しか》して精液《せいゑき》の發射《はつしや》は、滿《まん》を持《ち》して放《はな》つことを忘《わす》れてはならぬ。

彭祖《はうそ》が曰《いわ》く、一月《ぐわつ》に再泄《さいせつ》す之《これ》を愼節《しんせつ》の道《みち》と云《い》ふと、乃《すなは》ち交合《こうごう》は一

箇《か》月《げつ》に二回《くわい》に止《とゞ》めよと云《い》ふのである、又《また》曰《いわ》く、六十歳《さい》なれば當《まさ》に精《せい》を閉《と》ぢて泄《も》らす勿《なか》れと云《いつ》て居《ゐ》る、人《ひと》果《はた》して此《この》節《せつ》愼《しん》が出《で》來《き》るなれば不《ふ》老《らう》長《てう》壽《じゆ》は願《ねが》はずして得《う》らるる。

道書曰。七竅者精神之戶牖也。志氣者九臟之使役也。耳目誘于聲色。鼻口悅于芳味。肌體之于安適其情一也。則精神馳竅而不守。志氣縻于趣捨　臟淫蕩而不安。嗜慾連綿于外。心氣攘褰于內。蔓衍于荒淫之波。留連於是非之境。鮮不敗德傷生者矣。

第二十篇　陳仙人の調氣嚥液法と醫術の連鎖

◇道書《だうしよ》に曰《いは》く、天下《てんか》の事《こと》は未《ま》だ時《とき》を外《ほか》にして論《ろん》ずることは出來《でき》ぬ、故《ゆへ》に聖人《せいじん》は春夏秋冬《しゆんかしうとう》の四時《しじ》に注意《ちうい》を怠《おこた》らぬ、而《しか》して月令《げつれい》の一書《いつしよ》は尤《もつと》も養生家《やうせいか》の注視《ちうし》す可《べ》きものであること。

故《ゆへ》に高子《かうし》は、四時陰陽運用《しじいんやううんよう》の機《き》を錄《ろく》して以《もつ》て、五臟寒温順逆《ごさうかんおんじゆんぎやく》の義に配《はい》し、方藥《はうやく》と內觀調息《ないくわんてうそく》の功《こう》を以《もつ》て、健康長壽《けんかうちやうじゆ》の事《こと》を行《おこな》ひ、陳仙人《ちんせんにん》は春夏秋冬《しゆんかしうとう》に導引調氣嚥液《だういんてうきえんえき》に依《よつ》て、疾病《しつぺい》を治癒《ちゆ》するの法《はう》を講《こう》して居《お》つた、今其《いまその》の仙道《せんだう》を參酌《さんしやく》せる醫《い》法《はう》の大要《たいよう》を述《のは》ふれば。

◇內經《ないけう》に曰《いわ》く、血《ち》は榮《えい》と爲《な》りて內《うち》に榮《さか》へ、目《め》は血《ち》を得《え》て能《よ》く視《み》、足《あし》は血《ち》を得《え》て能《よ》く步《あゆ》み、掌《たなごころ》は血《ち》を得《え》て能《よ》く、握《にぎ》り、指《ゆび》は血《ち》を得《え》て能《よ》く攝《せつ》すと、劉《りう》宗《そう》厚《こう》が曰《いは》く、榮《えい》は水《すゐ》穀《こく》の精《せい》である、脾《ひ》に生化《せいくわ》して總《すべ》て心《しん》に統《す》べ、肝《かん》に受《う》け、肺《はい》に宣布《せんふ》して腎《じん》に泄《も》れ、一身《いつしん》に灌漑《くわんがい》する、目《め》之《これ》を得《え》て能《よ》く視《み》、耳《みゝ》之《これ》を得《え》て能《き》く聽《き》き、手《て》之《これ》を得《え》て能《よ》く攝《せつ》し、掌《たなごころ》之《これ》を得《え》て能《よ》く握《にぎ》り、足《あし》之《これ》を得《え》て能《か》く歩《ほ》し、臟《ざう》は之《これ》を得《え》て液《えき》と爲《な》り、腑《ふ》は之《これ》を得《え》て能《よ》く傳《つた》ふ、之《これ》を脉《みやく》に注《そゝ》ぐこと少《すく》ければ則《すなは》ち澁《じふ》り、克《か》ては則《すなは》ち實《み》つる、故《ゆゑ》に血《ち》盛《さか》んなれば形《けい》盛《さか》んに血《ち》弱《よわ》ければ、則《すなは》ち形《けい》衰《おとろ》ふと。

◇

靈樞《れいすう》に曰《いは》く、病人《べうにん》の語《ご》聲《せい》寂々《せきせき》然《ぜん》として、善《よ》く驚呼《けうこ》する者《もの》は、骨節《こつせつ》間《かん》の病《やまひ》であつて、語《ご》聲《せい》喑々《あんあん》然《ぜん》として徹底《てつてい》せざる者《もの》は、心《しん》隔《かく》間《かん》の病《べう》氣《き》である、語《ご》聲《せい》啾々《しうしう》然《ぜん》として細《ほそ》く長《なが》き者《もの》は、頭中《とうちう》の病《べう》氣《き》であると、難經《けう》に曰《いは》く、聞《きい》て而《しか》して之《これ》を知《し》る者《もの》は、其《その》五《ご》音《いん》を聞《きい》て以《もつ》て其《その》病《やまい》を知《し》ることが出來《でき》る、肝《かん》病《べう》は則《すなは》ち聲《こゑ》悲《かな》しく、肺《はい》病《べう》は則《すなは》ち聲《こゑ》急促《きうそく》に、心《しん》病《べん》は則《すなは》ち其《その》聲《こゑ》雄《ゆう》に、脾《ひ》病《べう》は則《すなは》ち聲《こゑ》慢《まん》に、腎《じん》病《べう》は則《すなは》ち聲《こゑ》沈《しづ》み、大《だい》腸《てう》病《でう》は則《すなは》ち聲《こゑ》長《なが》く、小《せう》腸《てう》病《べう》は則《すなは》ち聲《こゑ》短《みじか》く、胃《い》病《べう》は則《すなは》ち聲《こゑ》速《はや》く、膽《たん》病《べう》は則《すなは》ち聲《こゑ》清《きよ》く、膀胱《ぼうこう》病《べう》は則《すなは》ち聲《こゑ》微《び》なりと。

内經《ないけう》に曰《いは》く、腎《じん》を病《や》む者《もの》は寢《ね》て汗《あせ》出《い》つ、寢汗《しんかん》は盜汗《とうかん》である、盜汗《とうかん》は唾眠《すいみん》中《ちう》に汗《あせ》出《い》で、覺《さ》むれば汗《あせ》止《や》むと、又《また》曰《い》く、盜汗《とうかん》は陰虛《いんきよ》と云《い》ふは血虛《けつきよ》の故《ゆゑ》である、宜《よろ》しく補《は》陰《いん》降火《こうか》湯《とう》、又《また》は龍膽《りうたん》散《さん》等《とう》を服用《ふくよう》すれば宜《よろ》しいと。

◇

難經《なんけう》に曰《い》く、腎《じん》は液《えき》を主《つかさ》どり、汗《かん》に入《はいつ》て泣《きう》と爲《な》る、黄帝《こうてい》曰《い》く、人《ひと》の哀告《あいこく》して涕泣《ていきう》出《い》づるものは、何《ど》ふ云《い》ふ譯《わけ》乎《か》、岐伯《ぎはく》曰《い》く、心《しん》は五臟《ごぞう》六腑《ろくふ》の主《しゆ》である、目《め》は宗脉《そうみやく》の聚《あつ》まる所《ところ》である、口鼻《こうび》は氣《き》の門戸《もんこ》である、故《ゆゑ》に悲哀《ひあい》憂愁《ゆうしう》すれば心《しん》動《うご》き、心《しん》動《うご》けば五臟《ごぞう》六腑《ろくふ》皆《みな》動《うご》く、動《うご》けば則《すなは》ち宗《そう》脈《みやく》感《かん》ず、感《かん》ずれば則《すなは》ち液《えき》道《どう》開《ひら》く、開《ひら》けば則《すなは》ち涕《てい》泣《きう》出《い》づ、液《えき》は精《せい》に灌《そそ》ぎ空《くう》竅《けう》に濡《うる》ほす、故《ゆへ》に上《じやう》液《えき》の道《みち》が開《ひら》くれば泣《な》く、泣《なき》止《や》まずんば則《すなは》ち液《えき》竭《つ》く、液《えき》竭《つ》くれば則《すなは》ち精《せい》灌《そそ》がず、精《せい》灌《そそ》がざれば則《すなは》ち目《め》見《み》る所《ところ》なしと。

◇

又《また》陳《ちん》仙《せん》人《たん》の治《ち》病《べう》法《はう》には。

孟《もう》春《しゆん》には、毎《まい》夜《よ》子《ね》丑《うし》の刻《こく》（自十一時至三時）に静《せい》座《ざ》して調《てう》息《そく》し、三《さん》五《こ》度《ど》叩《こう》歯《し》して唾《だ》液《えき》を嚥《えん》下《か》し、毎《まい》夜《よ》繼《けい》續《ぞく》すれば、久《ひさし》ふして頭《づ》痛《つう》、耳《じ》後《ご》痛《つう》肩《けん》痛《つう》、肘《ちう》臂《ひ》痛《つう》、諸《しよ》痛《つう》を治《ち》し。

仲《ちう》春《しゆん》に毎《まい》夜《よ》丑《うし》寅《とら》の刻《こく》（自一時至五時）に静《せい》座《ざ》して調《てう》息《そく》し、五《ご》六《ろく》度《ど》叩《こう》歯《し》して、唾《だ》液《えき》を嚥《えん》下《か》すれば、久《ひさし》ふして腰《こし》、肺《はい》、胃《い》に蘊《うん》積《せき》せる邪《じや》毒《どく》を散《さん》し、腫《しゆ》瘡《そう》等《とう》悉《ことごと》く治《ち》し。

季春《きしゆん》に毎夜《まいよ》丑寅《うしとら》の刻《こく》、正座《せいざ》し、手《て》を左右《さゆう》に換《か》へ、弓《ゆみ》を引《ひ》くが如《ごと》きの狀《ざう》を爲《な》すこと七八度《しちはちど》、胸部《けうぶ》を整調《せいてう》して後《の》ち、叩齒《こうし》嚥液《えんえき》すれば、腰《こし》、腎《じん》、腸胃《てうい》、の鬱滯《うつたい》を去り、耳聾《じろう》、頸痛《けいつう》、肩痛《けんつう》、肘臂《ちうひ》の諸痛《しよつう》を治《ち》し。

孟夏《まうか》に毎日《まいにち》寅卯《とらう》の刻《こく》(自三時至七時)閉息冥目《へいそくめいもく》し、兩手《れうて》を反換《はんくわん》して兩《れう》膝《ひざ》を抑《おさ》へ、叩齒《こうし》五六度《ごろくたび》にして嚥液《えんえき》すれば、風濕《ふうしつ》、留滯《りうたい》、腫病、心熱《しんねつ》其他《そのた》の難症《なんせう》を治《ち》し。

◇

仲夏《ちうか》に毎日《まいにち》寅卯《とらう》の刻《こく》に、直立《ちよくりつ》して仰身《ぎやうしん》し、兩手《れうて》に左右《さゆう》の力《ちから》を籠《こ》め息《いき》を定《さだ》めて叩齒《こうし》嚥液《えんえき》すれば、腰《こし》、腎《じん》、心痛《しんつう》、頭痛《とうつう》、脇痛《けうつう》等《とう》を治《ち》し。

孟秋《まうしう》に毎日《まいにち》丑寅《うしとら》の刻《こく》(自一時至五時)正座《せいざ》して兩手《れうて》を地《ち》に着《つ》き、體《たい》を縮《ちぢ》めて閉息《へいそく》し、叩齒《こうし》七八度《しちはちど》にして嚥液《えんえき》すれば、腰腎《ようじん》の積氣《せきき》、脇痛《けうつう》、頭痛《とうつう》、腫痛、腋下《えきか》腫、汗出《あせので》等《とう》を治《じ》し。

仲《ちう》秋《しう》に毎《まい》日《にち》丑《うし》寅《とら》の刻《こく》に正《せい》座《ざ》し、兩《れう》手《て》を膝《ひざ》に按《あん》し、頭《あたま》を轉《てん》して推《すい》引《いん》すること各《かく》五《ご》六《ろく》度《ど》、叩《こう》齒《し》嚥《えん》液《えき》すれば、風《ふう》氣《き》留《りう》滯《たい》、腰《よう》背《はい》の經《けい》絡《らく》、惡《あく》汗《かん》頸《けい》腫、喉《こう》腫等《とう》を治《ち》し。

季《き》秋《しう》に毎《まい》日《にち》丑《うし》寅《とら》の刻《こく》に正《せい》座《ざ》し、兩《れう》臂《ひぢ》を擧《あ》け、三《さん》五《ご》度《ど》叩《こう》齒《し》して嚥《えん》液《えき》すれば、脊《せき》痛《つう》、腰《よう》痛《つう》、痔《ち》病《べう》、頂《てう》痛《つう》、諸《しよ》痛《つう》を治《ち》し。

◇

孟《もう》冬《とう》に毎《まい》日《にち》丑《うし》寅《とら》の刻《こく》に正《せい》座《ざ》し、一《いつ》手《て》は膝《すね》を按《あん》し、一《いつ》手《て》は肘を挽《ひ》き左《さ》右《ゆう》み顧《かへり》み、叩《こう》齒《し》三《さん》五《ご》度《ど》して嚥《えん》液《えき》すれば、胸《けう》脇《けう》の積《せき》滯《たい》、腰《よう》痛《つう》、食《しよく》滯《つう》頭《とう》痛《つう》、頰《けう》腫、面《めん》青《せい》、目《もく》赤《せき》、腫痛《つう》、小《こ》腹《はら》四肢滿《まん》悶《もん》、眩《げん》暉《くん》等《とう》を治《ち》し。

仲《ちう》冬《とう》に毎《まい》日《にち》子《ね》丑《うし》の刻《こく》に身《み》を起《おこ》して膝《ひざ》を抑《おさ》へ、兩《れう》手《て》を左《さ》右《ゆう》に動《うご》かし兩《れう》足《あし》を左《さ》右《ゆう》に踏《ふ》み、叩《こう》齒《し》五《ご》六《ろく》度《ど》にして嚥《えん》液《えき》すれば、脚《きやく》膝《しつ》の毒《どく》氣《き》を去《さ》り口《こう》熱《ねつ》舌《ぜつ》乾《かん》、咽《いん》腫、心《しん》痛《つう》黄《わう》疸《だん》等《とう》を治《ち》し。

季《き》冬《とう》に毎日《まいにち》子《ね》丑《うし》の刻《こく》に正座《せいざ》し、一手《いつて》は足《あし》を按《あん》し、一手《いつて》を擧《あ》けて首《くび》を挽《ひ》き、左《さ》右《ゆう》交換《こうくわん》すること五《ご》六《ろく》度《たび》、叩齒《こうし》嚥液《えんえき》すれば、胃病《いつう》、腹痛《ふくつう》、黄疸《わうだん》、大小《だいせう》便《べん》の不通《ふつう》を治《ち》し、食進《しよくすす》み味《あぢ》を増《ま》す云々。

要《よう》するに、古《いにし》への支那《しな》仙人《せんにん》や道士《だうし》は、内觀《ないくわん》調息《てうそく》法《はう》を醫術《いじゆつ》上《じやう》に應用《おうよう》して、深《ふか》く其《その》効果《こうか》を收《をさ》めて居《を》つた、則《すなは》ち仙人《せんにん》の内觀《ないくわん》調息《てうそく》法《はう》を會得《ゑとく》して、之《これ》を實行《じつこう》して怠《おこた》らずんば、藥《くすり》を服《ふく》せずして病《やまい》を治《ち》することが出《で》來《き》ることを云《い》ふのである。

滇書曰。木有所養。則根本固而枝葉茂。棟樑之材成。水有所養則泉源壯而流派長。灌漑之利溥。人有所養。則心神安而識見達。修道之事成。

第二十一篇　仙道と精神統一

余《よ》、道《だう》書《しよ》及《および》仙經《せんけう》を按《あん》ずるに、黄帝《こうてい》軒轅氏《けんゑんし》は、生《うま》れて神靈《しんれい》、長《てう》じて頗《すこぶ》る聰明《そうめい》、五氣《き》を察《さつ》し五運《うん》を立《た》て、性命《せいめい》陰陽《いんやう》の學《がく》を修《おさ》めて内經《ないけう》を作《つく》り、或《あるひ》は陰符經《いんふけう》を著《あら》はし、以《もつ》て人間《にんげん》の夭折《ようせつ》を防《ふせ》ぎ、精《せい》神《しん》統《とう》一を論《ろん》じて處世《しよせい》に資《し》し、人間社會《にんげんしやくわい》に貢獻《こうけん》して、長壽法《てうじゆはう》を自《みづか》ら實行《じつこう》し、之《これ》を宣《せん》傳《でん》し、帝位《ていい》に在《あ》ること實《じつ》に一百年《ねん》。

在位《ざいい》中《ちう》の顯著《けんちよ》なる成績《せいせき》としては、算數《さんすう》を定《さだ》め、度《ど》量衡《れうこう》を制定《せいてい》し、律呂《りつりよ》を作《つく》り、十二鍾《せう》を鑄《い》て以《もつ》て五音《いん》に和《わ》し、衣裳《いせう》を正《た》だし、器用《きよう》を作《つく》り、舟車《しうしや》を造《つく》り、貨幣《くわへい》を制《せい》し、百年《ねん》の事業《じげう》柄《へい》として掌《たなごゝろ》に指《ゆびさ》す如《ごと》く人《ひと》は利用《りよう》厚生《こうせい》の道《みち》を得《え》、趨拜《すうはい》すること天《てん》の如《ごと》く、神《かみ》の如《ごと》く、實《じつ》に發《はつ》明善智《めいぜんち》の帝王《ていおう》であつた、後世《こうせい》道《みち》を説《さ》き、仙《せん》を論《ろん》し、俗《ぞく》を議《ぎ》する者《もの》、悉《ことごと》く黄帝《こうてい》の道徳經《だうとくけう》に拜趨《はいすう》せざる者《もの》は無《な》い。

◇

其《その》著《ちよ》陰符經《いんふけう》に曰《いわ》く、「觀天之道、執天之行盡矣」註に曰。性命之道。一天道也。陰陽之道耳。修道者。能知天道之奥妙。而神明默運。竊陰陽之氣。奪造化之權。可以長生不死。可以無生無死。然其最要處則。在能觀能執耳。何謂觀。則在格物致知之爲觀。極深研幾之爲觀。心知神會之爲觀。廻光返照之爲觀。不隱不瞞之爲觀。何謂執專心致志之爲執。無過不及之爲執。身體力行之爲執。愈久愈力之爲執。始終如一之爲執、觀天道無爲之功頓悟也。所以了性。執天行有爲之學。漸修也。所以了命。能觀能執。用陰陽之道。以脱陰陽。依世間法而出世間。性命俱了。心法兩忘。超出天地。永劫長存。只此二句。即是成仙成佛之天梯。爲

聖賢之大道。外此者。皆是傍門曲徑。邪說淫辭。故曰盡矣。と

◇

黄帝《こうてい》は性命《せいめい》の道《みち》は天道《てんだう》であると云《い》ひ、天《てん》の道《みち》は陰陽《いんやう》の道《みち》であると云《い》ひ、修道者《しゆだうしや》は能《よ》く天道《てんだう》の奥妙《おくめう》を知《し》らなければならぬと云《い》ひ、陰陽《いんやう》の氣《き》を竊《ぬす》み、造化《ざうくわ》の權《けん》を奪《うば》へば、以《もつ》て長命《てうめい》不死《ふし》なる可《べ》しと云《いつ》て居《を》る眞《しん》に至言《しげん》である、人《ひと》若《も》し此《か》くの如《ごと》くなれば、天地《てんち》と共《とも》に無始《むし》にして無修《むしう》である、則《すなは》ち天地《てんち》に超越《てうゑつ》すれば、永久《ゑいきう》に長生《てうせい》が出來《でき》るのである玆《こゝ》に於《おい》てか萬物《ばんぶつ》の靈長《れいてう》たるに恥《は》ぢぬのである。

現代《げんだい》の修道者《しゆだうしや》が喧《かまびす》しく論《ろん》じて居《を》る『靈《れい》』と云《い》ふのは、則《すなは》ち天《てん》の道《みち》であり、陰陽《いんやう》の道《みち》である、此靈動陰陽動《このれいどういんやうどう》の奥妙《おくめう》を窮《きは》めたる者《もの》が、古《いにし》へは之《これ》を仙《せん》と云《い》ひ、佛《ぶつ》と云《い》ひ、現代《げんだい》では之《これ》を精神統一者《せいしんとういつしや》と云《い》ふのである、故《ゆゑ》に僕《ぼく》は分《わか》り易《やす》き様《やう》に現代《げんだい》の謂《い》はゆる精神統一《せいしんとういつ》を仙道《せんだう》より述《の》

べて見《み》よう。

◇

陰《いん》符《ふ》經《けう》に黄《こう》帝《てい》曰《いわ》く。

瞽者善聽。聾者善視。絶利一源。用師十倍。三返晝夜用師萬倍。と

瞽《こ》者《しや》は善《よ》く聽《き》くと云《い》ふが、善《よ》く聽《き》くのではない、耳《みゝ》が別段《べつだん》に普通《ふつう》人《じん》以《い》上《じやう》に發達《はつたつ》して居《お》ると云《い》ふ譯《わけ》では決《けつ》して無《な》い、蓋《けだ》し目《め》を以《もつ》て見《み》る所《ところ》無《な》く、精神《せいしん》を耳《みゝ》に集中《しうちう》するから、其《その》聽《き》くこと聰敏《そうびん》である、聾《ろう》者《しや》は善《よ》く視《み》ると云《い》ふが、之《これ》も聾《ろう》者《しや》の目《め》が普通《ふつう》人《じん》以《い》上《じやう》に發達《はつたつ》して居《お》ると云《い》ふ譯《わけ》では無《な》い、耳《みゝ》を以《もつ》て聽《き》く所《ところ》無《な》く、精神《せいしん》を目《め》に集中《しうちう》するからである。

此《この》二者《しや》は努《つと》めずして内觀《ないくわん》を行《おこな》へるもので、目《め》を閉《と》ぢて耳聽《みゝそう》に、耳《みゝ》

を塞《ふさい》で目明《めあきら》かに、神《しん》を存《そん》じて妄想《もうそう》を去《さ》り、氣《き》を耳《じ》目《もく》に運《うん》集《しゅう》するからである、然《しか》らば衆《しゅ》生《じょう》の眞《しん》道《どう》を得《え》ざる所《ゆ》以《えん》は、妄《もう》心《しん》があり妄想《もうそう》があるからである、人《にん》間《げん》の世《よ》に處《しょ》するや、功《こう》名《みょう》を冀《こいねが》い富《ふう》貴《き》を望《のぞ》んで、努《ど》力《りょく》し奮《ふん》鬪《とう》する、故《ゆえ》に煩《ぼん》惱《のう》妄《もう》想《そう》して身《しん》心《しん》を憂《ゆう》苦《く》する、そこで仙《せん》と爲《な》り佛《ぶつ》と爲《な》りて精《せい》神《しん》を統《とう》一することが出《で》來《き》ぬ、若《も》し吾《ご》人《じん》が功《こう》利《り》を絶《た》つて妄《もう》想《そう》煩《はん》悶《もん》することが莫《な》ければ、諸《しょ》慮《りょ》倶《とも》に息《や》み、精《せい》神《しん》を統《とう》一することが決《けつ》して困《こん》難《なん》でない、則《すなは》ち人《ひと》は功《こう》名《みょう》富《ふう》貴《き》を捨《す》て、諸《しょ》慮《りょ》を閉《へい》息《そく》せば、本《ほん》來《らい》の眞《しん》心《しん》は空《くう》々《く》洞《どう》々《く》、無《む》我《が》無《む》人《にん》無《む》物《ぶつ》、天《てん》地《ち》陰《いん》陽《よう》と同《どう》體《たい》と爲《な》り、老《ろう》耗《もう》無《な》く、生《せい》死《し》無《な》しと。

◇

精《せい》神《しん》統《とう》一の源《げん》理《り》は、實《じつ》に黃《こう》帝《てい》の一句《く》に宣《せん》明《めい》せられて居《を》る、余《よ》が以《い》上《じょう》數《すう》篇《へん》に述《の》べたる、仙《せん》人《にん》や儒《じゅ》家《か》の健《けん》康《こう》法《ほう》長《ちょう》生《せい》法《ほう》は、精《せい》神《しん》統《とう》一を本《ほん》義《ぎ》さし基調《きてう》として居《を》ることは勿論《もちろん》である、故《ゆへ》に人《ひと》一たび自我《じが》を沒却《ぼつきやく》して煩惱《はんのう》妄想《もうそう》を絶《た》ち、諸慮《しよりよ》を閉息《へいそく》して仕舞《しま》い、釋迦《しやか》の謂《い》はゆる、天上《てんじやう》天下《てんか》唯我《ゆいが》獨尊《どくそん》の見地《けんち》に立《た》て、陰陽《いんやう》の氣《き》を納《おさ》め、造化《ざうくわ》の權《けん》を奪《うば》ふ的《てき》の雄心《ゆうしん》を奮發《ふんぱつ》して、内觀《ないくわん》を成就《じやうじゆ》せば、忽然《こつぜん》として仙道《せんだう》に觸《ふ》れ、毅然《きぜん》として精神《せいしん》統《とう》一の曙光《しよこう》に接《せつ》することは決《けつ》して至難《しなん》の苦業《くげう》ではない。

◇

然《しか》れども吾人《ごじん》は、長生《てうせい》したいが爲《た》め、功名《こうめう》の念《ねん》を絶《た》ち、精神《せいしん》を統《とう》一したいか爲《た》め、活動《くわつどう》の念《ねん》を絶《た》つ譯《わけ》にはゆかない、人間《にんげん》が仙人《せんにん》と爲《な》り道士《だうし》と爲《な》らんが爲《た》めに、活動《くわつどう》を停止《ていし》したならば、一家《か》の爲《ため》にも、一國《こく》の爲《ため》にも、之《これ》は實《じつ》に由々《ゆゝ》しき大問題《たいもんだい》で、現代《げんだい》社會《しやくわい》は決《けつ》して左樣《さやう》な仙士《せんし》は歡迎《くわんげい》せない。

僕《ぼく》の仙道《せんだう》を論《ろん》じ、長生《てうせい》を欲《ほつ》し、精神《せいしん》統《とう》一を説《と》くのは、唯《た》だ人間《にんげん》が仙人《せんにん》と爲《なつ》て唯我《ゆいが》獨尊《どくそん》を履《は》き違《ちが》へ、超越《てうぜん》として世俗《せぞく》と遠《とほざ》かり、或《あるい》は隱《い》棲《せい》するのではない、滔々《たう〳〵》たる我《わが》善男《ぜんなん》善女《ぜんによ》が、精神《せいしん》統《とう》一が出來《でき》なくて蹌踉《さうろう》として醉生《すゐせい》夢死《むし》の狀態《じやうたい》より救《すく》はんとしてである、則《すなは》ち我《わが》現代《げんだい》の盛世《せいせい》に或《ある》目的《もくてき》に向《むか》て、誠實《せいじつ》にして勇敢《ゆうかん》に突進《とつしん》せんと期《き》するからである、人間《にんげん》は精神《せいしん》統《とう》一さへ出來《でき》れば、何事《なにごと》も出來《でき》ない事《こと》はない、一身《しん》上《じやう》の大問題《だいもんだい》に出會《しゆつくわい》しても、一家《か》浮沈《ふちん》の瀨戸《せと》際《ぎわ》に立《た》つても、快刀《くわいとう》を以《もつ》て亂麻《らんま》を斷《た》つが如《ごと》く、容易《ようい》に之《これ》を解決《かいけつ》することが出來《でき》る、又《また》政治家《せいぢか》と爲《なつ》ても、學者《がくしや》と爲《なつ》ても、軍人《ぐんじん》と爲《なつ》ても、實業家《じつげふか》と爲《なつ》ても、精神《せいしん》統《とう》一者《しや》は一頭地《とうち》を拔《ぬ》いで成功《せいこう》して居《を》る。

◇

按《あん》ずるに、黃帝《こうてい》の道師《どうし》は黃成子《こうせいし》である、黃成子《こうせいし》は空洞山《くうどうざん》に籠《こも》つて居《を》つた仙人《せんにん》である、黃帝《こうてい》は天下《てんか》を治《おさ》めんが爲《ため》に、帝王《ていおう》の身《み》を以《もつ》て三たび齋《さい》戒《かい》沐《もく》浴《よく》して素《そ》服《ふく》穴《けつ》居《きょ》の仙《せん》人《にん》を師《し》とした、在《ざい》位《い》一百歳《さい》にして天《てん》下《か》に善《ぜん》政《せい》を施《し》き、百世《せ》に亘《わた》りて清《せい》風《ふう》を傳《つた》ふることを得《ゑ》るのは、實《じつ》に仙《せん》道《だう》を修《しゆ》業《げう》して、精《せい》神《しん》統《とう》一が出《で》來《き》たからである。

今《いま》や日《に》本《ほん》に於《おい》ては心《しん》靈《れい》學《がく》會《くわい》が起《おこ》つたり、道《だう》場《ぢやう》が起《おこ》つたりして、精《せい》神《しん》統《とう》一が盛《さか》んに鼓《こ》吹《すい》せられて來《き》たことは、喜《よろこ》ぶべき現《げん》象《せう》であるが、其《その》多《おほ》くは靈《れい》道《だう》の切《きり》賣《うり》で、金《かね》儲《もう》けの爲《ため》に門《もん》戸《こ》を張《はつ》て居《を》り、甚《はなは》だしきは入《にう》門《もん》者《しや》より多《た》額《がく》の束《そく》修《しう》を取《とつ》て、如《い》何《か》はしき藝《げい》當《たう》を致《いた》して居《を》る者《もの》も夥《おびた》だしく有《あ》る樣《やう》である、こんなことでは、駄《だ》目《め》だ、僕《ぼく》は眞《ま》面《じ》目《め》に仙《せん》道《だう》を鼓《こ》吹《すい》し、精《せい》神《しん》統《とう》一を指《し》導《だう》する幾《いく》多《た》の紳《しん》士《し》が出《で》て來《き》て、其《その》道《だう》學《がく》を社《しや》會《くわい》化《くわ》せんことを希《き》望《ぼう》して已《や》やぬ。

第二十二篇　余は此くして仙道内觀を修業す

◇

讀者《どくしや》は、前編《ぜんぺん》に於《おい》て仙人《せんにん》の長生法《ちやうせいはふ》や、調息法《てうそくはふ》を了解《れうかい》せられたるを信《しん》ずる、生理學《せいりがく》や解剖學《かいぼうがく》の進歩《しんぽ》した今日《こんにち》から云《い》ふと、幼稚《ようち》な議論《ぎろん》もあり、或《あるひ》は受取《うけと》れぬ点《てん》もあるが、よく〱研究《けんきう》吟味《ぎんみ》して見《み》ると、現《げん》代《だい》醫術《いじゆつ》と合致《がつち》する点《てん》も發見《はつけん》せられ、又《また》輓近《ばんきん》盛《さか》んに流行《りうかう》して居《ゐ》る靈道《れいだう》や、複式《ふくしき》呼吸《こきう》の源泉《げんせん》であることも分明《ぶんめい》し、諸君《しよくん》の中《なか》に現《げん》に複式《ふくしき》呼吸《こきう》や、靜座《せいざ》などの諸書《しよしよ》を繙《ひもと》き、或《あるひ》は精神《せいしん》方面《はうめん》の事《こと》も研究《けんきう》し、之《これ》を實驗《じつけん》せられつゝある人《ひと》は、讀《よ》み去《さ》り讀《よ》み來《きた》り、手《て》を拍《う》て感嘆《かんたん》せらるゝ箇《か》所《しよ》があるであらう。

◇

素《もと》より仙人《せんにん》の長生法《ちやうせいはふ》や調息法《てうそくはふ》が、以上《いじやう》列記《れつき》した仙人《せんにん》や儒家《じゆか》や白幽《はくゆう》仙人《せんにん》の發明《はつめい》と云《い》ふ譯《わけ》ではない、老子《ろうし》や、列子《れつし》や、列仙傳《れつせんでん》や、歴代神《れきだいしん》仙傳《せんでん》や、百子全書《ひやくしぜんしよ》や、道書《だうしよ》などを讀《よ》んで見《み》ると、此長生法《このちやうせいはう》や調息法《てうそくはう》が、成《な》る程《ほど》と首肯《うなづ》かれる文字《もじ》に充《み》たされて居る。

僕《ぼく》は未《ま》だ周易《しうゑき》も精讀《せいどく》せず、陰陽《いんやう》の合法《かつはう》も窮明《きうめい》せざる淺學《せんがく》ではあるが、易《えき》を讀《よ》み、陰陽《いんやう》の法理《はうり》を窮《きわ》めたならば、まだなかなか此長生法《このちやうせいはう》や調息法《てうそくはう》と氣脈相通《きみやくあいつう》じ、稗益《ひえき》することが少《すく》なくはないと思《おも》つて居《い》る追々《おいおい》閑《かん》を得《う》れば、陰陽《いんやう》の方面《はうめん》からも觀察《くわんさつ》して、微細《びさい》に議論《ぎろん》を立《た》て、見《み》たい。

◇

余《よ》又更《またさら》に韓書《かんしよ》を按《あん》するに、仙人《せんにん》の道《みち》は支那《しな》や日本《にほん》にのみ傳《つた》はつて居《い》るのではない、朝鮮《てうせん》の醫書《いしよ》は仙道《せんだう》に類《るい》したものもある、醫道《いだう》に類《るい》したものもある、光海君《こうかいくん》の朝《てう》に時《とき》の崇祿大夫《そうろくたいふ》許浚《きよしゆん》の書《か》いた東醫寶鑑《とういはうかん》を一讀《いつどく》して見《み》ること、彼《かれ》は醫《い》道《だう》に通《つう》じ仙《せん》道《だう》に通《つう》して居《お》つたことが分《わ》かる。

其《そ》の書中《しよちう》の人氣《にんき》盛衰《せいすい》篇《へん》や、壽夭《じゆよう》の異《い》篇《へん》や、人身《にんしん》猶《なほ》一國《いちこくごとし》や、丹田《たんでん》有《さん》三《あり》や、保養《はよう》精氣《せいき》神《しん》や、四氣《しき》調神《てうしん》や、以道療病《みちをもつてやまいをれうす》や、虚心《きよしん》合道《みちにがつす》や、人心《しんしん》合天機《てんきにがつす》や、攝生《せつせい》要訣《ようしつ》やは、仙道《せんだう》に合《かつ》し醫《い》道《だう》に合《かつ》せる修養《しうよう》論《ろん》であつて又《また》李《り》朝《てう》の碩學《せきかく》丁《てい》茶山《ちやざん》が書《か》いた山林《さんりん》經濟《けいざい》中《ちう》の攝生《せつせい》篇《へん》にも、餘程《よほど》長生《てうせい》法《はう》や調息《てうそく》法《はう》等《とう》研究《けうきう》に値《あたい》する記事《きじ》が見《み》へて居《お》るが、茶山《ちやざん》の攝生《せつせい》法《はう》や、貝《かい》原益軒《わらゑきけん》の養生《ようせい》訓《くん》や、白幽《はくゆう》仙人《せんにん》の長生《てうせい》法《はう》も、大概《たいがい》仙書《せんしよ》や道書《だうしよ》や、許浚《きよしゆん》の東醫《とうい》寶鑑《はうかん》から出《で》て居《お》る。

◇

左《さ》りながら僕《ぼく》は、白幽《はくゆう》仙人《せんにん》や益《ゑき》軒《けん》先《せん》生《せい》の受賣《うけうり》を嘲《あざけ》り、茶山《ちやざん》の攝《せつ》生《せい》法《はう》を無《む》價《か》値《ち》とは爲《な》さぬ靑《せい》は藍《らん》より出《い》て、藍《らん》より靑《あを》く、白幽《はくゆう》仙《せん》人《にん》の長《てう》生《せい》法《はう》や、益《えき》軒《けん》先《せん》生《せい》の養《よう》生《せい》訓《くん》や、茶《ちや》山《ざん》の攝《せつ》生《せい》法《はう》は、支《し》那《な》朝《てう》鮮《せん》先《せん》哲《てつ》の仙《せん》道《だう》に說《と》いた內《ない》觀《くわん》法《はう》を含《がう》咀《そ》して、後《こう》生《せい》に最《もつ》も明《めい》瞭《れう》に而《しか》も白《はく》幽《ゆう》仙《せん》人《にん》の如《ごと》きは、自《じ》身《しん》が崇《すう》高《かう》なる犧《ぎ》牲《せい》と爲《な》つて修《しう》養《よう》し、長《てう》生《せい》を實《じつ》驗《けん》して居《お》る。

僕《ぼく》が今《こん》日《にち》現《げん》に仙《せん》道《だう》を修《しゆ》業《げふ》するまでに決《けつ》心《しん》し、之《これ》を實《じつ》行《かう》しつゝあるのは、實《じつ》に以《い》上《じやう》仙《せん》人《にん》の長《てう》生《せい》法《はう》が、其《そ》の道《みち》案《あん》內《ない》者《しや》と爲《な》つて居《お》る。兎《と》に角《かく》朝《てう》鮮《せん》では三《さん》百《びやく》年《ねん》、日《に》本《ほん》では二《に》百《ひやく》年《ねん》、支《し》那《な》では二《に》千《せん》年《ねん》三《さん》千《ぜん》年《ねん》の昔《むかし》に於て、長《てう》生《せい》法《はう》や、調《てう》息《そく》法《はう》や、眞《しん》呼《こ》吸《きう》などが研《けん》究《きう》し實《じつ》行《こう》せられて居《お》つたことが分《わか》つ、てこんな立《りつ》派《ぱ》な修《しう》道《だう》の珍《ちん》籍《せき》があるのに、僕《ぼく》等《ら》は經《けい》書《しよ》史《し》傳《でん》にのみ耽《ふけ》つて、道《だう》書《しよ》仙《せん》經《けい》を讀《どく》破《は》せなかつたことは殘《ざん》念《ねん》至《し》極《ごく》である併《しか》し決《けつ》して遲《おそ》くはない、百《ひやく》歲《さい》長《てう》壽《じゆ》法《はう》は之《これ》からだ、僕《ぼく》は旣《すで》に仙《せん》人《にん》の長《てう》生《せい》法《はう》に一《いつ》種《しゆ》雄《ゆう》渾《こん》なる趣《しゆ》味《み》を靈《れい》感《かん》して、今《いま》や將《まさ》に仙《せん》人《にん》道《だう》に入《はい》らんとして居《お》る。

余《よ》按《あん》ずるに、白幽《はくゆう》仙人《せんにん》が道書《だうしよ》や東醫《とうい》寶鑑《ほうかん》などを骨子《こつし》として、論《ぎ》議《ろん》し之《これ》を實行《じつこう》して居《お》ることから考《かんが》へて見《み》ると、支那《しな》の道教《だうけう》、仙道《せんだう》などは、内觀長生法《ないくわんてうせいほう》の源流《げんりう》であることが分明《ぶんめい》し來《く》る。

彼《か》の列子《れつし》が飄々《へうへう》として風《かぜ》に御《ぎよ》して行《ゆ》くと云《い》ひ、我在昔《わがざいせき》武道《ぶだう》の達人《たつじん》が、飛斬《とびきり》の術《じゆつ》と云《い》ひ、仙術《せんじゆつ》など云《い》ふもの、是《こ》れ乃《すなは》ち内觀長生《ないくわんてうせい》の極致《きよくち》なりと斷言《だんごん》して憚《はゞか》らぬ、僕《ぼく》は仙術《せんじゆつ》なんて荒誕無稽《こうたんむけい》の説《せつ》が、有《あ》り得《う》べきものでないと思《おも》つて居《お》つたが、段々《だんだん》精神方面《せいしんはうめん》の研究《けんきう》をして來《く》ると實《じつ》に、現代文明《げんだいぶんめい》の科學《かがく》さへ解決《かいけつ》を與《あた》へ得《う》ぬ千里眼《せんりがん》や、催眠術《さいみんじゆつ》など云《い》ふものさへ出現《しゆつげん》する世《よ》の中《なか》だから、僕《ぼく》は實《じつ》に前編諸仙《ぜんぺんしよせん》の長生法《てうせいほう》や調《てう》息法《そくはう》が、人間《にんげん》の大活學《だいくわつがく》として、不可思議《ふかしぎ》靈妙《れいめう》なる力《ちから》の潛在《せんざい》せるを認《みと》めざるを得《え》ぬ。

白幽《はくゆう》と云《い》ふ仙人《せんにん》は、元《もと》石川丈山《いしかはぢやうざん》の師範《しはん》で一介《いつかい》の武士《ぶし》であつたが病氣《びやうき》の爲《た》め年壯《ねんそう》にして山谷《さんこく》に隱遁《いんとん》し、病《やまい》を養《やしな》つて居《お》つたので、別《べつ》に深遠《しんゑん》なる學識《がくしき》とては無《な》い、或《あるい》は曰《いは》く、白幽《はくゆう》と云《い》ふのは無學《むがく》の仙人《せんにん》であると云《い》つて、白隱禪師《はくいんぜんし》の發表《はつぺう》に疑《うたがい》を抱《いだ》いて居《お》る人《ひと》もある樣《やう》であるが僕《ぼく》は白幽《はくゆう》の有學《ゆうがく》であると無學《むがく》であるとは、敢《あへ》て問《と》ふ所《ところ》ではない。

彼《か》れの論談《ろんだん》の節々《ふしぶし》を詮議《せんぎ》して見《み》ると、相當《さうとう》に經書《けいしよ》も讀《よ》んで居《お》る、諸子百家《しよしひやくくわ》も一覽《いつらん》して居《お》る、而《しか》して專《もつぱ》ら道教《だうけう》、醫道《いだう》、仙道《せんだう》に私淑《ししゆく》して自《みづか》ら其《そ》の書中《しよちう》の事《こと》を實行《じつかう》して居《お》つたことが分《わか》る、而《しか》して數百歳《すうひやくさい》の長壽《ぢやうじゆ》を以《もつ》て、飄々《へうへう》焉《ゑん》として山中秀靈《さんちうしうれい》の氣《き》に、大氣《たいき》と始終《しじう》することが出《で》來《き》たと云《い》ふに至《いた》つては、僕《ぼく》は白幽仙人《はくゆうせんにん》の大活學者《だいくわつがくしや》たるを、嘆賞敬慕《たんしやうけいぼ》措《お》く能《あた》はずと共《とも》に、數百歳《すうひやくさい》の今日《こんにち》其《そ》の遺道《いだう》が盛《さか》んに演繹《えんえき》され、當世《たうせい》に行《おこな》はるゝに至《いた》つて、僕《ぼく》は世《よ》の腐儒《ふじゆ》の滔々《たう〳〵》佞辯《ねいべん》に雄《ゆう》にして眞箇《しんこ》書中《しよちう》の事《こと》を實行《じつこう》し得《え》ざるに比較《ひかく》し、白幽仙人《はくゆうせんにん》が自《みづか》ら書中《しよちう》の事《こと》を實行《じつこう》し得《え》たる論談《ろんたん》が、救世濟民《きうせいさいみん》の範《はん》と爲《な》り、修身齊家富國强兵《しうしんせいかふこくけうへい》の原動力《げんどうりよく》たるを感謝《かんしや》せさるを得《え》ぬ。

◇

此《か》くて、仙人《せんにん》の長生法《てうせいはう》、調息法《てうそくはう》を飲《の》み込《こ》み、幾多《いくた》の道書《だうしよ》や仙人傳《せんにんでん》を讀《よ》んで、僕《ぼく》が仙道修業《せんだうしうけう》に足《あし》を踏《ふ》み入《い》れたのは、丁度《てうど》今《いま》より十六年《じうろくねん》前《ぜん》、明治《めいじ》四十年《しじうねん》の十月《じうがつ》であつた、先《ま》つ白幽仙人《はくゆうせんにん》の內觀長生法《ないくわんてうせいはう》を實行《じつこう》せんこし、鼻《はな》で呼吸《こきう》をして力《ちから》を腹部《ふくぶ》に入《い》れ込《こ》まうこするが、息《いき》は胸《むね》から隔膜《かくまく》の邊《へん》に停滯《ていたい》して、腹《はら》は勿論《もちろん》のこご、況《ま》して臍下丹田《せいかたんでん》まで行《ゆ》き相《さう》もなく、久之《しはらく》して居《お》る內《うち》に疲勞《ひろう》して仕舞《しま》つた。

そこで今度《こんど》は仙人彭組《せんにんはうれ》の言《い》つて居《お》る樣《やう》に、仰臥《あをむけ》になつて呼吸《こきう》をして見《み》るに、之《これ》は靜座《せいざ》して行《おこな》ふよりは却《かへつ》て困難《こんなん》で、腹《はら》に力《ちから》を留《と》むることは尙更《なほさら》のことで、一向《いちこう》に僕《ぼく》は此仙人《このせんにん》の道《みち》に氣乘《きの》りがせぬ、併《しか》し僕《ぼく》は自分《じぶん》の身體《しんたい》を改造《かいざう》して、不老長生《ふろうてうせい》の道《みち》を求《もと》むるには、仙人《せんにん》の內觀《ないくわん》法《ほふ》以外《いぐわい》何物《なにもの》も無《な》いと覺悟《かくご》した僕《ぼく》は、約一箇月《やくいつかげつ》丹誠《たんせい》を凝《こ》らして鍊磨《れんま》した結果《けつか》、呼吸《こきふ》が餘程《よほど》調子《てうし》よく爲《な》つて來《き》た、僕《ぼく》の歡喜《くわんき》は譬《たと》ふるに物無《ものな》い。

◇

僕《ぼく》は元來物事《ぐわんらいものごと》に熱中《ねつちう》する性質《せいしつ》で此《か》くと決心《けつしん》すれば、中途半派《ちうとはんぱ》で止《や》めることが出來《でき》ぬ、成敗利鈍《せいはいりどん》の決着《けつちやく》する迄《まで》は何處迄《どこまで》も奮進《ふんしん》する、果然二箇月《くわぜんにかげつ》に過《す》ぎずして、內觀調息法《ないくわんてうそくはう》は仙人《せんにん》や、近代實驗者《きんだいじつけんしや》の論《ろん》するが如《ごと》き、完全《くわんぜん》なるものと爲《な》つた。

諸仙《しよせん》が云《い》ふ如《ごと》く、內觀調息《ないくわんてうそく》は、靜座《せいざ》し仰臥《げうくわ》してばかり行《おこな》ふでは駄《だ》目で、行住座臥《こうぢうざぐわ》に行《おこな》い得《ゑ》る様《やう》にならねばならぬ、そこで僕《ぼく》は椅子《いす》に腰掛《こしか》けても、歩行《ほこう》のときも調息法《てうそくはう》を鍊習《れんしう》した、之《これ》を最初《さいしよ》の中《うち》は大變《たいへん》調子《てうし》が悪《わる》くて困《こま》つたが、一週間《いつしうかん》も經過《けいくわ》せぬ内《うち》、に立派《りつぱ》に呼吸《しきう》が出來《でき》る様《やう》になつて、立《たつ》ても居《おつ》ても歩行《ほこう》しても自由自在《じゆうじざい》に出來《でき》る様《やう》になつた、もうかうなれば占《し》めたものだと獨《ひと》り微笑《びせう》を禁《きん》し得《ゑ》なかつた。

◇

此《か》くて内觀調息《ないくわんてうそく》に要領《ようたう》を得《え》た僕《ぼく》は、僕《ぼく》の心身《しんしん》が何《ど》ふ云《い》ふ工合《ぐあい》に改《かい》造《ざう》が出來《でき》るかを實驗《じつけん》せん爲《た》め、先《ま》つ體格檢査《たいかくけんさ》を行《おこな》ふへく、書齋《しよさい》に裸《ら》體《たい》と爲《な》りて、身長《しんてう》、胸部《けうぶ》、腹部《ふくぶ》を尺量《しやれう》せしに。

身長　五尺一寸五分（曲尺以下同し）

胸廻り　二尺七寸二分

腹廻り　二尺三寸三分

體量　十四貫二百目

と云《い》ふ工《く》合《あい》に、僕《ぼく》の體格《たいかく》は當時《たうじ》實《じつ》にひよろりとした、普通人以下《ふつうじんいか》の體格《たいかく》であつた、如何《いか》に運動《うんどう》しても、如何《いか》に飲食《いんしよく》に注意《ちうい》しても、ぎり〳〵結着《けつちやく》十四貫二百目《じうしくわんにひやくめ》であつた、僕《ぼく》が仙道修業《せんだうしゆげふ》で、僕《ぼく》の體格《たいかく》を改造《かいざう》すると吹《ふ》いた當時《たうじ》は、友人《ゆうじん》はナーに其體格《そのたいかく》では、改造《かいざう》と云《い》つても大《たい》したことはと笑《わら》つて居《お》つた。

道書曰。生可冀也。死可畏也。草木根生去土則死。魚鼈沉生去水則死。人以形生去氣則死。故聖人知氣之所在以爲身寶。

第二十三篇　内觀呼吸論

愈《いよ》々く内觀《ないくわん》呼吸《こきう》の進境《しんけう》にある僕《ぼく》は、今《いま》呼吸《こきう》の如何《いか》なるものなるかを現代《げんだい》生理的《せいりてき》に説明《せつめい》して置《お》く、呼吸《こきう》とは則《すなは》ち息《いき》のことである、換言《くわんげん》すれば、息《いき》則《すなは》ち生命《せいめい》である、息《いき》がつけなくなれば、吾人《ごじん》は死《し》ぬるの時《とき》である。

然《しか》らば此息《このいき》ほど大切《たいせつ》なものはないではないか、此大切《このたいせつ》な息《いき》を吾人《ごじん》が發展保育《はつてんほいく》すると云《い》ふことが、則《すなは》ち吾人《ごじん》が健康長壽《けんかうちやうじゆ》の大靈藥《だいれいやく》であらうと考《かんが》へる、然《しか》らば讀者《どくしや》は此呼吸《このこきう》と云《い》ふことに就《つい》て深甚《しんじん》なる興味《けうみ》を喚起《くわんき》して貰《もら》いたい。

生理學《せいりがく》から云《い》ふこ、吾人《ごじん》の身體《しんたい》が勢力《せいりよく》を有《ゆう》し、温氣《おんき》を發生《はつせい》するには體内《たんない》に於《おい》て物質《ぶつしつ》の酸化《さんくわ》するからである、而《しか》して其酸化《そのさんくわ》組織《そしき》を構成《こうせい》する所《ところ》の、物質《ぶつしつ》こ酸素《さんそ》こを消費《せうひ》して、炭酸瓦斯《たんさんがす》水《みづ》及《および》尿素《ねうそ》などを生《せう》ずる、而《しか》して其酸化《そのさんくわ》せる組織《そしき》の物質《ぶつしつ》を補《おぎな》ふ爲《な》に飲食《いんしよく》し、水《みづ》及《およ》び尿素《ねうそ》を排除《はいじよ》する爲《な》めに、排尿機關《はいねうきくわん》がある、酸素《さんそ》を取《さ》り、炭酸《たんさん》を排除《はいじよ》するには、別《べう》に呼吸機關《こきうきくわん》がある、就中《なかんづく》肺臟《はいぞう》、其最《そのもつと》も主要《しゆよう》なるもので、吾人《ごじん》の生命《せいめい》を維持《いぢ》するに必要《ひつよう》なるは、此呼吸機關《このこきうきくわん》に依《よ》りて、酸素《さんそ》の供給《けうきう》を受《う》けて、血液《ゑき》に新《あた》らしき酸素《さんそ》を供給《けうきう》し、身體内部《しんたいないぶ》に生《せう》ぜる炭酸《たんさん》を排除《はいじよ》する。

◇

吾人大人《おとな》は、一《いち》分《ぷ》間《かん》に十五回乃至《くわいないし》、十七八回《くわい》の呼吸《こきう》をするのが普《ふ》通《つう》である、而《しか》して世《よ》の多《おほ》くの人《ひと》は、喉《のど》から胸部《けうぶ》を中心《ちうしん》こして、至極《しごく》淺薄《せんはく》な呼吸《こきう》をして居《お》るのを、吾人《ごじん》は此內觀呼吸《このないくわんこきう》に依《よつ》て、腹部《ふくぶ》の最下位《さいかい》なる、臍下丹田《せいかたんでん》で呼吸《こきう》することを練習《れんしう》せなければならぬ、之《これ》が則《すなは》ち內觀呼吸《ないくわんこきう》の大眼目《だいがんもく》である。

白幽仙人《はくゆうせんにん》は、達道《たつどう》の人《ひと》は常《つね》に、心臟《しんざう》の氣《き》を腹部《ふくぶ》なる腎臟《じんざう》の方《はう》に落付《おちつ》けて居《お》る、心氣《しんき》が下部《かぶ》に充滿《じうまん》して居《お》る場合《ばあい》には、七情《しちぜう》の狂《くる》いも起《おこ》らず、風寒暑濕《ふうかんしよしつ》の邪氣《じやき》も、外部《ぐわいぶ》より浸入《しんにう》することは出來《でき》ぬ、血氣《けつき》は體內《たいない》に充滿《じうまん》して、心神常《しんしんつね》に壯健《さうけん》であると云《いつ》て居《お》る。

之《これ》は單《たん》に白幽仙人《はくゆうせんにん》ばかりではない、我國《わがくに》では古來《こらい》より腹力法《ふくりよくはう》に就《つい》ては、武士《ぶし》の家庭《かてい》には盛《さか》んに練習《れんしう》せられた、柔術家《じうじゆつか》でも、劍術家《けんじゆつか》でも、其他一藝一能《そのたいちげいいちのう》の達人《たつじん》は、皆此腹力《みなこのふくりき》の達者《たつしや》である。

◇

在昔《むかし》、備前《びぜん》の白井鳩州《しらいきうしう》と云《い》へる武人《ぶじん》は、東嶺和尙《とうれいおせう》（白隱禪師の弟子）に參《さん》禪《ぜん》して、鍊《れん》丹《たん》內《ない》觀《くわん》の秘《ひ》法《ほう》を援《さづ》かり、鳩《きう》州《しう》は劍《けん》法《ほう》を師《し》より受《う》けて、更《さら》に動《どう》中《ちう》の工《く》夫《ふう》を凝《こ》らし、空《くう》中《ちう》大《たい》氣《き》の活《くわつ》動《どう》あることを察《さつ》して鋒《ほこ》尖《さき》の赫《くわつ》機《き》を觀《くわん》得《そく》し、身《しん》心《しん》を虛《きよ》にして、敵《てき》を服《ふく》するに、天《てん》眞《しん》無《む》爲《い》の道《みち》を以《もつ》てすることが出《で》來《き》た。

其《その》鋒《ほこ》尖《さき》の赫《くわく》機《き》と云《い》ふのは、則《すなは》ち鍊《れん》氣《き》術《じゆつ》で、其《その》人《ひと》の身《しん》體《たい》內《ない》に含《ふく》まる、銳《えい》氣《き》が、自《し》然《ぜん》に刀《かたな》の尖《せん》端《たん》に發《はつ》するのであつて、畢《ひつ》竟《けう》之《これ》れ腹《ふく》力《りき》則《すなは》ち臍《せい》下《か》丹《たん》田《でん》を樞《すう》軸《ぢく》として、外《ぐわい》氣《き》と應《おう》和《わ》し、其《その》氣《き》を以《もつ》て敵《てき》の擧《きよ》動《どう》を遮《さへ》ぎり、且《か》つ敵《てき》の肺《はい》肝《かん》を貫《つらね》く術《じゆつ》を會《ゑ》得《とく》すると云《い》ふことで、之《これ》は精《せい》神《しん》感《かい》應《おう》の結《けつ》果《くわ》であつて、到《そう》底《てい》言《けい》說《せつ》の盡《つく》す所《ところ》でない。

◇

要《よう》するに、內《ない》觀《くわん》呼《こ》吸《きう》は、別《べつ》言《けん》すれば腹《たら》の力《ちから》を養《やしな》ふことで、之《これ》が無《な》ければ學《がく》問《もん》をしても、武《ぶ》術《じゆつ》を稽《けい》古《こ》しても、謠《えう》曲《きよく》をやつても、到《とう》底《てい》其《その》奥義《おくぎ》を窮《きわ》めることは出來《でき》ず、達人《たつじん》又《また》は名人《めいじん》と稱《せう》せらるゝことは六ケ敷《し》い。

世《せ》人《じん》須《すべか》らく、此《この》內《ない》觀《くわん》呼《こ》吸《きう》法《はう》を實《じつ》修《しう》して、行《こう》住《ぢう》座《ざ》臥《ぐわ》に之《これ》を實《じつ》行《こう》し玉《たま》へ、而《しか》して後《のち》其《その》効《こう》驗《けん》の偉《い》大《だい》なのに、諸《しよ》君《くん》は必《かな》らず驚《けう》嘆《たん》せらるゝであらう。

廣成子曰。至道之精。窈々冥々。至道之極。昏々默々。無視無聽。抱神以靜形將自正。心淸神靜。必淸必靜。毋勞爾形。毋俾爾思慮營々。耳無所聞。心無所知。汝神將守形。乃可以長生。

第二十四篇　仙道修業と余が體力の變化

仙《せん》道《どう》に、内《ない》觀《くわん》呼《こ》吸《きふ》の際《さい》には、正《せい》座《ざ》し又《また》は端《たん》座《ざ》すとある、正《せい》座《ざ》も端《たん》座《ざ》も、大《たい》して違《ちが》いはない、座《ざ》する時《とき》の姿《し》勢《せい》としては、足《あし》の裏《うら》を重《かさ》ねて兩《りやう》膝《ひざ》を等《とう》分《ぶん》に左《さ》右《ゆう》に開《ひら》き、臀《しり》は足《あし》の裏《うら》に載《の》せて後《こう》方《ほう》に突《つ》き出《だ》すようにする、そして肩《かた》の力《ちから》を拔《ぬ》き水《すい》月《げつ》の處《ところ》を落《おと》し、鼻《はな》と臍《へそ》とを相《あい》對《たい》せしむる位《くらい》にして、氣《き》を臍《せい》下《か》丹《たん》田《でん》に落《おち》付《つ》け、鼻《はな》から呼《こ》吸《きふ》をする。

道《どう》書《しよ》に、腦《のう》を髓《ずい》海《かい》上《ぜう》丹《たん》田《でん》と爲《な》し、心《しん》を降《こう》宮《きう》中《ちう》丹《たん》田《でん》と爲《な》し、臍《せい》下《か》三寸《すん》を下《か》丹《たん》田《でん》と爲《な》す、下《か》丹《たん》田《でん》は精《せい》を藏《ぞう》するの府《ふ》なり、上《ぜう》丹《たん》田《でん》は氣《き》を藏《ぞう》するの府《ふ》なりとあり、要《よう》するに靜《せい》座《ざ》の中《ちう》心《しん》は、此《この》臍《せい》下《か》三寸《すん》の下《か》丹《たん》田《でん》にある、此《この》下《か》丹《たん》田《でん》を保《ほ》育《いく》長《てう》成《せい》すると云《い》ふことが、内《ない》觀《くわん》呼《こ》吸《きふ》の目《もく》的《てき》である、此《この》下《か》丹《たん》田《でん》さへ完《くわん》全《せん》に養《よう》生《ぜう》することが出《で》來《き》ればそれが、則《すなは》ち内《ない》觀呼吸《くわんこきう》の成功《せいこう》である、人間《にんげん》の達道《たつどう》達人《たつじん》が出來《でき》る所《ところ》の段階《かんかい》であり、第《だい》一歩《ぽ》である、而《しか》して健康長壽《けんこうちやうじゆ》は願《ねが》はずして自《おのづか》ら得《え》られる。

◇

黄帝曰《こうていいわ》く、余《よ》上古《じやうこ》の人《ひと》を聞《き》くに、春秋皆百歳《しゆんじうみなひやくさい》に亘《わた》りて衰《おとろ》へず、今《こん》時《じ》の人《ひと》は年《とし》五十にして動作《どうさ》皆衰《みなおとろ》ふるものは、時世《じせい》異《こと》なるが故《ゆゑ》か、人《ひと》將《まさ》に壽命《じゆめう》を失《うしな》ふが故《ゆゑ》かと。

岐伯答《きはくこた》へて曰《いわ》く、上古《じやうこ》の人《ひと》は、其道《そのみち》を知《し》る者《もの》陰陽《いんやう》に法《のつと》り、術數《じゆつすう》に和《わ》し、飲食節《いんしよくせつ》有《あ》り、起居《ききよ》常《つね》有《あ》り、妄《みだ》りに勞《らう》を爲《な》さず、故《ゆゑ》に能《よ》く形《かたち》と神《しん》と倶《とも》にして其天命《そのてんめい》を終《お》へ、百歳《さい》を超《こ》へて乃《すなは》ち去《さ》る、今時《こんじ》の人《ひと》は則《すなは》ち然《しか》らず、妄《みだ》りに酒《さけ》に醉《よう》ふて女色《ぢよしよく》に戯《たわむ》れ、以《もつ》て妄《みだ》りに其精《そのせい》を耗《もう》し、其眞《そのしん》を散《さん》ず、滿《まん》を持《ぢ》するを知《し》らず、故《ゆゑ》に衰《おとろ》ふるなりと。

◇

余《よ》按《あん》するに、人間《にんけん》の生命《せいめい》の長短《てうたん》は、其生活官能《そのせいくわつくわんのう》の消耗《せうもう》が、早《はや》いのと遲《おそ》いのに基因《きいん》する、乃《すなは》ち吾人《ごじん》が内臟官能《ないぞうくわんのう》の毀損衰弱《きそんすいじやく》が、吾人《ごじん》に死《し》を宣告《せんこく》し、之《これ》を毀損《きそん》し衰弱《すいじやく》せしめまいと、行住座臥《かうぢうざぐわ》に養生《ようぜう》するものが、長命《てうめい》の理《り》由《ゆう》を爲《な》すのである、飲食節《いんしよくせつ》を失《うしな》い、醉《よ》ふて漫《みだ》りに女色《ぢよしよく》に耽《ふけ》つて、其精液《そのせいゑき》を發散《はつさん》するならば、如何《いか》に內觀呼吸《ないくわんこきう》に熱心《ねつしん》しても臍《せい》下《か》丹田《たんでん》を養成《ようせい》しても、之《これ》を桑楡《そうゆ》に納《おさ》めて、既《すで》に之《これ》を東隅《とうぐう》に失《うしな》ふものである。

斯《か》樣《よう》であるならば、內觀呼吸《ないくわんこきう》なんて、始《はじ》めから放棄《はうき》してしまつて酒《さけ》を飮《の》まば須《すべか》らく亂《らん》醉《すい》踏《とう》舞《ぶ》し、女色《ぢよしよく》に接《せつ》せば亂《らん》發《はつ》暴《ぼう》淫《いん》、極所《きよくしよ》に到《いた》つて其極《そのきよく》を結《むす》ぶがよい、後《あ》とは野《の》と爲《な》れ山《やま》と爲《な》れで、四十五十で早《は》や既《すで》に黃泉《こうせん》の客《きやく》である、左《さ》りながら僕《ぼく》の實驗《じつけん》に依《よ》ると、此內觀法《このないくわんはう》は人《にん》間《けん》の制《せい》慾《よく》に偉《い》大《だい》なる効力《こうりよく》があることを忘《わす》れてはならぬ。

僕《ぼく》は曾《かつ》て大《だい》の喫煙家《きつゑんか》であつた、朝目《あさめ》覺《ざめ》めてより、夜《よる》寢《ね》るまで、食《しよく》事《じ》の時《とき》、入浴《にうよく》の時《とき》を除《のぞ》いては、口《くち》から煙草《たばこ》を離《はな》したことのない、僕《ぼく》は曾《かつ》て大酒家《たいしゆか》であつた、一升《せう》飲《の》んでも二升《せう》飲《の》んでも、大《たい》して醉《よひ》もせなかつた、そこで友人知己《ゆうじんちき》は僕《ぼく》の酒量《しゆれう》を知《し》らなかつた、僕《ぼく》は曾《かつ》て好《かう》色家《しよくか》であつた、毎晩美人《まいばんびじん》に接《せつ》せざれば安眠《あんみん》が出來《でき》なかつた、此暴喫《このばうきつ》亂飮多淫《らんいんたいん》の僕《ぼく》が、一旦《たん》仙道《せんだう》を修業《しゆげう》して内觀《ないくわん》の道《みち》に入《い》るや、十年《ねん》にして實《じつ》に驚《おどろ》く可《べ》き慾制《よくせい》の力《ちから》を養生《ようせい》し得《え》た、斷乎《だんこ》として酒《さけ》を節《せつ》し、斷乎《だんこ》として喫煙《きつゑん》を廢《はい》し、肅然《しゆくぜん》として女色《ぢよしよく》を節《せつ》してより、屈指《くつし》すれば既《すで》に十年《ねん》である、之《これ》は僕《ぼく》に於《おい》て一代《だい》の精神的大革新《せいしんてきだいかくしん》、大肅清《だいしゆくせい》である、玆《こゝ》に來《き》て僕《ぼく》は人間《にんげん》の精神《せいしん》の强大《きやうだい》にして、儼然《げんぜん》たる偉力《いりよく》のあることを、懼《おそ》れ且《か》つ悅《よろこ》ばざるを得《え》ぬ。

煙草《たばこ》も酒《さけ》も喫飲《きついん》が嫌《きら》いになつて仕舞《しま》つたこ云《い》ふではない、酒《さけ》は客《きやく》が來《きた》つて飲《の》めば一處《しよ》に飲《の》む、飲《の》まぬでも決《けつ》して痛痒《つうせう》は感《かん》ぜぬが、只《た》た無愛想《ぶあいそう》だからホンのおつき合《あひ》に過《す》ぎぬ、晩酌《ばんしやく》をやつても調子《てうし》半本《はんぼん》か一本《ぽん》でも、一本《ぽん》飲《の》みたいなこ思《おも》つても、突差《とつさ》に其慾望《そのよくばう》を制《せい》するここが出來《でき》る、女色《ぢよしよく》でも其《そ》の通《とほ》り、月《つき》に十回《くわい》でも十五回《くわい》でもよいが、又《また》三回《くわい》でも一回《くわい》でも、又頓《またとん》こ發射《はつしや》せぬでも決《けつ》して苦《く》しうない、故《ゆゑ》に僕《ぼく》は十年來《ねんらい》獨身生活《どくしんせいくわつ》を續《つゞ》けて居《を》る。

斯《こ》うなつて來《く》るこ、僕《ぼく》は窮屈《きうくつ》な生涯《せうがい》を送《おく》つて居《を》るように世人《せじん》は感《かん》ぜらるるか知《し》らぬが、僕《ぼく》は決《けつ》して左樣《さよう》でない、僕《ぼく》の精神《せいしん》は爽快《そうくわい》で、勇壯《ゆうそう》で、何事《なにごと》をするにも統一的《とういつてき》に、千挫不屈《せんざふくつ》の力《ちから》を養成《やうせい》しつつある實《じつ》に之《こ》れ僕《ぼく》の精神《せいしん》の一大變化《だいへんくわ》であるこ云《い》い得《う》る。

僕《ぼく》が仙《せん》道《だう》修《しゆ》業《げふ》に熱《ねつ》注《ちう》せし以《い》來《らい》、十餘《よ》年《ねん》にして僕《ぼく》の精《せい》神《しん》に大《だい》革《かく》命《めい》を遂《と》げしと共《とも》に、又《また》僕《ぼく》の體《たい》力《りよく》にも著《いちじる》しく改《かい》革《かく》を與《あた》へ、改《かい》造《ざう》を催《うな》がして來《き》た、現《げん》今《こん》の僕《ぼく》は實《じつ》に僕《ぼく》自《じ》身《しん》に於《おい》ても、想《さう》像《ざう》の出《で》來《き》ぬほど、健《けん》康《かう》の體《たい》力《りよく》を養《やう》成《せい》した、職《しよく》業《げふ》が職《しよく》業《げふ》だから僕《ぼく》は寸《すん》閑《かん》が無《な》い、體《たい》力《りよく》は餘《あま》り勞《らう》せぬが、精《せい》神《しん》は寧《むし》ろ過《くわ》勞《らう》である。

僕《ぼく》は日《につ》課《くわ》として朝《あさ》起《お》きてから朝《あさ》飯《めし》まで約《やく》一時《じ》間《かん》は、內《ない》觀《くわん》呼《こ》吸《きふ》を爲《な》し、口《くち》を漱《くちそそい》でより叩《こう》齒《し》二三十回《くわい》にして唾《だ》液《えき》を嚥《の》んで居《を》る、それから新《しん》聞《ぶん》を見《み》る、新《しん》刊《かん》の雜《ざつ》誌《し》も見《み》る、朝《あさ》飯《めし》後《ご》は暫《しば》らく新《しん》聞《ぶん》や出《しゆつ》版《ぱん》などの事《じ》務《む》も視《み》る、それから著《ちよ》述《じゆつ》編《へん》纂《さん》、新《しん》聞《ぶん》の原《げん》稿《かう》なども書《か》き、客《きやく》にも應《おう》對《たい》し往《おう》訪《はう》もする、著《ちよ》述《じゆつ》編《へん》纂《さん》などに沒《ぼつ》頭《とう》せず、出《しゆつ》版《ぱん》部《ぶ》を廢《はい》止《し》して仕《し》舞《まう》たらずつと樂《らく》になり、精《せい》神《しん》の過《くわ》勞《らう》もせずに濟《す》むと云《い》ふ譯《わけ》であるが、實《じつ》は出版部《しゆつぱんぶ》の外務員《ぐわいむいん》が、内鮮人《ないせんじん》合《あわ》せて二百人《にん》も居《を》るので、六箇月《かげつ》に一回位《くわいぐらい》は賣《う》れ相《さう》なものを書《か》いて出版《しゆつぱん》せなければならぬ、そして此外《このぐわい》務員《むいん》の働《はたら》く材料《ざいれう》を與《あた》へなければならぬ。

◇

若《も》し僕《ぼく》が、此《この》出版事業《しゆつぱんじげふ》を停止《ていし》したならば、直《たゞ》ちに二百人《にん》の失職者《しつしよくしや》が出《で》て來《く》る、其中《そのうち》に他《た》に就職口《しゆしよくぐち》を見出《みだ》すとしても、なか〳〵容易《ようい》の事《こと》でない、そこで次《つぎ》から次《つぎ》と編著《へんちよ》に苦心《くしん》して居《を》る、左《さ》らばとて此面《このめん》倒臭《だうくさ》い著述編纂《ちよじゆつへんさん》の代理《だいり》を頼《たの》む人人物《じんぶつ》が無《な》いので、矢張《やはり》僕《ぼく》がクッ〳〵やらねばならぬ。

夜分《やぶん》には一切の用《よう》を抛つて、悠然《ゆうぜん》と散策《さんさく》すると云《い》ふことにして居《を》るが、近年《きんねん》はそれも出來《でき》ず、一箇月《かげつ》の中《うち》半月《はんつき》は執筆《しつぴつ》もし。雜務《ざつむ》も觀《み》て居《を》る、そこで日曜《にちよう》の一日《にち》を安息《あんそく》するのが、何《なに》よりの樂《たのし》みで、或《あるい》は先輩《せんぱい》を訪問《はうもん》したり、快心《くわいしん》の友《とも》と會食《くわいしよく》する位《くらい》が關《せき》の山《やま》で、漫然《まんぜん》と人《ひと》を送迎《そうげい》したり、用《よう》も無《な》いのに多用《たよう》の人《ひと》を訪問《はうもん》するやうのことは斷《だん》してない。

◇

此《か》くの如《ごと》く僕《ぼく》は、頭《あたま》と手《て》と多忙《たばう》たるに拘《かゝ》はらず、仙道《せんだう》修業《しゆげふ》は寸時《すんじ》も閑却《かんきやく》することはない、之《これ》を閑却《かんきやく》せざるが故《ゆゑ》に、僕《ぼく》は書《しよ》を讀《よ》んで机《つくゑ》に對《たい》しても、筆《ふで》を執《とつ》て著述《ちよじゆつ》編纂《へんさん》に沒頭《ぼつとう》しても、些《さ》の倦怠《けんたい》惰氣《だき》鬱屈《うつくつ》を感《かん》ぜない、此點《このてん》は實《じつ》に多《おほ》くの事務員《じむいん》や、僕《ぼく》の知友《ちゆう》は皆《みな》驚《おどろ》いて居《を》る、僕自身《ぼくじしん》も亦《また》私《ひそ》かに我《わが》體力《たいりよく》と氣力《きりよく》の、年《とし》と共《とも》に倍々《ます〳〵》旺盛《わうせい》となり來《きた》れるを驚喜《けうき》せざるを得《う》ない、人《ひと》若《も》し書《しよ》を讀《よ》んで僕《ぼく》と書齋《しよさい》に對《たい》しても、筆《ふで》を執《とつ》て僕《ぼく》と氣根《きこん》を比《くら》べ、腹力《ふくりき》を以《もつ》て僕《ぼく》と體力《たいりよく》を角《かく》せんと希《ねが》ふの士《し》あらば、僕《ぼく》は何時《なんどき》でも之《これ》に應戰《おうせん》する。

之《これ》を要《よう》するに僕《ぼく》は、仙道修業内觀呼吸《せんだうしゆげふないくわんこきう》十五年《ねん》にして、茲《こゝ》に赤裸々《せきらら》、こ爲《な》つて、世人《せじん》に僕《ぼく》の實驗《じつけん》より得《え》たる成績《せいせき》を語《かた》り得《う》るの光榮《くわうえい》を荷《にな》いつつあるのである、讀者《どくしや》若《も》し仙道内觀《せんだうないくわん》に就《つい》て語《かた》らんこ欲《ほつ》し、或《あるい》は實地《じつち》に修業《しゆげふ》せんこ志《こゝろざ》さるる士《し》あらば、僕《ぼく》は諸君《しよくん》の來訪《らいはう》を辭《じ》せぬ。

◇

諸君《しよくん》、僕《ぼく》が明治《めいぢ》四十三年《ねん》仙道修業《せんだうしゆげふ》に志《こゝろざ》し、内觀呼吸《ないくわんこきう》を始《はじ》めてより丁度《ていど》今年《こんねん》が十五年《ねん》、轉《うた》た今昔《こんじやく》の感《かん》に堪《た》へぬ、今現在《いまげんざい》の體力《たいりよく》を示《しめ》せば

身長　五尺一寸五分（曲尺以下同じ）
胸廻　三尺二寸三分
腹廻　三尺三寸一分
體量　十八貫
腹力　三十貫の重量を支ふ

之《これ》を十五年前《ねんぜん》に比《くら》べること、胸廻《むねまわり》に於《おい》て四寸《すん》八分《ぶ》、腹廻《はらまわり》に於《おい》て九寸《すん》八分《ぶ》、體量《たいれう》に於《おい》て約《やく》四貫目《くわんめ》を増加《ぞうか》して居《お》る。

道書曰。養性者失其要。則心亂而不治。形躁而不寧。神散而氣越。志蕩而意昏。應生者死。應死者亡。應成者敗。應吉者凶。其要者。其猶水火不可暫忘也。

第二十五篇　調息三昧論

◇

靜《せい》座《ず》內《ない》觀《くわん》に進《しん》境《けう》を見《み》たる僕《ぼく》は、一《いつ》歩《ぽ》進《すす》んで行《こう》住《ぢう》座《ず》臥《ぐわ》に、丹《たん》田《でん》の力《ちから》を培《ばい》養《よう》せんこと傾《けい》心《しん》した、複《ふく》雜《ざつ》多《た》忙《ばう》の職《しよく》業《けう》に從《じゆう》事《じ》して居《お》る吾《ご》人《しん》は、決《けつ》して靜《せい》座《ざ》ばかりをして居《お》る譯《わけ》には行《ゆ》かぬ、談《だん》話《わ》するとき、歩《ほ》行《こう》するとき、止《とゞ》まるとき、走《はし》るとき、尚《なほ》靜《せい》座《ざ》呼《こ》吸《きう》と同《どう》樣《よう》の修《しゆ》養《よう》を積《つ》まなければそれは、決《けつ》して內《ない》觀《くわん》法《ぽう》の極《きよく》致《ち》ではない。

◇

僕《ぼく》の仙《せん》道《だう》より授《さづ》かりたる呼《こ》吸《きう》法《ほう》は、普《ふ》通《つう》何《なに》々《なに》式《しき》健《けん》康《こう》法《ほう》とか、岡《おか》田《だ》式《しき》靜《せい》座《ず》法《ほう》とか云《い》ふ呼《こ》吸《きう》法《ほう》とは、其《その》趣《おもむき》を異《こと》にし、謂《い》はゞ仙《せん》道《だう》其《その》まゝで仙《せん》人《にん》の內《ない》觀《くわ》法《ほう》を研《けん》究《きう》し實《じつ》行《こう》して、之《これ》を具《ぐ》體《たい》的《てき》に後《こう》生《せい》に傳《でん》授《じゆ》した白《はく》幽《ゆう》仙人《せんにん》の內觀長生法《ないくわんてうせいはう》其《そ》のまゝである白幽仙人《はくゆうせんにん》曰《いわ》く。

莊子《さうし》に、彭祖《はうそ》曰《いわ》く、錬氣養生《れんきようせい》の法《はう》は、當《まさ》に深《ふか》く密室《みつしつ》を鎖《さ》ざして臥床《ぐわしやう》を置《お》き、敷物《しきもの》を温《あたた》めて枕《まくら》の高《たか》さ二寸半《にすんはん》、姿勢《しせい》を正《ただし》ふして仰臥《げうぐわ》し目《め》を閉《と》ぢて心氣《しんき》を胸隔《けうくわく》の下《した》に鎖《と》ざし、鴻毛《こうもう》を鼻下《びか》に着《つ》け、動《うご》かざること三百息《さんびやくそく》を經《へ》て、呼吸《こきう》は幽《かす》かにあり、耳《みみ》に聞《きこ》ゆるものなく目《め》に見《み》るものなく、寒暑《かんしよ》も侵《おか》すこと能《あた》はず、蜂蠆《はうまん》も害毒《がいどく》を加《くわ》ふること能《あた》はざるに至《いた》つて、其人《そのひと》の壽命《じゆめい》は三百六十《さんびやくろくじう》に達《たつ》すること難《かた》からずと。

◇

之《これ》れは實《じつ》に七百歳《しちひやくさい》の壽《じゆ》を得《え》た仙人彭祖《せんにんはうそ》の調息法《てうそくはう》である、之《こ》れ實《じつ》に聖人《せいじん》、仙人《せんにん》の恬淡虚無《てんたんきよむ》にして、心《しん》を勞《ろう》せず、元氣《げんき》を腹心《ふくしん》の間《かん》に充滿《じうまん》せしむる所《ところ》の養生法《ようせいはう》である、一息《いつそく》より十息《じうそく》、十息《じうそく》より百息《ひやくそく》、二百息《にひやくそく》三百息《さんびやくそく》に至《いた》れば、一身《いつしん》肅然《しゆくぜん》として虛空《こくう》と等《ひと》しく、天地《てんち》自然《しぜん》と合體《がつたい》する樣《よう》な域《いき》にまで進《すす》めば、之《こ》れ實《じつ》に調息《じう そく》三昧《さんまい》に入《い》るの時《とき》にして、則《すなは》ち僕《ぼく》の今《いま》茲《ここ》に言《い》はんとする、行住座臥《こうぢうざぐわ》に行《おこな》ふべき調息法《てうそくほう》である。

此《この》調息法《てうそくほう》は、初學者《しよがくしや》が單獨《たんどく》に調息《てうそく》の敎堂《けどう》に入《い》ると云《い》ふことは、頗《すこぶ》る困難《こんなん》であるが、靜座《せいざ》して呼吸《こきう》することの上達《じやうたつ》すれば、當然《たうぜん》此調息《このてうそく》法《ほう》は應用《おおよう》せられなければならぬ、順序《じゆんぢよ》に爲《な》つて居《お》る、假令《たとへ》ば吾人《ごじん》が書見《しよけん》するとき、原稿《けいこう》を書《か》くとき、歩《ある》くとき靜座《せいざ》呼吸《こきう》の態度《たいど》でスウ々と、呼吸《こきう》して居《お》る譯《わけ》にはゆかない。

◇

其時《そのとき》には矢張《やは》り、深長幽微《しんてうゆうび》なる呼吸《こきう》で、調息《てうそく》の態度《たいど》でなければならぬ、則《すなは》ちウンと息《いき》を吸《す》い、之《これ》を臍下丹田《せいかたんでん》に送《おく》り込《こ》み、鼻《はな》から微細《びさい》なる呼吸《こきう》をするのである、之《これ》が段々《だんだん》進歩《しんぽ》し上達《じやうたつ》すると、聲《こゑ》を張《は》り上《あ》けて讀《どく》書《しよ》しても、人《ひと》と應《おう》對《たい》談《だん》論《ろん》しても、步《ほ》行《こう》しても、疾《しつ》走《そう》しても、丹《たん》田《でん》の力《ちから》は決《けつ》して離《はな》れぬ、茲《ここ》に來《きた》つて之《これ》を調《てう》息《そく》の三《さん》昧《まい》に入《い》れるものと論《ろん》斷《だん》することが出《で》來《き》る。

調《てう》息《そく》の三《さん》昧《まい》に入《い》れるものが、仙《せん》人《にん》の謂《い》はゆる胎《たい》息《そく》である、胎《たい》息《そく》が出《で》來《き》るようになれば、それは則《すなは》ち仙《せん》道《だう》の極《きよく》致《ち》である、始《はじ》めて仙《せん》人《にん》の仲《なか》間《ま》入《いり》が出《で》來《き》る、而《しか》して之《これ》れ實《じつ》に內《ない》觀《くわん》法《ほう》の堂《だう》に入《い》れるものである。

諸《しよ》君《くん》にして海《かい》邊《へん》の漁《ぎよ》村《そん》を訪《と》へば、往《おう》々《おう》海《あ》女《ま》が水《すい》中《ちう》にもぐつて魚《ぎよ》族《ぞく》海《かい》草《さう》を捕《ほ》獲《かく》するのを見《み》るであらう、彼《かれ》等《ら》は海《かい》底《てい》深《ふか》く沈《しづ》んで、三《さん》十《じつ》分《ぷん》でも四《よん》十《じつ》分《ぷん》でも、長《なが》いのになること一《いち》時《じ》間《かん》でも、もぐつて居《お》る、之《これ》れ實《じつ》に彼《かれ》等《ら》が職《しよく》業《げう》の努《ど》力《りよく》より得《え》る、胎《たい》息《そく》法《ほう》の初《しよ》步《ほ》である、彼《かれ》等《ら》が眞《しん》に調《てう》息《そく》、胎《たい》息《そく》を研《けん》究《きう》し修《しゆ》業《げう》して此《この》仕《し》事《ごと》に臨《のぞ》んだならば、二《に》時《じ》間《かん》でも三《さん》時《じ》間《かん》でも、一《いち》日《にち》でも二《ふつ》日《か》でも、もぐつて作《さ》業《げう》することは決《けつ》して困《こん》難《なん》ではない、仙人《せいにん》は一箇月《いちかけつ》でも二箇月《にかけん》でももぐつて居《お》るではないか。

◇併《しか》し、此《この》呼吸調息《こきうてうそく》の極致《きよくち》たる胎息《たいそく》、則《すなは》ち内觀入堂《ないくわんにうごう》と云《い》ふことは、決《けつ》して五年《ごねん》や十年《じうねん》で成就《ぜうしゆ》せらるべきでない、僕《ぼく》は現《げん》に修業《しゆげう》積《つ》むに十《じう》五年《ごねん》の歳月《さいけつ》を以《もつ》てして居《お》るが、甚《はなは》だしく感情《かんぜう》に激《げき》して、喜怒哀樂《きどあいらく》に偏《へん》した際《さい》とか、客《きやく》と深酒《ふかさけ》を飲《の》んだときなどは、いつの間《ま》にか丹田《たんでん》の力《ちから》はそち退《の》けで、體内《たいない》の血液《けいゑき》は（白幽仙人の所謂心火）僕《ぼく》の頭腦《づのう》に擅《ほしいま》まに逆上《ぎやくぜう》し來《きた》りて、少《すこ》し癪《くやく》に障《さわ》ることにでも出會《でつくわ》すと、忽《たちま》ち凡能《ぼんのう》の肝《かん》癪玉《しやくだま》がむらむらと勃起《ぼつき》して、僕《ぼく》が十五年《じうごねん》の修業《しゆげう》を臺無《だいな》しにすることがある、溫厚篤實《おんこうとくじつ》なるべき修業者《しうげうしや》として返《かへす》す返《かへす》す殘念《ざんねん》な次第《しだい》である

◇

玆《ここ》に於《おい》て、僕《ぼく》は私《ひそ》かに默念《もくねん》するに、僕《ぼく》が內觀入道《ないくわんにふだう》の域《いき》に達《たつ》するまでは、前途《ぜんと》尚《なほ》幾年月《いくねんげつ》を積《つ》まなければならぬか知《し》れぬ、此不明《このふめい》の前途《ぜんと》に僕《ぼく》は、滿腔《まんくう》の熱心《ねつしん》と希望《きぼう》とを以《もつ》て、修道《しうだう》を繼續《けいぞく》し一層《いつそう》努力《どりよく》せざるを得《え》ぬ、而《しか》して此《か》くの如《ごと》く未熟《みじゆく》の僕《ぼく》が、既《すで》に之《これ》を世間《せけん》に發表《はつぺう》し、批判《ひはん》を江湖《こうこ》に乞《こ》ふなどは、早計《そうけい》でもあらうが、素《もと》より之《これ》は世《よ》の博學《はくがく》善智《ぜんち》に示《しめ》すのではない、毎年《まいねん》我《わが》日本《にほん》帝國民《ていこくみん》の死亡率《しぼうりつ》を崇《たか》めつつある彼《か》のハイカラ書生《しよせい》や、弱青年《じやくせいねん》、ヨボヨボしながら、兵式體操《へいしきたいそう》を敎《おし》へて居《お》る學校敎員《がくこうけういん》、顏色《かんしよく》は蒼白《まつさを》に、身體《しんたい》は鶴《つる》の如《ごと》く瘦《や》せながら、尚存《なほそん》外《ぐわい》の希望《きぼう》と慾望《よくぼう》とに生《い》ける、市井《しせい》の俗子《ぞくし》に示《しめ》したいのである。

第二十六篇　岡田式靜座法の破滅

逆呼吸法を排斥せざる可からず

◇

東京《とうけう》の眞唯中《まつたゞなか》に、靜座法《せいざはう》の大道場《たんどうちやう》を創設《そうせつ》し、幾百千有識階級《いくひやくせんゆうしきかいきう》の門弟《もんてい》を敎養《けうやう》して居《お》つた、岡田式靜座法《おかだしきせいざはう》の創始者《そうししや》、岡田虎次郎《おかださつじらう》、腎臓炎《じんぞうえん》に基因《きいん》せる、尿毒症《ねうどくせう》に罹《かゝ》り、四十九歳《さい》を一期《ご》として、前年他界《ぜんねんたかい》して仕舞《しま》つた、悲報遠近《ひほうゑんきん》に傳《つた》はり、門人驚動《もんじんけいどう》す、岡田《おかだ》の病《や》んでより死《し》に至《いた》るの間《あいだ》、餘《あま》りに迅速《じゆんそく》であつた、乃《すなは》ち十月《がつ》十四日《か》の朝《あさ》に病《や》んで、十七日《にち》の午前《ごぜん》一時《じ》に逝《ゆ》つだ、此間僅《このかんわづ》かに三日《か》。

靜座法《せいざはう》の創始者《そうししや》、健康法《けんこうはう》の元祖《かんそ》として、岡田《おかだ》の死《し》は餘《あま》りに呆氣《あつけ》なかつた、故《ゆへ》に世人《せじん》は甚《はなは》だ靜座法《せいざはう》の價値《かち》を疑《うたが》い、幾千萬《いくせんまん》の后法門人《ごうほうもんじん》は進退去就《しんたいきよじゆ》に迷《まよ》ふたと云《い》ふのは、決《けつ》して無理《むり》ではない。

僕《ぼく》は、岡田《おかだ》の早世《そうせい》を必《かな》らずしも靜座法《せいざほう》に基因《きいん》せしとは云《い》はぬ、然《しか》れども既《すで》に腎臟炎《じんぞうえん》なる病症《べうせう》を發生《はつせい》して、之《これ》が其原因《そのげんいん》をなし、死亡《しぼう》したるものとせば、岡田式《おかだしき》靜座法《せいざほう》の價値《かち》は全然《ぜんぜん》零《ぜろ》であるのである。

何《なん》となれば、靜座呼吸《せいざこきう》は上篇《じやうへん》述《の》べ來《きた》つた所《ところ》の、仙人《せんにん》の内觀法《ないくわんほう》で、内臟《ないぞう》の疾患《しつくわん》は靜座法《せいざほう》に依《よ》りて驅逐《くちく》し、絶《た》へず吾人《ごじん》を襲來《しうらい》する病魔《べうま》は法《ほう》の力《ちから》を以《もつ》て退却《たいきやく》せしめ、吾人《ごじん》の精神體軀《せいしんたいく》を、不可侵《ふかしん》の靈臺《れいだい》に安置《あんち》するの、靈氣《れいき》を修養《しうやう》せなければならぬ、之《こ》れ實《じつ》に靜座法《せいざほう》の目的《もくてき》であつて、靜座法《せいざほう》の精神的價値《せいしんてきかち》、實《じつ》に此《こゝ》にありと云《い》はねばならぬ。

之《これ》を言《い》ひ換《か》ゆれば、靜座法《せいざほう》は別名《べつめい》を健康長壽法《けんこうてうじゆほう》と稱《せう》するのが穩當《おんとう》である、近時醫學衞生《きんじいがくゑいせい》の學術《がくじゆつ》、大《たい》なる進歩《しんぽ》を爲《な》しつつあるに拘《かゝ》はらず、人心《じんしん》日《ひ》に輕薄《けいはく》に、體力《たいりよく》月《つき》に脆弱《ぜいじやく》に、青年《せいねん》の早世《そうせい》するもの、年《とし》と共《とも》に多《おほ》きを加《くは》へ、國家《こくか》の前途《ぜんと》、眞《しん》に寒心《かんしん》に堪《た》へないものがある。

◇

故《ゆへ》に達人《たつじん》之《これ》を憂《うれ》い、呼吸法《こきうほう》を研究《けんきう》して、不老不病《ふろうふべう》の術《じゆつ》を傳說《でんせつ》するもの、或《あるい》は靜座法《せいざほう》と爲《な》り、或《あるひ》は複式呼吸法《ふくしきこきうほう》と爲《な》り、或《あるい》は調息法《てうそくほう》と爲《な》る、乃《すなは》ち不病不早世《ふべうふそうせい》は、呼吸法《こきうほう》の大眼目《だいがんもく》であらねばならぬ。

然《しか》るに岡田《おかだ》は變死《へんし》に非《あら》ずして、內臟《ないそう》の疾患《しつくわん》より來《く》る頓死《さんし》である、之《こ》れ實《じつ》に岡田式靜座法《おかだしきせいざほう》の恥辱破滅《ちじよくはめつ》に非《あら》ずして何《なん》ぞやだ、而《しか》して世人《せじん》靜座法《せいざほう》の價値《かち》を疑《うたが》い、門人《もんじん》の驚動《けいどう》するのは當然《とうぜん》のことである。

◇

余《よ》、按《あん》ずるに、岡田式靜座法《おかだしきせいざほう》は、呼吸《こきう》に於《おい》て變則《へんそく》である、逆呼吸《ぎやくこきう》である、乃《すなは》ち吸《す》ふ時《とき》に腹《はら》を引込《ひきこ》み、吐《は》く時《とき》に腹《はら》を膨《ふく》らす、之《こ》れ人間《にんげん》自然《しぜん》の呼吸法《こきうほう》に反《はん》するものであつて、生理學《せいりがく》の發達《はつたつ》したる今日《こんにち》、此《この》逆呼吸《ぎやくこきふ》の價値《かち》を唱論《せうろん》するの謂《い》はれなきは、照々《せう〻》として明《あきら》かなりである。

豈啻《あにたゞ》に生理學《せいりがく》からばかりでない、仙道《せんだう》に於《おい》ても逆呼吸《ぎやくこきふ》は實《じつ》に危險《きけん》として居《を》る、前篇《ぜんぺん》に貝原益軒先生《かいはらえきけんせんせい》は。

呼吸《こきふ》は人《ひと》の生氣《せいき》である、人《ひと》の腹中《ふくちう》の氣《き》は、天地《てんち》の氣《き》と同《おな》じくして、内外相通《ないぐわいあいつう》ず、人《ひと》の天地《てんち》の氣《き》の中《なか》にあるは、魚《うを》の水中《すいちう》にあるが如《ごと》きもの、魚《うを》の腹中《ふくちう》の水《みづ》も、外《そと》の水《みづ》を出入《しゆつにう》して、同《おな》じ人《ひと》の腹中《ふくちう》にある氣《き》も、天地《てんち》の氣《き》と同《おな》じ、左《さ》れど腹中《ふくちう》の氣《き》は、臟腑《ざうふ》にありてふるけれども、天地《てんち》の氣《き》は新《あた》らしくして清《きよ》し、時々《とき〻》鼻《はな》より外氣《ぐわいき》を多《おほ》く吸入《きふにう》すべし、吸入《きふにう》する所《ところ》の氣《き》、腹中《ふくちう》に多《おほ》くたまりたる時《とき》、口中《こうちう》より少《すこ》しづつ靜《しづ》かに吐《は》き出《だ》すべし、是《こ》れふるくけがれたる氣《き》を吐《は》き出《だ》して、新《あた》らしき清《きよ》き氣《き》を吸入《きふにう》するのである云々《うん〻》。

乃《すなは》ち呼《こ》吸《きう》法《はう》では、古《ふる》き氣《き》が凝《けう》滯《たい》すると云《い》ふことは、却《きやく》病《べう》健《けん》康《こう》長《ちやう》壽《じゆ》の大《だい》禁《きん》物《もつ》である、岡《おか》田《だ》式《しき》は實《じつ》に此《この》大《だい》禁《きん》物《もつ》たる逆《ぎやく》呼《こ》吸《きう》を敢《あへ》てして居《を》る危《き》險《けん》千《せん》萬《まん》な話《はなし》でないか。

然《しか》れども、岡《おか》田《だ》が此《この》逆《ぎやく》呼《こ》吸《きう》的《てき》靜《せい》座《ざ》より得《え》たる、自《じ》家《か》の偉《い》大《だい》なる體《たい》軀《く》を、世《せ》人《じん》に曝《さら》け出《だ》すに及《およ》んでは、何《なに》人《びと》も明《めい》瞭《れう》に強《つよ》く之《これ》を攻《こう》擊《げき》することが出《で》來《き》なかつた。

勿《もち》論《ろん》心《しん》身《しん》の健《けん》康《こう》が、生《せい》理《り》學《がく》や醫《い》學《がく》の理《り》屈《くつ》のみでゆくものでない、乃《すなは》ち呼《こ》吸《きう》法《はう》に就《つい》て理《り》論《ろん》のみで云《い》へば、吸《す》いし呼《こ》吸《きう》は肺《はい》に入《い》るものであつて、臍《せい》下《か》丹《たん》田《でん》に入《い》るものでない、生《せい》理《り》學《がく》或《あるい》は醫《い》學《がく》が、空《くう》氣《き》を臍《せい》下《か》部《ぶ》まで吸《きう》入《にう》せらるゝものでないと云《い》へばそれまでだが、内《ない》觀《くわん》呼《こ》吸《きう》法《はう》は、慥《たし》かに臍《せい》下《か》丹《たん》田《でん》に空《くう》氣《き》を送《おく》り來《きた》りて、微《び》妙《めう》なる働《はたら》きを爲《な》すこと、聖人《せいじん》、賢人《けんじん》、達人《たつじん》のみ只《たゞ》之《これ》を知《し》つて居《お》る。

◇

然《しか》り然《しか》れども、岡田式《おかだしき》の逆呼吸《ぎやくこきう》では決《けつ》して空氣《くうき》は臍下丹田《せいかたんでん》には吸入《きうにう》することは困難《こんなん》で、寧《むし》ろ吸《す》ふた息《いき》が、吐《は》く場合《ばあい》の腹《はら》に入《い》る力《ちから》に依《よつ》て、極《きわ》めて少部《せうぶ》が臍下《せいか》に送《おく》られぬとも限《かぎ》らぬ、併《しか》し之《これ》は非常《ひじやう》の努力《どりよく》と熟練《じゆくれん》を要《よう》することで、多《おほ》くの人《ひと》は息《いき》は、胸《むね》より隔膜《かくまく》の邊《へん》に停滯《ていたい》して、水月《すいげつ》の邊《へん》に突起《とつき》を生《さう》じた人《ひと》さへある、之《こ》れ實《じつ》に逆呼吸《ぎやくこきう》の弊《へい》であつて形骸《けいがい》の發達《はつたつ》は岡田式《おかだしき》が空氣《くうき》を吐《は》き出《だ》す時《とき》に於《おい》て、絶《た》へず、腹部《ふくぶ》に一種《しゆ》の力《ちから》を與《あた》ふるの理由《りゆう》に依《よ》り、不自然《ふしぜん》に腹力腹肉《ふくりきふくにく》の發達《はつたつ》したるものと解《かい》することが出來《でき》る。

故《ゆへ》に岡田式靜座呼吸《おかだしきせいざこきう》は、其《その》鍛錬《たんれん》に於《おい》て努《つと》むるも、精神的《せいしんてき》に徹底《てつてい》せず、其《その》潜伏《せんぷく》せる病魔《べうま》を撲滅《ぼくめつ》することの不可能《ふかのう》なると共《とも》に、襲來《しうらい》する病魔《びやうま》を驅逐《くちく》することも亦頗《またすこぶ》る困難《こんなん》である、達道《たつだう》の人《ひと》の『自己《じこ》の招《まね》ける病氣《びやうき》は自己《じこ》に於《おい》て之《これ》を退却《たいきやく》せしむること容易也《やういなり》』と云《い》へること、之《こ》れ實《じつ》に内觀呼吸法《ないくわんこきうはふ》の精神《せいしん》である。

◇

僕《ぼく》は仙書《せんしよ》や道書《だうしよ》や、幾多《いくた》先哲《せんてつ》の遺書《いしよ》を讀《よ》んで、其遺道《そのいだう》を酌《く》み、健《けん》康長壽《かうちやうじゆ》を鼓吹《こすい》しつつある、僕《ぼく》の宣傳《せんでん》する仙道《せんだう》、内觀法《ないくわんはふ》は、岡田式《おかだしき》とは正反對《せいはんたい》である、乃《すなは》ち人間自然《にんげんしぜん》の呼吸《こきう》に從《したが》ひ、吸《す》ふ時《とき》に腹《はら》を膨《ふく》らし氣《き》を臍下丹田《せいかたんでん》に送《おく》り込《こ》みて力《ちから》を入《い》れ、其氣息《そのきそく》が丹田《たんでん》に止《とゞ》まるか止《とゞ》まらぬかの一刹那《いつせつな》に、口《くち》を小《ちい》さくして長《なが》き細《ほそ》き息《いき》を出《だ》す、乃《すなは》ち吐《は》いて腹《はら》を引込《ひきこ》ませ、少《すこ》しも自然《じぜん》に逆《さから》はずして、呼吸《こきう》を開大《かいだい》し、其方法《そのはうほう》を發達《はつたつ》せしめ、之《これ》を精神的《せいしんてき》に修練《しうれん》しつゝある。

之《これ》を要《よう》するに、内臟疾患《ないざうしつくわん》より來《きた》る岡田《おかだ》の死《し》は、岡田式靜座法《おかだしきせいざはふ》の破《は》滅《めつ》である、然《しか》らば、呼《こ》吸《きふ》法《はふ》の輕《けい》視《し》すべきものでなく、順《じゆん》逆《ぎやく》轉《てん》到《たう》の逆《ぎやく》呼《こ》吸《きふ》の頗《すこぶ》る危險《きけん》なるを了解《れうかい》せらるるであらう。

仙經曰。形者生之舍也。氣者生之元也。神者生之制也。形以氣充。氣耗形病依氣位。氣合神存。修眞之士。法於陰陽。和於術數。持滿御神。專氣抱一。以神爲車。以氣爲馬神。氣相合可以長生。

第二十七篇　印度に傳はる對太陽呼吸

肺病患者の新福音

◇

韓書《かんしよ》芝峯類説《しほうるいせつ》に曰《いは》く、春《はる》は朝霞《てうか》を喰《くら》い、夏《なつ》は正陽《せいやう》を喰《くら》い、秋《あき》は飛《ひ》泉《せん》を喰《くら》い、冬《ふゆ》は沆瀣《けんそ》を喰《くら》ふと、蓋《けだ》し平明《へいめい》を朝霞《てうか》と云《い》ひ、日中《につちう》を正陽《せいやう》と云《い》ひ、日入《ひいり》を飛泉《ひせん》と爲《な》し、夜中《やちう》を沆瀣《けんそ》と爲《な》し、天地《てんち》玄黄《げんくわう》を幷《あは》せて六氣《き》と爲《な》し、之《これ》を服《ふく》すれは人《ひと》をして飢《う》へざらしめ、人急難阻絕《ひときふなんそぜつ》の處《ところ》に居《を》るも龜蛇《きだ》の如《ごと》く氣《き》を服《ふく》すれは即《すなは》ち死《し》せずして健也《けんなり》と、余《よ》按《あん》ずるに聖人《せいじん》は六氣《き》を服《ふく》して長生《てうせい》し、仙人《せんにん》は霞《かすみ》を飲《の》んで長命《てうめい》すと、先哲《せんてつ》決《けつ》して吾人《ごじん》を欺《あざむ》かず、吾人《ごじん》か完全《くわんぜん》に大氣《たいき》を呼吸《こきふ》するの法《はふ》を會得《ゑとく》せば、假令《たとへ》は龜蛇《きだ》の如《ごと》く服氣《ふくき》の生存《せいぞん》敢《あへ》て難《かた》きことではあるまい、曩日《のうじつ》村井《むらゐ》弦齋《げんさい》は各種《かくしゆ》の健康法《けんかうはふ》を講《かう》じ、試《こゝろ》みに斷食《だんじき》一箇月餘《げつよ》に及《およ》びたることがあつた、僕《ぼく》は茲齊《げんさい》の各種《かくしゆ》の研究調査《けんきうてうさ》に忠《ちう》なるを喜《よろこ》ぶと共《とも》に二箇月《けげつ》、三箇月《けげつ》、半年《はんとし》、一年《ねん》、十年《ねん》の斷食《だんしき》も亦《また》決《けつ》して不可能《ふかのう》に非《あらざ》るを知《し》ることが出來《でき》る、僕《ぼく》は追々《おひ/\》是《こ》れも實驗《じつけん》に徵《てう》して見《み》たい。

◇

僕《ぼく》か對太陽呼吸《たいたいやうこきう》を始《はじ》めたのは、去《き》る大正《たいせう》四年《ねん》の三月《ぐわつ》である、毎朝《まいあさ》平明《へいねん》に郊外《ぐわいかう》訓練院《くんれんいん》に逍遙《せうゑう》し、若《わか》き太陽《たいやう》に向《じか》つて直立《ちよくりつ》し、大口《おほくち》を開《ひら》いて徐々《じよ/\》と宇宙《うちう》の大靈力《たいれいりよく》たる太陽《たいやう》を呑《の》み（呵々《かゝ》）大氣《たいき》を徐々《よじ/\》と氣海丹《きかいたん》田《でん》に吸收《きふしう》して又之《またこれ》を徐々《じよ/\》に吐《は》き出《だ》す、此《かく》の如《ごと》きもの一箇年《かねん》にして僕《ぼく》は對太陽呼吸《たいたいやうこきふ》は實《じつ》に完全《くわんぜん》なるものと爲《な》つた、寒中《かんちう》丈《だけ》は正午《せうご》の最《もつと》も暖《あたゝか》なる日《ひ》を撰《えら》んで、二階《かい》から太陽《たいやう》に面《めん》して呼吸《こきふ》をする、其清新潑溂《そのせいしんはつらつ》の氣分《きぶん》は實《じつ》に何《な》んとも云《い》へぬ、大正《たいせう》六年《ねん》五月《がつ》、彼《か》の廣文庫《くわうぶんこ》の編著《へんちよ》を以《もつ》て有名《ゆうめい》なる物集《ものみ》文學博士《ぶんがくはかせ》京城《けいぜう》に來《きた》る、僕《ぼく》は招《まね》かれて博士《はかせ》と午餐《ごさん》を共《とも》にしたが、博士《はかせ》の矍鑠《くわくしやく》たるを見《み》て、僕《ぼく》は博士《はかせ》に其《その》養生法《やうせいはう》を質《たゞ》すと、博士《はかせ》曰《いは》く、余《よ》は別《べつ》に是《こ》れぞと云《い》ふ運動《うんどう》もせぬが、唯《た》だ編纂《へんさん》に從事《じうじ》せしより殆《ほと》んど二十年《ねん》、平常《へいぜい》の余《よ》の食量《しよくりやう》を半減《はんげん》して以《もつ》て此《かく》の如《ごと》く健康《けんかう》を持續《ぢぞく》しつゝありと。

◇

博士《はかせ》は僕《ぼく》の肥滿《ひまん》せるを見《み》て其《その》健康法《けんかうはふ》を反問《はんもん》す、僕《ぼく》曰《いは》く、僕《ぼく》の健康《けんかう》法《はふ》は、頗《すこぶ》る入念《にふねん》にして僕《ぼく》か内觀《ないくわん》呼吸《こきう》と調息《てうそく》を初《はじ》めしより旣《すで》に十年《ねん》、一日《たち》として之《これ》を怠《おこた》つたことはない、殊《こと》に又《また》近頃《ちかごろ》は毎早朝《まいさうてう》に郊外《くわうぐわい》に出《で》で、對太陽《たいたいやう》呼吸《こきう》を始《はじ》めてより、體力《たいりよく》に著《いちじる》しき強健《きやうけん》を覺《おぼ》へたりと云《い》へば、博士《はかせ》は應《おう》と膝《ひざ》を打《うち》て曰《いは》く、太陽《たいやう》呼吸《こきう》と云《い》ふことに就《つい》ては玆《こゝ》に一の奇《き》談《だん》があると、

━曾《かつ》で印度《いんど》に一人《にん》有《あ》り旅《たび》して道《みち》に迷《まよ》ひ、山谷中《さんこくちう》に墜落《ついらく》す、谷《たに》は

深《ふか》ふして鑿《よ》つ可《べ》からず、數日《すうじつ》にして甚《はなは》だ飢《う》へ命《めい》旦夕《たんせき》に迫《せま》る、一日《じつ》夙《つと》に目《め》を覺《さ》まして四方《あたり》を見《み》廻《また》はせば太陽《たいよう》は徐《そろ》ろに樹林《じゆりん》の間《あいだ》より出《い》で、山谷《さんこく》の氣《き》浩然《こうぜん》たり、不圖《ふと》岩穴《がんけつ》を見《み》れば、三四の蛇《へび》有《あ》り、大口《おゝくち》を開《ひら》いて若《わか》き太陽《たいよう》に面《めん》し、之《これ》を呑《の》むの狀《ぢやう》を爲《な》す、此《か》くの如《ごと》きもの毎朝《まいてう》也《なり》、旅人《りよじん》大《おほい》に怪《あやし》み且《か》つ之《これ》を考《かんが》へ、獨《ひと》り自《みづか》ら首肯《しゆこう》し、翌朝《よくてう》より己《おの》れも大口《おうぐち》を開《ひら》いて太陽《たいよう》に面《めん》して氣《き》を吸《す》い、靜《しづ》かに之《これ》を氣海《きかい》丹田《たんでん》に送《おく》りて、又之《またこれ》を吐《は》き、數日《すうじつ》にして全《まつた》く飢餓《きぐわ》を忘《わす》れ、遂《つい》に蛇《へび》及《およ》び鳥獸《てうじう》と群居《ぐんきよ》して、數年《すうねん》を過《すご》したりと、蓋《けだ》し仙人《せんにん》の大氣《たいき》を吸《す》ふて活《い》くるもの、誣言《ふげん》に非《あらざ》る也《なり》云々《うんぬん》。

◇

余《よ》、按《あん》するに、印度《いんど》には古代《こだい》一種《しゆ》の精神《せいしん》療法《れうはう》が行《おこな》はれて居《を》る、仙人《せんにん》の内觀法《ないくわんはう》は蓋《けだ》し印度《いんど》から傳《つた》はつた精神的《せいしんてき》文化《ぶんくわ》の産物《さんぶつ》であらう。

印度《いんど》人《じん》の習慣《じふくわん》として、毎朝《まいてう》彼等《かれら》は太陽《たいやう》に向《むか》つて禮拜《れいはい》し、深呼吸《しんこきう》をする、又《また》裸體《らたい》と爲《な》りて太陽《たいやう》に晒《さ》らす健康長壽法《けんこうてうじゆはう》が遺傳《いでん》されて居《お》る、此《こゝ》に於《おい》て僕《ぼく》は益々《ますく》、僕《ぼく》の對太陽呼吸《たいたいやうこきう》の信念《しんねん》を強《つよ》ふすると共《とも》に、吾人《ごじん》が大氣《たいき》を完全《くわんぜん》に呼吸《こきう》し得《え》ば、飄々《へうく》として仙人《せんにん》の如《ごと》く、龜蛇《きだ》の如《ごと》く、千年《ねん》の齡《よわい》を保《たも》つことが出來《でき》ない筈《はず》はないと考《かんが》ゆる。

◇

そこで僕《ぼく》は、對太陽呼吸《たいたいやうこきう》を愈々《いよく》熱心《ねつしん》にやり出《だ》し、翌大正《よくたいせう》五年《ねん》の春《はる》には、對太陽呼吸《たいたいやうこきう》の驚《おどろ》くべき靈力《れいりよく》を感知《かんち》することが出來《でき》るようになつた、それは實《じつ》に白幽仙人《はくいうせんにん》の謂《い》はゆる、胸中《けうちう》の疝癖《せんへき》、塊痛《くわいつう》、五臟《ござう》、六腑《ろつぷ》の氣《き》の停滯《ていたい》は、心《こゝろ》に隨《したが》つて降下《かうか》すること、水《みづ》の下《した》に就《つ》くが如《ごと》く其《その》氣血《きけつ》の降下《かうか》する音《おと》がはつきりと、聞《き》き得《え》らるゝ、此《か》くて氣血全身《きけつぜんしん》を周流《しうりう》し、雙脚《さうきやく》を温潤《をんじゆん》し、足心《そくしん》に至《いた》つて即《すなは》ち止《とゞ》まる、玆《こゝ》に來《きた》つて修《しう》業《ゆう》者《しや》は心《しん》身《しん》調《てう》達《たつ》なること二三十歳《さい》の時《とき》に遙《はる》かに勝《まさ》り、諸《しよ》病《べう》を消《せう》融《ゆう》し腸《てう》胃《ゐ》を調《てう》和《わ》し覺《おほ》へず、皮《ひ》膚《ふ》に光《くわう》澤《たく》を生《せう》じ來《きた》る、是《こ》れ實《じつ》に養《やう》生《せい》の極《きよく》所《しよ》也《なり》』と云《い》つたやうに、僕《ぼく》は氣《き》血《けつ》の降《かう》下《か》する音《おと》か聞《き》き得《わ》らるゝやうには到《と》底《て》も靈《れい》達《たつ》ほ出《で》來《き》まいか、僕《ぼく》が太《たい》陽《やう》に向《むか》つて呼《こ》吸《きふ》し心《しん》身《しん》快《くわい》感《かん》を覺《おぼ》へ來《きた》るの時《とき》、僕《ぼく》の身《しん》體《たい》は實《じつ》に鮮《せん》血《けつ》の肉《にく》中《ちう》より迸《ほとばし》り出《い》てんとするが如《ごと》き狀《じやう》態《たい》を爲《な》し、皮《ひ》膚《ふ》一面《めん》に紅《こう》赤《せき》色《しよく》を呈《てい》し來《きた》りて兩《れう》腕《わん》指《し》端《たん》の血《けつ》脈《みやく》に微《び》動《どう》を起《おこ》すことは明《あきら》かに感《かん》知《ち》し得《わ》るゝ、茲《こゝ》に來《きた》つて僕《ぼく》は對《たい》太《たい》陽《やう》直《ちよく》立《りつ》呼《こ》吸《きふ》の靈《れい》力《りよく》は、決《けつ》して靜《せい》坐《ざ》呼《こ》吸《きふ》や調《てう》息《そく》の比《ひ》でないことを明《めい》瞭《れう》に覺《かく》知《ち》することが出《で》來《き》る、其《そ》處《こ》で僕《ぼく》は僕《ぼく》の呼《こ》吸《きふ》、調《でう》息《そく》を勵《れい》行《かう》する一面《めん》に於《おい》て此《この》對《たい》太《たい》陽《やう》呼《こ》吸《きふ》に熱《ねつ》心《しん》し果《はた》してどの邊《へん》まで効《かう》力《りよく》の有《あ》るかを研《けん》究《きう》し確《たし》かめて見《み》たい。

◆

此《この》對《たい》太《たい》陽《やう》呼《こ》吸《きふ》の修《しゆ》業《げふ》中《ちう》、僕《ぼく》の最《もつと》も愉《ゆ》快《くわい》に感《かん》ずるは、僕《ぼく》の內《ない》臟《ざう》中《ちう》最《もつと》も弱《よ》はかりし肺《はい》臟《ざう》が頗《すこぶ》る強《けう》健《けん》に爲《な》つたことである、之《これ》は實《じつ》に呼《こ》吸《きふ》法《はふ》を心《こゝろ》得《ゑ》たる僕《ぼく》が、新《あた》らしい新《しん》鮮《せん》の空《くう》氣《き》を充《じう》分《ぶん》肺《はい》臟《ざう》の中《なか》に吸《す》い込《こ》んで新《しん》陳《ちん》代《たい》謝《しや》させるからである、普《ふ》通《つう》呼《こ》吸《きふ》法《はふ》を心《こゝろ》得《ゑ》ぬ人《ひと》は、十分《ぶん》に肺《はい》の上《ぜう》葉《ゑふ》まで空《くう》氣《き》を吸《す》い込《こ》んで、肺《はい》尖《せん》迄《まで》達《たつ》せしむることはなか〱六《むつ》箇《か》しい、北《きた》里《ざと》醫《い》學《がく》博《はか》士《せ》は、肺《はい》結《けつ》核《かく》と深《しん》呼《こ》吸《きふ》に就《つい》て次《つぎ》の如《ごと》く述《た》べて居《ゐ》る

◇

普《ふ》通《つう》の呼《こ》吸《きふ》では肺《はい》尖《せん》までは空《くう》氣《き》が入《はい》りません、夫《そ》れ故《ゆゑ》萬一結《けつ》核《かく》菌《きん》を吸《す》ひ込《こ》んだら此《この》菌《きん》は必《かな》らず空《くう》氣《き》の新《しん》陳《ちん》代《た》謝《しや》しない肺《はい》尖《せん》の當《あた》りに、病《びやう》巢《そう》を構《かま》へます、而《しか》して一定《てい》の時《じ》間《かん》に於《おい》て、結《けつ》核《かく》菌《きん》は發《はつ》育《いく》繁《はん》殖《しよく》を始《はじ》め、遂《つひ》に肺《はい》尖《せん》に病《やまひ》を起《おこ》します、之《これ》は即《すなは》ち肺《はい》結《けつ》核《かく》の初《しよ》期《き》で、能《よ》く醫《い》師《し》が肺《はい》尖《せん》加《か》答《た》兒《る》たと云《い》ふのは即《すなは》ち之《こ》れであります、夫《こ》れで

すから若《も》し醫《い》師《し》から肺《はい》尖《せん》加《か》答《た》兒《る》の診《しん》斷《だん》をされたら、決《けつ》して油《ゆ》斷《だん》は出《で》來《き》ません、夫《そ》れは肺《はい》病《びやう》の初《しよ》期《き》に爲《な》つて居《を》るのです、又《また》肋《ろく》膜《まく》炎《えん》が肺《はい》に癒《ゆ》着《ちやく》すると、其《その》部《ぶ》分《ぶん》には空《くう》氣《き》の流《りう》通《つう》が能《よ》く出《で》來《き》ませんから、結《けつ》核《かく》菌《きん》は斯《こ》う云《い》ふ塲《ば》所《しよ》を狙《ねら》つて病《びやう》巢《そう》を作《つく》り、發《はつ》育《いく》繁《はん》殖《しよく》を始《はじ》めます斯《か》くの如《ごと》く肺《はい》尖《せん》とか或《あるひ》は肋《ろく》膜《まく》の癒《ゆ》着《ちやく》した部《ぶ》分《ぶん》に萬一結《けつ》核《かく》菌《きん》が侵《しん》入《にふ》したら、夫《そ》れこそ一大事《だいじ》です、夫《そ》れ故《ゆゑ》假令《たとへ》結《けつ》核《かく》菌《きん》が誤《あや》まつて肺《はい》に飛《と》び込《こ》んでも、自《じ》滅《めつ》せしむるの策《さく》を講《かう》ずることは缺《か》く可《べ》からざる次《じ》第《だい》です、夫《そ》れにはとうしても深《しん》呼《こ》吸《きふ》を日《につ》課《くわ》として實《じつ》行《かう》せなければばなりません、深《しん》呼《こ》吸《きふ》を行《や》つて肺《はい》臟《ざう》の全《ぜん》體《たい》に空《くう》氣《き》が入《はい》れば新《しん》陳《ちん》代《たい》謝《しや》は十分《ぶん》に出《で》來《き》ます、爾《そ》うすれば假令《たとへ》結《けつ》核《かく》菌《きん》が肺《はい》に飛《と》び込《こ》んでもなか〱發《はつ》育《いく》繁《はん》殖《しよく》などの出《で》來《き》るものでなく、遂《つひ》には自《じ》滅《めつ》して仕《し》舞《ま》ふのであります、初《しよ》期《き》の肺《はい》結《けつ》核《かく》患《くわん》者《じや》は實《じつ》に此《この》深《しん》呼《こ》吸《きふ》に依《よ》つて、恢《くわい》復《ふく》

の動機《どうき》を作《つく》ると云《い》ふ程《ほど》必要《ひつえう》であります云々《うんぬん》

◇

之《これ》は實《じつ》に博士《はかせ》の述《の》ぶる通《とほ》り、博士《はかせ》は靜座《せいざ》や深呼吸《しんこきふ》をやつて居《ゐ》るものと見《み》ゆる、僕《ぼく》の今《いま》謂《い》ふ所《ところ》の對太陽呼吸《たいたいやうこきふ》は乃《すなは》ち之《こ》れ對太陽深呼吸《たいたいやうしんこきふ》である、ハーと大口《おほぐち》を開《ひら》いて太陽《たいやう》を口中《こうちう》に取《と》り込《こ》む樣《やう》な態度《たいど》で、呼吸《こきふ》、内觀法《ないくわんはふ》に依《よ》り徐々《じよじよ》と之《これ》を下腹部《かふくぶ》に潤下《じゆんか》せしむる、此塲合《このばあひ》に恰《あだか》も太陽《たいやう》なる一つの塊物《くわいぶつ》が、自分《じぶん》の口中《こうちう》より嚥下《えんか》される樣《やう》な刹那《せつな》の感《かん》じに自分《じぶん》は太陽《たいやう》なる大威力者《だいゐりよくしや》を征服《せいふく》した樣《やう》な氣持《きもち》がする、うんと丹田《たんでん》に押《お》し込《こ》めたる太陽《たいやう》は、再《ふたゝ》び完全《くわんぜん》なる呼吸法《こきふはふ》に依《よつ》て、最《もつと》も靜《しづ》かにより長《なが》く徐々《じよじよ》と空中《くうちう》に放《はな》たれる、此《か》くの如《ごと》くにして一回《くわい》十回《くわい》百回《くわい》と繰《く》り返《かへ》しつゝある數箇月《すうかげつ》の或日《あるひ》に於《おい》て、諸君《しよくん》は必《かな》らず肺臟《はいざう》全局部《ぜんきよくぶ》に一種《しゆ》異樣《いやう》の力《ちから》の發生《はつせい》することを覺知《かくち》することが出來《でき》る。

斯《こ》うなればもう占《し》めたものだ、修養《しうやう》茲《こゝ》に來《きた》れば對太陽呼吸法《たいたいやうこきふはふ》は、單《たん》に之《これ》を強肺術《きやうはいじゆつ》として應用《おうよう》することが出來《でき》ること殆《ほと》んど自由自在《じいうじざい》である、世《よ》の靜座《せいざ》呼吸《こきふ》に熱中《ねつちう》し、或《あるひ》は息心調和《そくしんてうわ》を說《と》く者《もの》、未《いま》だ此《この》呼吸《こきふ》強肺術《きやうはいじゆつ》を試《こゝろ》み、且《か》つ之《これ》を說《と》く者《もの》無《な》きは甚《はなは》だ遺憾《ゐかん》である、古人《こじん》の自己《じこ》が起《おこ》した病魔《びやうま》は必《かなら》ず自己《じこ》に於《おい》て擊退《げきたい》が出來《でき》ると云《い》ふことはこゝだと感嘆喜悅《かんたんきえつ》禁《きん》じ能《あた》はぬ、僕《ぼく》は此對太陽呼吸《このたいたいやうこきふ》を行《おこな》ふてから未《いま》だ十年《ねん》に足《た》らぬ未熟《みじゆく》である、そこで發病後《はつびやうご》何《なん》箇月《けつ》何年位《なんねんぐらゐ》いのもの迄《まで》が、此呼吸《このこきふ》法《はふ》で擊退《げきたい》し得《う》るかと云《い》ふ確信《かくしん》は付《つ》かぬが三箇月《けつ》や六箇月《けつ》の生《なま》々しい染病者《せんびやうしや》は、必《かな》らず退治《たいぢ》が出來《でき》ると言《い》いたい、在昔《むかか》白隱禪師《はくゐんぜんし》が參禪修《さんぜんしう》業半《げふなか》ばにして肺病《はいびやう》に罹《かゝ》り、普《あまね》く名醫《めいい》に請《こ》ふても全治《ぜんち》しない、そこで白川《しらかは》の山奧《やまおく》の白幽仙人《はくゆうせんにん》を訪《たづ》ねて呼吸內觀法《こきふないくわんはふ》を授《さづ》かつて全治《ぜんち》したと云《い》ふことは、白隱《はくゐん》の決《けつ》して後人《こうじん》を欺《あざむ》かざるを知り得らるゝ、讀者《どくしや》若し肺《はい》を病《や》んで煩悶《はんもん》し、又《また》は肺臓《はいざう》の薄弱《はくじやく》にして仕事《しごと》に耐久力《たいきうりよく》無《な》く、讀《どく》書執筆《しよしつぴつ》に倦怠鬱屈《けんたいうつくつ》を催《もよう》ふすの人《ひと》は、宜《よろ》しく僕《ぼく》の此《この》呼《こ》吸《きう》強《けう》肺術《はいじゆつ》を實驗《じつこう》するかよい。

道書曰。世人之壽。悉可百歳。而喜怒哀樂汨沒心源。愛惡嗜慾。戕伐性根。而又謳人之短掩人之長。顚倒方寸。頃刻萬變神倦思勞。難全太和。如彼淡泉汨以五味。欲其不濬。其可得乎。

第二十八篇　對太陽呼吸と光線療法

◇

僕《ぼく》の對《たい》太《たい》陽《よう》呼《こ》吸《きう》より、現《げん》代《だい》化《くわ》學《がく》の範《はん》圍《い》、醫《い》學《がく》の領《れう》分《ぶん》に侵《しん》入《にう》して、對《たい》太《たい》陽《よう》呼《こ》吸《きう》と、エッキス光《こう》線《せん》療《れう》法《はう》に就《つい》て論《ろん》議《ぎ》して見《み》たい、之《こ》れ勿《もち》論《ろん》長《てう》壽《じゆ》法《はう》と密《みつ》接《せつ》なる關《くわい》係《けい》あるからである。

エッキス光《こう》線《せん》は、今《いま》を距《き》ること二十五年《ねん》前《ぜん》、獨《ど》逸《いつ》のユルップルイ大《だい》學《がく》理《り》科《くわ》大《だい》學《がく》敎《けう》授《じゆ》のコンラード、レントゲンと云《い》ふ人《ひと》が發《はつ》見《けん》したものであつて、如《い》何《か》なる物《もの》でも、此《この》光《こう》線《せん》の威《い》力《りよく》には屈《くつ》伏《ぷく》せざるを得《え》ない、乃《すなは》ち何《ど》う云《い》ふ物《もの》でも、此《この》光《こう》線《せん》があれば、透《す》き通《とう》して了《しま》ふこと、恰《あだ》かも透《とう》明《めい》な硝《がら》子《す》のようであると云《い》ふことである。

◇

僕《ぼく》は未《いま》だエッキス光《こう》線《せん》で透《とう》觀《くわん》したことはないが、實《じつ》に不《ふ》思《し》議《ぎ》靈《れい》妙《めう》と云《い》はざるを得《ゑ》ぬ、併《しか》しながら近年《きんねん》世上《せじやう》に喧《かまびす》しき透視《とうし》とか、千里眼《せんりがん》とか云《い》ふ、肉眼《にくがん》で以《もつ》てエッキス光線《こうせん》同樣《どうやう》の透視《とうし》を爲《な》し、氣合《きあい》で以《もつ》て人間《にんげん》の病氣《びやうき》でも癒《なを》すと云《い》ふ、文化《ぶんくわ》の今日《こんにち》では、不思議《ふしぎ》と云《い》ふことは段《だん》々無《な》くなつて來《き》つつある、エッキス光線《こうせん》だつて、千里眼《せんりぐわん》だつて、決《けつ》して不思議《ふしぎ》ではあるまい、吾人《ごじん》の學術研究《がくじゆつけんきう》が、未《いま》だそこまで徹底《てってい》していないからである。

人間業《にんげんわざ》で出來《でき》ないことは不思議《ふしぎ》不思議《ふしぎ》でおつ通《とほ》して仕舞《しま》ふことは太古《たいこ》朴訥《ぼくとつ》の人類《じんるゐ》の事《こと》である、然《しか》らばお互《たがひ》にまだ太古《たいこ》の人類《じんるゐ》と相距《あひはな》ること幾何《いくばく》もないのであらう、餘談《よだん》は措《お》き此《この》エッキス光線《くわうせん》とは一體《たい》どう云《い》ふものか。

◇

僕《ぼく》は專門家《せんもんか》でないから、此《この》エッキス光線《くわうせん》を學術的《がくじゆつてき》に管《くだ》々しく論議《ろんぎ》することは出來《でき》ない、簡單《かんたん》に言《い》へば空氣《くうき》の這入《はい》つて居《を》る球管《きうくわん》と名《なづ》くる硝子《がらす》の球《たま》で、此球《このたま》はアルミニユームで出來《でき》た陰極《いんきよく》と、白金《はくきん》又《また》はタングステンなどで造《つく》つた陰極《いんきよく》と、尙《なほ》一《ひと》つの陽極《ようきよく》と云《い》ふものを備《そな》へて居《を》つて、此極端《このきよくたん》に幾萬《いくまん》ボルトと云《い》ふ樣《やう》な高壓《かうあつ》な電氣《でんき》を陽極《やうきよく》から陰極《いんきよく》に向《むか》つて流《なが》すと、其高壓電氣《そのかうあつでんき》の働《はたら》きで球中《きうちう》に殘《のこ》れる空氣分子《くうきぶんし》が、極《きは》めて微小《びせう》な從粒《びりふ》に割《わ》れて、非常《ひじやう》の速力《そくりよく》で陰極《いんきよく》から陽極《やうきよく》の白金斜面《はくきんしやめん》に突《つ》き當《あた》つて、茲《こゝ》で急《きふ》に止《と》まつて一《ひと》つのエーテルの波《なみ》を起《おこ》す、其《その》エーテル波《なみ》が乃《すなは》ちエツキス光線《くわうせん》である。

此《この》エツキス光線《くわうせん》を以《もつ》て今《いま》や吾人人類《ごじんじんるゐ》は之《これ》を醫學上《いがくじやう》に應用《おうよう》して、聽《ちやう》心器《しんき》以上《いじやう》の巧妙《こうみやう》なる仕事《しごと》を爲《な》し、加之此光線《しかのみならずこのくわうせん》で以《もつ》て太陽《たいよう》の光線《くわうせん》と同《どう》樣《やう》な化學作用《くわがくさよう》を起《おこ》して、人間《にんげん》の病細胞《びやうさいはう》を燒《や》き殺《ころ》し、病菌《びやうきん》の巢窟《そうくつ》を破《は》壞《くわい》し、死滅《しめつ》させることが出來《でき》ると云《い》ふ、眞《しん》に愉快《ゆくわい》な光線《くわうせん》である。

此《こ》の光線《くわうせん》治療《ちれう》の範圍《はんゐ》は却々《なかなか》廣《ひろ》く、内科《ないくわ》では肺結核《はいけつかく》の初期《しよき》、神經痛《しんけいつう》僂痲質斯《りうまちす》、腎臟《じんざう》、腹膜《ふくまく》、背髓疾患等《せきずいしつくわんとう》が重《おも》なるもので、外科《げくわ》では睪丸《かうぐわん》の結核《けつかく》、花柳病性横痃《くわりうびやうせいよこね》、子宮内膜炎《しきうないまくえん》子宮炎等《しきうえんとう》に重《おも》に應用《おうよう》されると云《い》ふことである。

◇

茲《こゝ》に來《きた》つて僕《ぼく》は、對太陽呼吸《たいたいやうこきう》乃《すなは》ち太陽光線呼吸《たいやうくわうせんこきふ》の益々《ますます》靈驗《れいけん》あることを信《しん》じ得《う》る、エッキス光線《くわうせん》の療法《れうはふ》は、化學的《くわがくてき》作用《さよう》に依《よ》れる光線《くわうせん》の集中勢力《しふちうせいりよく》で、種々《しゆぐ》の技術《ぎじゆつ》を應用《おうよう》して病菌《びやうきん》を燒《や》き殺《ころ》すのであるが、太《たい》陽《やう》の直接光線呼吸《ちよくせつくわうせんこきう》は、エッキス光線《くわうせん》の樣《やう》に集合《しふがふ》せる勢力《せいりよく》でなくて、散漫《さんまん》せる光線《くわうせん》に過《す》ぎないものであるから、素《もと》より其効力《そのかうりよく》は薄弱《はくじやく》で、速急《そくきふ》にはゆくまいが、反對《はんたい》に此方《こちら》の精神《せいしん》が太陽《たいやう》に集中《しふちう》して、さうしても太陽《たいやう》の威力《ゐりよく》を借《かつ》て、自分《じぶん》の病菌《びやうきん》を燒《や》き殺《ころ》さねばならぬと云《い》ふ覺《かく》悟《さ》で、比《ひ》較《かく》的《てき》長《なが》い月《つき》日《ひ》を費《つひ》やして掛《か》つたならば、何《な》んのエッキス光《くわう》線《せん》と同《どう》樣《やう》の威《ゐ》力《りよく》を示《しめ》し來《きた》るは請《うけ》合《あひ》である、見《み》給《たま》へ印《いん》度《ど》人《じん》が毎《まい》朝《あさ》太《たい》陽《やう》に向《むか》つて呑《どん》吐《と》し、南《なん》洋《やう》の土《ど》人《じん》や臺《たい》灣《わん》の生《せい》蕃《ばん》などが、丸《まる》裸《はだか》で太《たい》陽《やう》に晒《さら》されて居《を》るものを見《み》ると、頗《すこぶ》る健《けん》康《かう》長《てう》壽《じゆ》であるのは、假《たと》令《へ》病《べう》魔《ま》が病《べう》巣《す》を構《かま》へ、病《べう》菌《きん》が侵《しん》入《にふ》しても、幾《いく》年《ねん》月《げつ》間《かん》太《たい》陽《やう》直《ちよく》射《しや》光《くわう》線《せん》の威《い》力《りよく》が、自《し》然《ぜん》自《し》然《ぜん》と病《べう》菌《きん》を燒《や》き殺《ころ》すと云《い》ふ風《ふう》な關《くわん》係《けい》であるとも云《い》い得《え》らるゝ、僕《ぼく》は人《にん》間《げん》以《い》上《ぜう》の善《ぜん》智《ち》でないから、太《たい》陽《やう》呼《こ》吸《きう》の效《かう》驗《けん》に就《つい》ては、是《こ》れ以《い》上《ぜう》の事《こと》は說《せつ》明《めい》は出《で》來《き》ぬ、宜《よろ》しく讀《どく》者《しや》有《ゆう》志《し》の推《すい》斷《だん》に俟《ま》つのみである。

第二十九篇　百歳長壽法の後に論ず（上）

仙道卒業と仙通力

◇

僕《ぼく》は、以《い》上《ぜう》各《かく》篇《へん》に於《おい》て、仙《せん》道《だう》を論《ろん》じ、長《てう》壽《じゆ》法《はう》を説《と》き、而《しか》して僕《ぼく》が仙《せん》道《だう》を修《しう》業《げう》し、内《ない》觀《くわん》法《はう》を實《じつ》行《こう》したる苦《こ》節《せつ》十五年《ねん》の經《けい》過《くわ》を述《の》べた、讀《どく》者《しや》は此間《このあひだ》に於《おい》て、必《かな》らずや首《しゆ》肯《こう》せらるべき何物《なにもの》かがあつたことを信《しん》ずる。

◇

按《あん》するに、靜《せい》座《ざ》内《ない》觀《くわん》に限《かぎ》らず、調《てう》息《そく》に對《たい》太《たい》陽《やう》呼《こ》吸《きふ》にしても、腹《はら》が此《この》呼《こ》吸《きふ》の骨《こつ》子《し》と爲《な》り、主《しゆ》眼《がん》と爲《な》り樞《すう》軸《ぢく》と爲《な》つて居《を》る、極《きよく》言《げん》すれば、靜《せい》座《ざ》調《てう》息《そく》内《ない》觀《くわん》の目《もく》的《てき》は腹《ふく》力《りよく》を養《やしな》ふにある、腹《はら》さへ完《くわん》全《ぜん》に養《やしな》へは、吾《ご》人《じん》の身《しん》體《たい》には無《む》限《げん》の靈《れい》力《りよく》も出《で》來《き》れば、健《けん》康《かう》長《てう》壽《じゆ》などは願《ねが》はずして得《う》られる、哲學《てつがく》が諸學《しよがく》の王《わう》たる如《ごと》く、人間《にんげん》の腹部《ふくぶ》は身體《しんたい》諸《しよ》機關《きくわん》の大王《だいわう》である、哲學《てつがく》をそち退《の》けにして世《よ》に學者《がくしや》無《な》く、腹《はら》を度外《どぐわい》して大力賢《だいりきけん》明《めい》の人物《じんぶつ》は無《な》い、如何《いか》に頭《あたま》が良《よ》くても、肝甚《かんじん》の大王《だいわう》がフワ〳〵であつたら、其頭《そのあたま》の働《はた》らく範圍《はんゐ》は跼蹐不展《きよくせきふてん》眞《しん》に憫《あは》れなものである、恰《あだ》かも腹《はら》を打《う》たれた蛇《へび》が、頭《あたま》こ臀尾《しつぽ》を敏活《びんくわつ》に働《はたら》かさうこ悶《もだ》ゆるこ同《おな》じここである、之《これ》は問題《もんだい》にならぬ。

生理學《せいりがく》や醫學《いがく》の上《うへ》から論議《ろんぎ》するこ、腹《はら》は單《たん》に身體《しんたい》の營養《ゑいやう》機關《きくわん》に過《す》ぎないこ思《おも》つて居《を》つたが、人間《にんげん》の腹《はら》はなか〳〵夫《そ》んな簡單《かんたん》な使命《しめい》のものでない、腹《はら》は人間《にんげん》活力《くわつりよく》の原動《げんどう》で、吾人《ごじん》が社會《しやくわい》に立《た》つて活動《くわつどう》する所《ところ》の、進退《しんたい》自由《じいう》の駈引《かけひき》を發作《はつさ》する無限《むげん》の大力《たいりき》を蓄《たくは》へて居《ゐ》る、吾人《ごじん》の腹《はら》の中《なか》には胃腸《ゐちやう》臟腑《ざうふ》が横《よこた》はつて居《を》つて、之《これ》か食物《しよくもつ》を呑吐《どんと》して、吾人《ごじん》の營養《ゑいやう》を供給《きようきふ》ずるのみこ思《おも》つて居《ゐ》るのは大變《たいへん》な間違《まちが》ひである、腹《はら》は吾《ご》人《じん》人類《じんるい》が社會《しやくわい》に活動《くわつどう》する參謀本部《さんぼうほんぶ》でも言《い》ひたい、そこで吾人《ごじん》は今《いま》や少《すく》なくも腹《はら》を精神的《せいしんてき》に研究論議《けんきうろんぎ》するの時期《じき》に到達《たうだつ》した。

◇

我《わ》が封建時代《ほうけんじだい》の侍《さむらひ》は、腹《はら》で生《うま》れて腹《はら》で死《し》ぬるのであつた、學問《がくもん》をするにも武術《ぶじゆつ》を稽古《けいこ》するにも、先《ま》づ第《だい》一に此腹《このはら》を養《やしな》ふことを怠《おこた》らなかつた、そこで鎌倉時代《かまくらじだい》、豐臣時代《とよとみじだい》より、徳川《とくがは》の上世位《じやうせいくら》ひまでの武士《ぶし》の社交生活《しやかうせいくわつ》の狀態《じやうたい》を讀《よ》んで見《み》ると、彼等《かれら》武士《ぶし》の誇《ほこ》りとして居《を》つたのは第《だい》一、腹《はら》である、彼《か》の人《ひと》は腹《はら》が出來《でき》て居《ゐ》るとか、此人《このひと》の武術《ぶじゆつ》は腹《はら》から出《で》て來《く》るなど、云《い》つて居《を》つたのを見《み》ても、如何《いか》にこの腹力《ふくりよく》が、進《すゝ》んでは勇敢《いうかん》矣《なり》、退《しりぞ》いては平和《へいわ》矣《なり》の武士《ぶし》を養成《やうせい》しつゝあつたかが分明《ぶんめい》する、

そこで我日本《わがにほん》の歴史《れきし》を讀《よ》んで、一番愉快《はんゆくわい》に感《かん》ずるのは武士《ぶし》の作法《さはふ》である、徳川時代《とくがはじだい》では武士《ぶし》の一言《ごん》は金丁《きんてう》で誓《ちか》はれたが、鎌倉時代《かまくらじだい》で

は宜《よろ》しい拙者《せつしや》の腹《はら》に御座《ござ》ると、一度《たび》腹《はら》を打《う》つたものなら、夫《そ》れこそ其《その》一言《ごん》は天《てん》が變《へん》じて地《ち》と爲《な》るとも間《ま》違《ちが》いはない、萬《まん》一間《ま》違《ちが》ひでもしたものなら、それこそ武士《ぶし》の嘲笑《てうせう》を受《う》けて、武士《ぶし》としての公生涯《こうせうがい》は衆人《しうじん》の嘲笑《てうせう》で剝奪《はくだつ》されるのであつた、『拙者《せつしや》の腹《わら》に御座《ござ》る』の腹《はら》はなか〳〵此《か》くも權威《けんゐ》ある大切《たいせつ》な腹《はら》であつたのである。

◇

然《しか》るに段々《だん〳〵》徳川《とくがは》の中葉《ちうねふ》より末葉《まつねふ》になつて、太平《たいへい》に馴《な》れ逸樂《いつらく》に眠《ねむ》つた武士《ぶし》は、腹《はら》の素養《そやう》が衰《おとろ》へて來《き》て、元祿時代《げんろくじだい》なんと來《き》たら、とんと鼻《はな》持《もち》のならぬ程《ほど》腐敗《ふはい》墮落《だらく》を極《きは》めた、そこで單《たん》に武士《ぶし》の作法《さはふ》が衰《おとろ》へ墮《すた》れたばかりでなく、進《すゝ》んでは勇敢《いうかん》、退《しりぞ》いては平和《へいわ》な武士《ぶし》は樂《くすり》にしたくも無《な》くなつて、腹拔《はらぬ》け武士《ぶし》、換言《くわんげん》すれば要拔《こしぬ》け口利巧《くちりかう》の侍《さむらひ》が各藩《かくはん》に充滿《じうまん》して、お家騷動《いへさうどう》などはいつでも此腹拔《このはらぬ》け侍《さむらひ》が中堅《ちうけん》と爲《な》つて居《を》つた、武《ぶ》士《し》の一言《ごん》や金丁《きんちやう》などが何《な》んの頼《たの》みにもならぬ、胸《むね》を打《うつ》て委《ゐ》細《さい》は拙《せつ》者《しや》の胸《むね》に御《ご》座《ぢ》るなど云《い》つて、腹《はら》の素《そ》養《やう》はもうそち退《の》けになつて來《き》て、段々《だん〴〵》と氣《き》血《けつ》が逆《ぎやく》に胸部《きようぶ》に押《お》し上《あ》げて來《き》て、武《ぶ》士《し》の神《しん》經《けい》は木《き》の葉《は》の動《うご》いても響《きやう》應《おう》微《び》動《どう》して、卑《ひ》怯《きよう》未《み》練《れん》な武《ぶ》人《じん》の天《てん》下《か》と爲《な》つた。

◇

もつと下《さが》つて明《めい》治《ぢ》大《たい》正《しやう》の現《げん》代《だい》になつては何《ど》うか、腹《はら》などはてんで問《もん》題《だい》にして居《を》らぬ、彼《かれ》は頭《あたま》が善《よ》い、是《これ》は頭《あたま》が惡《わる》いと云《い》ふて、丸《まる》で頭《あた》が賢《けん》愚《ぐ》消《せう》長《ちやう》の標《へう》準《じゆん》と爲《な》つた、素《もと》より二十世《せい》紀《き》の人《にん》間《げん》が腦《のう》髓《ずゐ》の働《はたら》きを度《ど》外《ぐわい》視《し》して立《りつ》論《ろん》することは、言《ごん》語《ご》同《どう》斷《だう》な話《はな》しであるが、今《いま》や日《に》本《ほん》人《じん》は腹《はら》から胸《むね》、胸《むね》から頭《あたま》に上《のほ》つて、人《にん》間《げん》が利《り》巧《こう》發《はつ》明《めい》になるに連《つ》れ、人《じん》格《かく》は一般《ぱん》に下《げ》落《らく》して來《き》た、今《いま》頃《ごろ》腹《はら》を打《うつ》て然《ぜん》諾《だく》誓《せい》約《やく》の意《い》を表《へう》した所《ところ》で誰《たれ》も本《ほん》氣《き》にせぬ、委《ゐ》細《さい》の事《こと》は契《けい》約《やく》書《しよ》を取《とり》代《か》はした上《うへ》でと云《い》ふことになつて腹《はら》の値打《ねうち》が頓《とん》ご無《な》くなつた、精神《せいしん》よりは物質《ぶつしつ》、道理《だうり》よりは理《り》屈《くつ》が勝《か》つ世《よ》の中《なか》ご爲《な》つた、乃木大將《のぎたいしやう》が殉死《じゆんし》せられたのは、決《けつ》して先《せん》帝陛下《ていへいか》の知遇《ちぐう》に感激《かんげき》して、最後《さいご》までお伴《とも》を致《いた》されたご云《い》ふ簡單《かんたん》な譯《わけ》のものでない。

如今《じよこん》滔々《たふ〳〵》ごして廢《すた》れんごする忠君《ちうくん》の念《ねん》を呼《よ》び起《おこ》し、一面《めん》に於《おい》ては我大正新時代《わがたいしやうしんじだい》の國民《こくみん》に一大感激《だいかんげき》を與《あた》へて、頭上《づじやう》に逆行《ぎやくかう》せる現代國民《げんだいこくみん》の小智惠《こぢゑ》口利《くちり》巧《こう》を戒飭《かいちよく》して、腹《はら》の青年《せいねん》を生《う》み出《だ》さんごの思召《おぼしめし》である、物質《ぶつしつ》より精神《せいしん》、理《り》屈《くつ》よりは道理《だうり》の日本人《にほんじん》を造《つく》りたいごの志《こゝろざし》である、我現代《わがげんだい》の先覺善智《せんかくぜんち》、果《はた》して故大將《こたいしやう》の遺志《ゐし》を遵奉《そんぽう》して、我青年《わがせいねん》の思想《しさう》を歴史的《れきしてき》に史《し》談的《だんてき》に、緊張訓育《きんちやうくんいく》することが出來《でき》るであらうか。

◇

抑《そも〳〵》も吾人《ごじん》が此《この》複雑多端《ふくざつたたん》の社會《しやくわい》に處《しよ》して、一人前《にんまへ》以上《いじやう》の仕事《しごと》を爲《な》し彼《かれ》は敏腕《びんわん》であるとか、是《これ》は成功者《せいこうしや》であると云《い》ふ者《もの》を詮議《せんぎ》して見《み》ると、實《じつ》に判斷力《はんだんりよく》に富《と》んだ冷靜《れいせい》の頭腦《づのう》で、熱血的下腹《ねつけつてきかふく》の人《ひと》である、人間《にんげん》は直立《ちよくりつ》して歩《ある》く者《もの》で、其中心機軸《そのちうしんきぢく》は乃《すなは》ち腹《はら》から腰《こし》の廻《ま》はりである。

然《しか》るに其中心《そのちうしん》が胸《むね》に來《き》たり、頭《あたま》に上《のぼ》つたら、丸《まる》で張子《はりこ》の虎《とら》見《み》た樣《やう》でグラツカざるを得《え》ない、俗《ぞく》に頭寒足熱《づかんそくねつ》と云《い》ふことがあるが、此頭寒《このづかん》の者《もの》の判斷力《はんだんりよく》の公正《こうせい》なのは乃《すなは》ちそれである、頭熱《づねつ》の者《もの》は氣血《きけつ》が逆行《ぎやくかう》せるもので、血液《けつえき》が上《うへ》へ上《うへ》へと上《あ》げて來《く》る、血行《けつかう》の逆上《ぎやくじやう》せる者《もの》で未《いま》だ曾《かつ》て冷靜大度《れいせいたいど》の人《ひと》を見《み》ない、頭寒足熱《づかんそくねつ》の人《ひと》で神經過敏《しんけいくわびん》の人《ひと》は稀《まれ》である、之《これ》が悉《ことごと》く隔膜《かくまく》の下《した》なる腹《はら》で左右《さいう》せられつゝあることを考《かんが》ゆれば、吾《ご》人《じん》は晏然《あんぜん》として、此腹《このはら》を生《うま》れながらの儘《まゝ》に放《はう》つて置《お》く譯《わけ》に行《ゆ》かない。

◇

前篇《ぜんぺん》に白幽仙人《はくゆうせんにん》が火《ひ》の性《せい》は炎上也《ゑんじやうなり》と云《い》つたが、吾人《ごじん》の氣血《きけつ》は常《つね》に上《うへ》へ上《うへ》へと打上《うちあ》げんとして居《を》る、上《うへ》へ打上《うちあ》げれば肺心《はいしん》が犯《をか》されて、心臓《しんざう》肺臓《はいざう》が弱《よわ》くなると云《いつ》て居《ゐ》るが、正《まさ》しく其通《そのとほ》りである、上《の》ぼせ性《しやう》の人《ひと》にして肺心《はいしん》の強健《きやうけん》なる者《もの》や、無病長壽《むびやうちやうじゆ》の人《ひと》は無《な》いと云《い》つて宜《よろ》しい、無病長壽《むびやうちやうじゆ》の人《ひと》は腹力《ふくりよく》の發達《はつだつ》して、血行《けつかう》の平均順調《へいきんじゆんてう》せる人《ひと》であらざるを得《え》ないのは云《い》ふまでも無《な》い、腹力《ふくりよく》の發達《はつだつ》と云《い》ふことは、何《なに》も腹《はら》を蛙《かへる》見《み》た様《やう》に太《ふと》く膨《ふく》らすのが能事《のうじ》ではない、意氣《いき》あり、元氣《げんき》あり、對忍力《たいにんりよく》ある、無形《むけい》の腹《はら》を造《つく》るのを云《い》ふのである、併《しか》し僕《ぼく》の如《ごと》きは元來《ぐわんらい》小形《こがた》の皺《しわ》苦茶《くちや》の腹《はら》で、ひよろ〳〵した男《をとこ》であつたので、何《ど》うかして四體《したい》を雄大強壯《ゆうだいきやうさう》にしたいと十年《ねん》一日《じつ》の如《ごと》く苦心《くしん》した結果《けつくわ》、近頃《ちかごろ》では餘《あま》り腹《はら》が膨《ふく》れ過《す》ぎて居《を》る所《ところ》である。

◇

去《き》りながら、之《こ》れ十五年《ねん》の歳月《さいげつ》苦心《くしん》修養《しうやう》の一端《たん》だと思《おも》へば、便々《べん〳〵》たる僕《ぼく》の腹心《ふくしん》爲《か》、夜半人定《やはんひさだ》たつて四闃寂《こせき》たる時《とき》、靜《しづ》かに之《これ》を撫《ぶ》して微《び》笑《せう》するを禁《きん》じ能《あた》はぬ、而《しか》して僕《ぼく》は自今在鮮《じこんざいせん》幾年月《いくねんげつ》かの間《あひだ》に於《おい》て、必《かな》らず國家《こくか》の爲《た》め、讀者《どくしや》の爲《た》め、此腹《このはら》から何物《なにもの》かを與《あた》へ得《う》ることを固《かた》く信《しん》じて居《ゐ》る、牛《うし》は馬《うま》の樣《やう》に疾走《しつそう》は出來《でき》ぬが、便々《べんべん》たる腹《はら》で重《おも》き荷《に》物《もつ》を背負《せお》ひながら、遂《つひ》には千里《り》の遠《とほ》きにも達《たつ》し得《う》る耐忍性《たいにんせい》を持《もつ》て居《ゐ》る、便々《べんべん》たる腹《はら》の靈力《れいりよく》は少年《せうねん》としては驚《おどろ》くべき智識《ちしき》を吸收貯藏《きふしうちよざう》し、青年《せいねん》としては軍國《ぐんこく》の爲《た》め一家《か》の爲《た》め、奮鬪努力《ふんとうどりよく》の性《せい》を涵養《かんやう》し、老成《らうせい》しては淳々《じゆんじゆん》として道《みち》を說《と》き、青年《せいねん》を指導《しだう》することの出來《でき》るのは、皆《みな》此腹力《このふくりよく》であることを忘却《ばうきやく》してはならぬ。

◇

元來人間《ぐわんらいにんげん》は萬物《ばんぶつ》の靈長《れいちやう》と云《い》はるゝだけ、それだけ、他《た》の動物《どうぶつ》に比《くら》べて強《つよ》い一種《しゆ》の元氣《げんき》を持《も》つて居《ゐ》る、生物學《せいぶつがく》の上《うへ》から云《いつ》ても、生存競《せいぞんきやう》爭《さう》の上《うへ》から云《い》つても、吾人《ごじん》は實《じつ》に申分《まをしぶん》のない強者《きやうじや》である、然《しか》れども天地《てんち》の悠久《いうきう》より見《み》れば、蜉蝣《ふゆう》の樣《やう》なもので、蛟龍《かうりう》は海千《うみせん》山千《やません》と云《い》ふ諺《ことわざ》があり、鶴《つる》は千年《せんねん》、龜《かめ》は萬年《まんねん》の齡《よはひ》を保《たも》つに比《くら》べて、人間《にんげん》短命《だんめい》の度《ど》は、寔《まこと》に以《もつ》て殘念《ざんねん》至極《しごく》と云《い》はざるを得《え》ない。

夫《そ》れ天地《てんち》は無始《むし》無終《むしう》である、吾人《ごじん》人間《にんげん》はこの天地《てんち》と壽命《じゆみやう》を比《くら》べることは出來《でき》ぬが、せめて鶴《つる》や龜《かめ》の動物《どうぶつ》の壽命《じゆみやう》とは較論《かくろん》して見《み》たい、鶴《つる》は少食《せうしよく》にして龜《かめ》は氣《き》を吸《す》ふ一小動物《せうどうぶつ》で、蛟龍《かうりう》は海千《うみせん》山千《やません》の修業《しゆげふ》を積《つ》んで天《てん》にも登《のぼ》る靈力《れいりよく》が出來《でき》ると云《い》ふ、千年《ねん》萬年《ねん》と云《い》ふは、壽命《じゆみやう》の長《なが》きを評《ひやう》するの尺度《しやくど》でもあらうが、要《えう》するに之等《これら》の動物《どうぶつ》は二百年《ねん》や三百年《ねん》は生存《せいぞん》し、又《また》は生存《せいぞん》し得《う》らる、營養機關《えいやうきくわん》を持《も》て居《ゐ》ると評《ひやう》せざるを得《え》ない、然《しか》らば吾人《ごじん》人間《にんげん》は龜鶴《きかく》蛟龍《かうりう》と壽命《じゆみやう》を爭《あらそ》ふことは到底《たうてい》六《むつ》かしいかと云《い》へは、決《けつ》して左樣《さやう》ではない。

第三十篇　百歳長壽法の後に論ず（下）

◇仙道卒業と仙通力

在《ざい》昔《せき》朝《てう》鮮《せん》の檀《だん》君《くん》は一千《せん》年《ねん》の壽《よはひ》を保《たも》つたと傳《つた》へられ、支《し》那《な》の彭《はう》祖《そ》は七百六十七歳《さい》日《に》本《ほん》の武《たけ》内《のう》宿《ちす》禰《くね》は三百歳《ひやくさい》朝《てう》鮮《せん》の任《みま》那《な》金《きん》官《くわん》國《こく》の首《しゆ》露《ろ》王《わう》（日本の皇族號乗津彦命）は一百五十八歳《さい》の壽《じゆ》命《めう》を得《え》たと傳《つた》へられて居《ゐ》る、然《しか》らば人《にん》間《けん》の壽《じゆ》命《めう》も決《けつ》して馬《ば》鹿《か》にはならない、吾《ご》人《じん》は吾《ご》人《じん》の五《ご》臟《ざう》六腑《ぷ》乃《なは》ち身《しん》體《たい》の營《わいやう》養《》機《き》關《くわん》を衰《すゐ》弱《じやく》させさへしなければ、二百《にひやく》年《わん》でも三百《さんびやく》年《わん》でも生《い》き長《なが》らへて此《この》盛《せい》世《せい》に奉《ほう》公《こう》活《くわつ》躍《やく》することが出《で》來《き》る道《だう》理《り》である。

然《しか》らば吾《ご》人《じん》はこの壽《じゆ》命《めう》を得《う》ると云《い》ふことに就《つ》いて、吾《ご》人《じん》が處《しよ》世《せい》の目《もく》的《てき》中《ちう》の一《いち》として、吾《ご》人《じん》が學《がく》問《もん》勉《べん》強《けう》と職《しよく》分《ぶん》に奮《ふん》勵《れい》努《ど》力《りよく》するが如《ごと》くになからねばならぬ、乃《すなは》ち養《らう》生《ぜう》！換《くわん》言《げん》すれば健《けん》康《かう》長《てう》壽《じゆ》の策《さく》は絶《た》へず吾《ご》人《じん》の腹中《ふくちう》より離《はな》れてはならぬ、素《もと》より誰《たれ》か不《ふ》健《けん》康《かう》短《たん》命《めい》を願《ねが》ふ者《もの》があらう、切々《せつせつ》養生《やうぜい》して居《お》るには相違《さうゐ》無《な》からう、現代《げんだい》の如《ごと》く複雑《ふくざつ》多端《たたん》の社會《しやくわい》に左様《さやう》養生《やうせい》の一方《いつぽう》にばかり熱心《ねつしん》する譯《わけ》にも行《ゆ》くまいから、成《な》る可《べ》く無益《むえき》の喫煙《きつゑん》、無意味《むいみ》の宴飲《えんいん》、過度《くわど》の淫樂《いんらく》を愼《つつし》みて、苟《いやしく》も養生《やうせい》の害毒《がいどく》と爲《な》る贅澤《ぜいたく》を避《さ》ける可《べ》しである、人間《にんげん》の長壽《ちやうじゆ》に一番《いちばん》妨害《ばうがい》をするのは、蓋《けだ》し淫《いん》と飲《いん》。

◇

淫《いん》と酒飲《じゆいん》の亂調《らんてう》は實《じつ》に健康《けんかう》長壽《ちやうじゆ》の邪魔物《じやまもの》であるが、併《しか》し此《この》二者《しや》は絶體《ぜつたい》に禁止《きんし》することは到底《とうてい》不可能《ふかのう》である、前者《ぜんしや》は子孫《しそん》の繁殖力《はんしよくりよく》を杜《と》絶《ぜつ》し、後者《こうしや》は禁《きん》ぜられぬことも無《な》いが、併《しか》し現代《げんだい》の複雑《ふくざつ》多端《たたん》多趣味《たしゆみ》の社會《しやくわい》に、酒《さけ》一滴《てき》も飲《の》まんで眞面目《まじめ》腐《くさ》つて許《はか》りでは、社交《しやかう》發展《はつてん》の妨《さまた》げとなるので僕《ぼく》は飲酒《いんしゆ》を絶體《ぜつたい》に止《や》めよとは決《けつ》して申《まを》さぬ、寧《むし》ろ或程《あるてい》度《ど》迄《まで》は放散《はうさん》し快飲《くわいいん》すべきである。

否《いな》陰陽《いんやう》調和《てうわ》し、飲酒《いんしゆ》と其《その》節制《せつせい》宜《よろ》しきを得《え》たならば、夫《それ》は却《かへつ》て健康《けんかう》長壽《てうじゆ》の媒《なかだち》を爲《な》すのである、去《さ》りながら凡能《はんのう》の弱點《じやくてん》はこの節制《せつせい》と云《い》ふことがなか〳〵六つかしい、自己《じこ》の意思《いし》の力《ちから》で自己《じこ》の慾望《よくばう》に節制《せつせい》が出來《でき》る樣《やう》になつたら、それは決《けつ》して俗人《ぞくじん》でない、超凡《てうはん》拔俗《ばつぞく》の士《し》であつて、始《はじ》めて共《とも》に大事《だいじ》を語《かた》るに足《た》るの人《ひと》である。

◇

一體《たい》吾人《ごじん》が此《この》盛世《せいせい》に處《しよ》して、一業《けふ》を興《おこ》し一事《じ》を成《な》し遂《と》げるのは、強固《きやうこ》なる意思《いし》の力《ちから》と、素養《そやう》であらねばならぬ、己《おの》れの身《み》に害有《がいあ》り、健康《けんかう》に益無《えきな》しと知《し》りつゝ、一刀《たう》兩斷《りやうだん》で之《これ》を除《のぞ》くことが出來《でき》ず、節制《せつせい》だもすることが出來《でき》ないのは、克己心《こくきしん》の缺乏《けつばう》した意思《いし》薄弱《はくじやく》な婦女子《ふぢよし》も同樣《どうやう》である、吾人《ごじん》勃興《ぼつこう》發展《はつてん》進取《しんしゆ》の氣風《きふう》の旺盛《わうせい》なる日本《にほん》男子《だんし》の一生涯《がい》は、決《けつ》して夢《ゆめ》ではない、吾《ご》人《じん》が處《しよ》世《せい》の幸《かう》不《ふ》幸《かう》、成《せい》功《かう》不《ふ》成《せい》功《かう》も亦《また》決《けつ》して偶《ぐう》然《ぜん》ではないのである。

男《だん》子《し》生《うま》れて事《こと》の大《だい》小《せう》に拘《かゝ》はらず、自《じ》己《こ》の力《りき》量《れう》を以《もつ》て一事《じ》一業《げふ》を爲《な》さんと欲《ほつ》するならば、夙《つと》に眼《め》を近《ちか》き將《せう》來《らい》遠《とほ》き前《ぜん》途《と》に放《はな》つて、意《い》思《し》の力《ちから》と其《その》素《そ》養《やう》とで力《りき》行《かう》しなければ其《その》目《もく》的《てき》は達《たつ》せられぬ、如《い》何《か》に才《さい》智《ち》超《てう》凡《ぼん》であつて、一旦《いちたん》は虛《きよ》名《めい》を馳《は》せ榮《ゑい》華《ぐわ》に耽《ふけ》つても、それは丁《てう》度《ど》枯《かれ》葉《は》を集《あつ》めて火《ひ》を點《てん》ずるのと同《どう》樣《やう》で、パツと燃《も》へ上《あ》がつて居《ゐ》る間《ま》は如《い》何《か》にも威《ゐ》勢《せい》がよい樣《やう》だが、久《ひさ》しからずして燃《ねん》力《りよく》の弱《よわ》はると共《とも》に、火《ひ》の氣《け》も見《み》ることの出《で》來《き》ぬ死《し》灰《くわい》と爲《な》つて、飛《ひ》散《さん》して仕《し》舞《ま》ふのである、人《にん》間《げん》のことも亦《しか》りである。

◇

不《ふ》義《ぎ》の富《ふう》貴《き》、一攫《くわく》萬《まん》金《きん》の擧《きよ》は正《せい》道《だう》でない、乃《すなは》ち其《その》人《ひと》の意《い》思《し》の力《ちから》、換言《くわんげん》すれば腹力《ふくりよく》で獲《え》たる所《ところ》の成績《せいせき》では無《な》い、偶然《ぐうぜん》と僥倖《げうかう》である、僕《ぼく》は思《おも》ふ人間《にんげん》は精神《せいしん》が第一《だいいち》で物質《ぶつしつ》は第二《だいに》である、健康長壽《けんかうてうじゆ》の法《はう》も素《もと》より論《ろん》ずる迄《まで》もない、輓近《ばんきん》醫學《ゐがく》の傾向《けいかう》は肉體《にくたい》は精神《せいしん》を支配《しはい》するものであると言《いつ》て居《を》るが、僕《ぼく》は決《けつ》して左樣《さやう》では無《な》い精神《せいしん》が肉體《にくたい》を支配《しはい》するものであると信《しん》じて居《を》る、僕《ぼく》は吾人《ごじん》の心即《こころすなは》ち精神《せいしん》、換言《くわんげん》すれば腹力《ふくりよく》が人間《にんげん》の内觀靈能《ないくわんれいのう》の主宰《しゆさい》參謀本部《さんぼうほんぶ》たることを信《しん》ずる以上《いぜう》、吾人《ごじん》の肉《にく》體《たい》は無論《むろん》この腹《はら》で發達長生《はつたつてうせい》もさせれば、萎縮寂滅《ゐしゆくじやくめつ》もさせるのである然《しか》らば吾人《ごじん》か健康長壽《けんかうてうじゆ》制慾《せいよく》の法《はふ》は、先以《まづもつ》て腹力《ふくりよく》を養《やしな》ふの工夫《くふう》を凝《こ》らすのが當然《たうぜん》であると思《おも》つて居《を》る。

腹力《ふくりよく》を養《やしな》ひ、先以《まづもつ》て直接影響《ちよくせつゑいけう》を受《う》くる所《ところ》のものは消化力《せうくわりよく》の旺盛活《わうせいくわつ》潑《はつ》である、僕《ぼく》は明治《めいじ》三十七年頃《ねんごろ》から四十年頃迄《ねんごろまで》は殆《ほと》んご二食《しよく》同樣《どうやう》であつたが、内觀呼吸調息《ないくわんこきうてうそく》に熱中《ねつちう》してよりは、三度三度《さんどさんど》の飯《めし》が待《ま》ち兼《か》ぬる位《くら》いで、殊《こと》に從來《じうらい》一回《いくくわい》二椀《わん》位《くら》いであつた飯量《はんれう》が近年《きんねん》は何《ど》しても大椀《おほわん》で三ばい位《くら》いは搔《か》き込《こ》まぬと承知《せうち》が出來《でき》ない、それ丈《だけ》食量《しよくれう》が增《ま》したと云《い》ふことは、慥《たし》かに僕《ぼく》が養腹《やうふく》より來《きた》る腸胃《ちやうい》の開大強健《かいだいけうけん》の結果《けつくわ》である。

◇

人間《にんげん》は一體《たい》四十の坂《さか》を越《こ》すと中年期《ちうねんき》と稱《とな》へ、機械的作業《きかいてきさげう》を營《いとな》む内《ない》臟《ざう》や筋肉《きんにく》が稍々《やや》頽勢《たいせい》を示《しめ》して來《き》て、食量《しよくりやう》などは漸々減退《ぜんぜんげんたい》するのが醫《い》學上當然《がくじやうたうぜん》であると云《いつ》て居《お》る、そこで日本人《にほんじん》は祖先以來《そせんいらい》の傳習《でんしふ》として四十を踰《こ》ゆると厄入《やくいり》だの何《な》んだのと云《いつ》て、餘《あま》りに用心過《ようじんす》ぎて飲食衣《いんしよくい》服《ふく》に注意《ちうい》する結果《けつくわ》、自然《しぜん》に内臟諸機關《ないざうしよきくわん》が抵抗力《ていかうりよく》を失《うしな》ふて衰弱枯疾《すゐじやくこしつ》し六十を踰《こ》ゆると、還曆《くわんれき》とか本家《ほんけ》還《かへ》りとか云《いつ》て、丸《まる》で小兒《こども》も同樣《どうやう》になつて仕舞《しま》ふ。

還暦《くわんれき》と云《い》ふことは易《えき》の陰陽《いんやう》の法《はう》から割出《わりだし》た一甲子《きのえね》のことで、人間《にんげん》は六十年《ろくじふねん》にして内臓《ないざう》機關《きくわん》が衰滅《すゐめつ》し、其《その》彈力《だんりよく》無《な》きこと小兒《せうに》の如《ごと》くになると云《い》ることであるが、又《また》生殖機能《せいしよくきのう》を失《うしな》つて小兒《こども》の如《ごと》くになると云《い》ふ意味《いみ》にも取《と》れる、男女《だんぢよ》共《とも》に生殖機能《せいしよくきのう》を失《うしな》つて老境《らうけう》に入《い》ると、如何《いか》に若《わか》い氣《き》の人《ひと》でも精神力《せいしんりよく》が漸次《ぜんじ》に薄弱《はくじやく》になつて、身體《しんたい》諸機能《しよきのう》が追々《おひおい》怪《あや》しくなつて來《く》る、之《これ》を約言《やくげん》すれば、吾人《ごじん》が生殖機能《せいしよくきのう》を失《うしな》ふの時《とき》は乃《すなは》ち形骸《けいがい》獨居《どくきよ》の時《とき》である。

◇

然《しか》らば吾人《ごじん》は生殖機能《せいしよくきのう》を失《うしな》はざる樣《やう》内臓《ないざう》諸機關《しよきくわん》を常《つね》に健全《けんぜん》にせなければならぬ、古《ふる》き停滯《ていたい》せる惡血《あくけつ》を發散《はつさん》して、新鮮《しんせん》の血液《けつえき》を注《そゝ》ぎ込《こ》まねばならぬ、内臓《ないざう》が健全《けんぜん》でないと、純潔無垢《じゆんけつむく》の血液《けつえき》は決《けつ》して下腎《かしん》上腦《じやうのう》へ供給《けうきう》せられるものでない、人間《にんげん》が老境《らうけう》に入《いつ》て茫然《ばうぜん》となるのは内《ない》臟《ぞう》機《き》關《くわん》が衰《おとろ》へて純《じゆん》潔《けつ》な血《けつ》液《えき》を下《か》腎《じん》上《ぜう》腦《のう》へ旺《わう》盛《せい》に供《けう》給《きう》することが出《で》來《き》ず、之等《これら》の機《き》能《のう》が自《し》然《ぜん》に遲《ち》緩《くわん》と爲《な》るからである。

故《こ》土《ひじ》方《かた》伯《はく》は八《はち》十《じう》の老《らう》齡《れい》でありながら、若《わか》い香《かう》水《すゐ》臭《くさ》い婦《ふ》人《じん》が一《いつ》週《しう》一《いつ》回《くわい》位《ぐらゐ》いお屋《や》敷《しき》の寢《しん》室《しつ》に失《しつ》敬《けい》を致《いた》して居《を》つた、朝《てう》鮮《せん》の李《り》太《たい》王《わう》殿《でん》下《か》は六《ろく》十《じう》幾《いく》歳《さい》かで數《すう》人《にん》の愛《あい》兒《し》が次《つぎ》から次《つぎ》と出《しゆつ》產《さん》した、して見《み》ると八《はち》十《じう》でも九《きう》十《じう》でも否《いな》々《いな》百《ひやく》でも百《ひやく》五《ご》十《じう》になつても吾《ご》人《じん》が内《ない》臟《ぞう》と生《せい》殖《しよく》器《き》さへ健《けん》全《ぜん》にして居《ゐ》て、純《じゆん》潔《けつ》な血《けつ》液《えき》を橫《わう》流《りう》上《ぜう》下《げ》せしむることが出《で》來《き》る樣《やう》にすれば、吾《ご》人《じん》の生《せい》殖《しよく》機《き》能《のう》や腦《のう》髓《ずい》は、廢《はい》滅《めつ》衰《すゐ》弱《じやく》すると云《いふ》ことは斷《だん》じて之《これ》無《なか》る可《べき》を信《しん》ずる。

◇

按《あん》ずるに、古《いにし》へは百《ひやく》歳《さい》は人《にん》間《げん》普《ふ》通《つう》の壽《じゆ》命《めう》であつた、と云《い》ふのは昔《むかし》人《じん》の養《やう》氣《き》養《やう》生《せい》は陰《ゐん》陽《やう》に法《のつと》り、術《じゆつ》數《すう》に和《わ》し、飲《ゐん》食《しよく》起《き》居《きよ》規《き》律《りつ》嚴《げん》然《ぜん》として亂淫暴酒《らんいんぼうしゆ》と云《い》ふことは餘程愼《よほどつつし》んで居《を》つた、然《しか》るに現代人《げんだいじん》は此養氣養《このやうきやう》腹《ふく》の尊《たふと》い修業《しうげう》を打棄《うちす》てゝ、賤女《せんぢよ》に亂淫《らんいん》し酒樓《しゆろう》に亂醉《らんすい》し、自分《じぶん》で自分《じぶん》の精神肉體《せいしんにくたい》を弱《よわ》めて行《ゆ》く釋迦《しやか》の（天上天下唯我獨尊）や禪語《ぜんご》の（滅却心頭火亦凉）と云《い》ふ尊《たふと》く權威《けんゐ》ある修養《しうやう》は、現代人《げんだいじん》の苦痛《くつう》とする所《ところ》である、僕《ぼく》は禪語《ぜんご》を假《か》りたり、陰陽靜寂《ゐんやうせいじやく》の話《はなし》をするからとて、決《けつ》して禪《ぜん》に囚《とら》はれて靜寂沈重《せいじやくちんてう》を愛《あい》し、塵世《ぢんせい》の俗物共《ぞくぶつども》がなど、超然《てうぜん》として居《を》る譯《わけ》ではない、塵世《ぢんせい》と沒交渉《ぼつかうせう》を願《ねが》はば宜《よろ》しく山《やま》に入《い》て仙人《せんにん》と爲《な》る可《べ》し、靜寂《せいじやく》を欲《ほつ》するならば禪庵《ぜんあん》の佛徒《ぶつと》と化《くわ》するが宜《よ》い、僕等《ぼくら》は何《ど》うしても我民族《わがみんぞく》的《てき》に否《おな》々《いな》社會的《しやくわいてき》に奮鬪生活《ふんとうせいくわつ》を爲《な》し、獨創的智德《どくさうてきちとく》を涵養《かんやう》して、現代《げんだい》の我盛世《わがせいせい》に何物《なにもの》かの貢獻《こうけん》を爲《な》すことを忘《わす》れぬのである。

然《しか》らば吾人《ごじん》は精神肉體《せいしんにくたい》の參謀本部《さんぼうほんぶ》たる腹力《ふくりよく》を養成《やうせい》して、一種《いちしゆ》の神《じん》通力《つうりき》を獲得《くわくとく》するに努《つと》め、百歳《ひやくさい》二《に》百歳《ひやくさい》に度《わた》りて起居動作《ききよどうさ》の衰《おとろ》ゆることなく、以《い》上《じやう》述《の》べたる仙人《せんにん》の仙道《せんだう》を修業《しゆげう》して、塵世《ちんせい》の仙士《せんし》となり、潑《はつ》溂《らつ》旺《わう》盛《せい》に活動《くわつどう》したい、現代世界《げんだいせかい》の趨勢《すうせい》は、吾人日本國民《ごじんにほんこくみん》が顔色蒼白《がんしよくさうはく》にして、吹《ふ》けば飛《と》ふ樣《やう》な弱體《じやくたい》で早世《さうせい》してはならぬ、此《この》潑溂《はつらつ》旺盛《わうせい》の氣《き》分《ぶん》を養《やしな》ふには、僕《ぼく》が上來《じやうらい》述《の》べ論《ろん》じたる仙道《せんだう》を、十分《じうぶん》に研究實行《けんきうじつかう》すべできある、而《しか》して積《つ》むに歳月《さいげつ》を以《もつ》てせば、諸君《しよくん》は必《かな》らず腹力《ふくりき》より來《きた》る、仙通力《せんつうりき》を發揮《はつき》することが出來《でき》るであらう。

仙經曰。唾者溢爲體泉。聚流爲華池府。散爲津液。降爲甘露。漑臟潤身。宣通百脉。化養萬神。肢節毛髪。華采堅固。故曰遠唾不如近唾。近唾不如不唾

附篇 仙人列傳

南冥曰、余が仙人傳を附錄せるは 哲學上の誤解と、一般的迷信より出でしに非ず吾人が高尙なる道を求めて、努力しつつある精神は、軈て徐々に眞理に近づき、完全なる道學の精神と內觀とを、諒解するの期あるを信ずるが故也。

◎彭　祖

◇七百六十七歲の壽を得たる仙人

姓は籛、名は鏗、帝顓頊の玄孫、殷末に至り七百六十七歲にして衰老せず、壯者の如し、少ふして恬靜を好み、世事に拘泥せず、名譽を營まず、衣服を飾らず、唯だ養生治身を以て事と爲す、王之を聞て以て大夫と爲すも、常に疾と稱して閑居し、政事に與らず。

性素と沈重、毫も自ら道有るを言はず、亦詭惑變化鬼怪の事を語らず、漠然として無爲、屢々飄然として周遊し還り、人其詣る所を知る莫し、車馬有るも而も乘らず、或は數百日、或は數十日、資粮を携行せず、家に還れば則ち衣食人と異なること無し、常に氣を閉ぢて呼吸し、旦より中に至り、乃ち端座して目を拭き體を摩し、唇を舐めて唾を咽み、氣を服すること數十回、乃ち起て言笑す。

◇

王、往て道を訊問す、彭祖は王の禮無きを以て之を告げず、王は珍資を贈ること前後數萬金、彭祖皆之を受け、以て貧賤の者に分與し私する所無し。

時に采女なる者あり、王の宮中に勤む、王乃ち華屋紫閣を立て、金玉を以て之を飾り、采女をして駟馬に乘らしめ、往て道を彭祖に問はしむ、采女既に至り、彭祖を見て再拜し、延年益壽の法を問ふ彭祖曰く、形を擧げて天上に登り、仙官に補せんと欲せば、當に金丹紫氣を用ゆ可し、此道は至大、君主の能く爲す所に非ず。其次は當に精神を愛養し、藥草を服せば、以て長生すべきも、但だ鬼神を使役する能はず、虛空に乘じて飛行する能はず、而して身交接の道を知らずんば、藥を服するも無益也、能く陰陽の意を養はゞ、之を推窮することを得べし、言說を以て此道は傳へ難し、何ぞ怪み問ふに足らんや。

◇

吾れ母の胎内に在りて父を失い、生れて三歳にして母を失ふ、犬戎の亂に遇い、西域に流離すること百餘年、四十九妻と五十四子を失い、數々憂患に遭い、和氣挫折し、冷熱に傷み、皮膚光澤を失い榮衛焦枯し、聞く所淺薄にして、宣傳するに足らず。

大宛山に青精先生なる者あり、傳へ言ふ、千歳にして色童子の如く、歩行日に五百里を過ぐと、能く年中食せざるも、食すれば一日九食も足らずと、眞に道を問ふ可き也と。

采女曰く、敢て問ふ青精先生なる者は仙人なるや、彭祖曰く、道を得る者にして、仙に非ざる也、仙人は或は身を躍らして雲に入り翅無くして飛び、或は龍に駕して雲に乘り、上つて天階に到り、或は化して鳥獸と爲り、青雲に浮遊し、或は江海に潛行し、名山に翱翔し、或は元氣を食し、或は芝草を食い、或は隱身の術を知り、面に異骨を生じ、體に奇毛あり、深山幽居を好み、俗流に交はらず、是等は不死の壽ありと雖も人情に遠かり、雀化して蛤と爲り、雉化して唇と爲るか如きありて、其本眞を失ふ。◇

余の愚心は、當に甘旨を食い、輕麗の衣を服し、官祿を食むを願はざるも、陰陽に通じ、骨節堅强、顏色和澤、老て衰へず、延年久視、長く世間に在るも、寒温風濕も傷むる能はず、鬼神衆靈も敢て犯すこと莫し、百蟲も近づく可からず、毀譽に喜怒し、累を爲さず

夫れ人の氣を受くるは、方術を知らずと雖も、之を養へば宜しきを得、常に百二十歳に至り、此に至らざる者は傷むる所有れば也、復た道を曉れば二百四十歳又或は四百八十歳に到るを得べし、加之其理を盡す者は以て死せざる可し、養壽の道は但た傷むること莫きのみ。

◇

夫れ冬温かにして、夏涼しきは、四時の和を失はず、身に適する所以也、美色淑資幽閑娯樂、思慾の惑を致さずんば、神に通ずる所

以也、足ることを知て求むるなきは、志を一にする所以也、八音五色は以て視聽を悦ばし、心を導く所以也、凡そ此れ皆養壽を以て斟酌することゝ能ざる所のもの、五音は人をして耳聾ならしめ、五味は人をして口爽かならしめ、苟くも能く其適宜に節制し、其通塞を抑揚する者は、以て減年せず、凡そ此類は、譬へは猶水火の如し、之を用ゆる過ぐれば反て害を爲す、其經脉の損傷を知らずんば、血氣不足し、内理空疎なれば、髓腦實たず、體既に先づ病む、故に外物の犯す所と爲る、若し本充實せば豈病有らんや。

◇

夫れ遠思强記は人を傷む、憂喜悲哀は人を傷む、喜樂過大にして忿怒解けずんば人を傷む、陰陽不順なれば人を傷む、故に神氣導養の道を知るは、人をして其知を失はざらしむ、天地は交接の道を得るの故に無終也、人は交接の道を失ふの故に傷殘の期あり、能く衆傷を避け、陰陽の術を得ば、則ち死せざるの道也。

天地は晝分れて而して夜合す、一年に三百六十交して精氣和合す故に能く萬物を生產して窮極無し、人も能く天地の大法に則れば以て長生すべし。

次に服氣あり、其道を得れば則ち邪氣は入るを得ず、氣を服して形を煉れば、則ち萬神自ら其眞を守る、然らざる者は則ち榮衞枯悴し萬神自ら逝く、告くるに至言を以てするも信する能はず、約要の書を見るも之を輕んじて服誦せず、豈悲しむ可きに非ずや。

◇

凡そ世人多事に苦み、世を棄てて獨り山中に穴居するもの、道を以て之に敎ゆるも、遂に之を行ふこと能はず、是れ仁人の意に非る也、但だ房中氣を閉つることを知り、其思慮を節し、飲食を適宜にせば則ち道を得んと。

采女具さに諸要を傳受し、以て之を王に致ゆ、王之を試むるに果して驗有り、殷王彭祖の術を秘密にせんと欲も、令を國中に下して彭祖の道を傳ふる者は之を誅せんと、又彭祖を害して以て之を絕たんと欲す、彭祖之を知り乃ち去て往く所を知らず。

◇

其後七十餘年、流沙の國西に於て之を見たる人ありと、王は常に彭祖の道を行ふ莫くして、壽三百歳を得、氣力壯んにして五十の時の如し。

後ち鄭女の妖艷を得て、道を失い遂に薨ず、俗間傳へ言ふ、彭祖の道人を殺す者は、王の之を禁するに由る也と、後ち黃山君（仙人）

なる者あり、彭祖の術を修め、數百歳にして猶小童の如し、彭祖既に去るや、乃ち其言を追論して彭祖經と爲せりと。

黄帝問岐伯曰。余聞上古之人。春秋皆度百歳而動作不衰。今人。年至半百而動作衰𢛞。時世異也。人將失之耶。對曰上古之人。其知道者。法于陰陽。和於術數。飮食有節。起居有常。不妄作勞。故能形與神俱。故。盡終其天年。度百歳。今人不然也。以酒爲漿。以妄爲常。醉以入房。以竭慾精。耗散其眞。不知持滿。不知御神。務快其心。逆於生樂。起居無節。故。半百而衰。

◎王　　烈

◇三百八十歳の長壽を得たる仙人

字は長休、邯鄲の人、常に黄精及鉛を服し、三百八十歳の長壽にして猶青年の如し、山に登り、險を經て、行歩飛ぶが如く、少時太學に入り、博覽强記、常に人と五經百家を談論し、後ち中散大夫康叔夜の尊敬する所と爲る。

幾もなく獨り太行山に入る、忽ち山東の地崩れ殷々として雷聲の如きを聞く、王烈は其何事なるを知らず、往て之を視る、山破れ石裂ること數百丈、兩崕を視れば皆是れ青石、石中に一穴有り、口經尺許、中に青泥有り、流出して髓の如し、王烈乃ち泥を取て之を丸むれば石を成す。

王烈大に之を奇とし、之に熱を與ふれば、手に隨て凝結し、宛かも硬米飯の如し、王烈其少許を携へ歸り、之を康叔夜に與へて曰く吾れ太行山中に於て圖らずも異物を得たりと、叔夜大に喜び、取て之を視れば青石也、之を擊てば琿々として銅聲の如し、叔夜乃ち烈と共に往て其山を視れば、斷山は復た舊の如し。

烈又河東の抱犢山中に入りて一石室を見る、室中に架有り、架上に素書二卷有り、烈取りて之を讀むに其文字を解せず、故に之を取り去るを欲せず、之を架上に置けば、暗書數十字形體を得たり、以て叔夜に示す、叔夜は盡く其文字を識る、烈は喜んで之を叔夜に與へんと欲し、山中に同行すれば、復た其石室を失ふ。

王烈乃ち弟子に私語して曰く、叔夜は未だ道を會得せざるが故也と、神仙經を按ずるに、神山は五百年にして則ち開け、其中に石髓出づ、得て之を服すれば、壽は天と窮まりし無しと、蓋し烈の前に得る所のもの乃ち是也と。

張子道なる者あり、年九十餘、往て王烈を拜す、烈平座して之を受く、人之を怪しみ問へば、子道答へて曰く、我れ年八九歳の時王烈の顔色を知れり、而して今と異なる莫し、吾れ今老いたり、然るに烈は猶青年の如し・敬せざる可からずと、烈は後日山に入り之く所を知らず。

◎焦先

雪下に熟臥して顏色赫然

◇

字は孝然、河東の人、年一百七十歳、白石を常食とし、以て之を人に分與す、熟煑すれば芋食の如し、日々山に入り、薪を取り以て人に施こす、人之を見席を設けて坐を與ふれば便ち坐し、亦人と詰を交へず、其薪を負ふて來るや、人を見ざるが如し、便ち私に門間に置き便ち去る、連年此くの如し。

魏の禪を受くるに及び、河邊に草菴を結び、其中に獨居し、敢て席を設けず、草を以て褥と爲す、其垢汚濁泥の如し、數日にして一食し、行くや徑に由らず、女と交遊せず、衣弊るれば則ち薪を賣り以て古衣を買ふて之を纒ひ、冬夏單衣するのみ。

◇魏の太宗董經往て之を視るも、敢て之と語らず、董經益々以て之を賢とす、後ち火災に遭遇し、其菴を燒く、人往て之を視れば、菴下に危座して動かず、火は菴を曉き盡くすも、衣物は一も曉失する莫し、人大に之を怪しむ。

後ち更に菴を作る、天忽ち大雪し、家屋多く倒懐す、人往て之を見れば、所在分明せず、相語て曰く、己に凍死したらんと、乃ち菴を披いて之を求むれば、雪下に熟臥し、顔色赫然として氣息休々、盛暑醉臥の狀の如し。

人之を異とし、從つて道を學ばんと乞ふ、焦先曰く、我に道無し或は忽ち老い、或は忽ち少く、此くの如きもの二百餘歳なりと、後ち去て往く所を知らず、道を學ばんとする者竟に一言を得ず。

◎越瞿

松の實を貪て癩病を治す◇

字は子榮、上黨の人、癩病に罹りて死に垂んとす、家人之を恥ぢ一年の糧を齎らし之を山中に置く、而も虎狼の之を害せんことを恐れ、外より木を以て之を圍む。

越瞿悲傷自ら恨み、晝夜啼泣す、此くの如きもの百餘日、夜中忽ち石室を見る、前に三人有り、越瞿私かに思ふ、此深山窮林の中、人の住む所に非ず、必ずこれ神靈ならんと、乃ち叩頭哀を求む、其人曰く、病を癒さんと欲せば服藥す可し、之を能くするや否やと、越瞿低頭して曰く。瞿此惡疾を病み死朝夕に在り、若し足を刖られ鼻を劓かるるも、猶活きんことを願ふ、服藥の如き敢て忍ばざらんやさ。

◇

神人乃ち松子、松柏脂各五升を以て之に與へ、瞿に告けて曰く、此れ啻に病を癒やすのみならず、當に長生することを得ん、癒へても之を廢する勿れと。

瞿之を服して病癒へ、身體强健なることを得て乃ち家に歸る、家人大に之を驚異し、鬼靈と爲し敢て近づかず、越瞿は具さに其由を説けば、家人始めて之を狂喜す。

◇

瞿は遂に更に服藥すること二年、顏色少年の如く、皮膚光澤を生じ、走ること飛鳥の如く、年七十餘にして雉兎を食し、皆其骨を嚼む、能く重きを負ふて遠行することも敢て疲勞せず、年百七十餘にして夜臥し、忽ち屋間に光り鏡の如き物有るを見る、以て左右に問へは見へず、後ち一日にして室内盡く明かに、夜能く文を書するを得、人之を靈顯と爲す、人間に在ること三百餘歳、常に童子の顏色の如し、後ち山に入て之く所を知らず。

道書曰。天地人等列三才。人 中道。可以學聖賢。可以爲神仙。況人之數。與天地萬物之數等。今之人。不修人道。貪愛嗜慾。其數消滅。只與物同也。所以有老病夭殤之患。鑒乎此。必知所以自重。而可以得天元之壽矣。

◎孔安國

◇三百歳にして顏色童子の如し

魯の人、常に氣を服して煉丹の術を行い、三百歳にして顏色童子の如し、隱れて山に入り、弟子之に隨ふ者數百人、穀を斷て石室に入り、道を修むる一年有半、復た出つれば顏色益々少かし、其室に在るや、飮食せざるも常の如く、世人と敢て異なることなし、蓋し此れ氣を服して活くる者乎。

◇

安國人と爲り沈重、道を惜み敢て輕々しく人に傳へず、其道に隨ふ者五六年にして、其人と爲りを審かにし乃ち傳授す、陳伯なる者あり、安樂の人也、事を安國に求む、安國以て弟子と爲す、留むること三年、乃ち之に謂て曰く、吾れ道を受けて以來、服藥三百餘年、其一方を以て崔仲卿に授く、仲卿年八十四、服藥已に三十三年、其の體を視るに氣力甚だ健なり、而して鬚髮白からず、口齒亦完堅、子往て之と相見て之に事へよと。

◇

陳道遂に往て之に事へ、其方を受け世を經るも老ひず、又張合妻有り、年五十之を服して反つて二十歳の時の如し、一縣の士民皆之を怪しむ、八十六歳にして一男を生み、又數人を敎へ、皆四百歳に達す、後ち山に入て之く所を知らず。

◎穆　王

◇飛靈冲天の道を得たる大王

周の穆王、名は滿、昭王の子にして、旁后の生む所、昭王南巡して還らず、穆王乃ち立つ、時に年五十、在位五十餘年にして一百餘歳、王は神仙の道を好み、常に車轍馬跡をして天下に遍きこと、黄帝に倣はんこ欲し、乃ち八駿の馬に乘りて天下を周遊し、遂に春山に登りて、西王母に瑤池の上に會す、王母謠つて曰く、白雲天に在り、道里悠遠、山川之を間す、子尙能く復ひ來るやこ。

◇

王答へて曰く、余東土に歸れば、和諸夏に洽ねく、萬民平均し、三年ならずして將に歸らんこ、遂に宗周に入る、時に尹喜終南の陰に草棲す、王は其舊跡を追ひ、隱士尹軔、杜冲を招き、草棲の處に居る、祭父鄭圃來り謁す、王を諫むるに徐偃の亂を以てす、王即ち國に歸る、宗社復た安し。

◇

王崑崙に到るの時、峯山の石髓を飲み、玉樹の實を食ひ、又飛靈冲天の道を得たり、皆神仙の物にして延命長生せざるを得んや、又曰く、西王母は穆王の宮に降り、相與に雲に乘して去るこ。

陰符經曰。淫聲美色。破骨之斧鋸也。世之人。不能秉靈燭以照迷情。持慧劍以割愛慾。則流浪生死之海。是害先於恩也。

◎孝武皇帝

◇西王母より仙道を授かれる漢の武帝

漢の孝武皇帝は、景帝の子也、未た生れざるの時、景帝夢に一赤氣の雲中より下りて、直ちに崇芳閣に入るを見る、景帝覺て而して座すれば、閣下に果して赤龍有り、霧の如く來つて戶牖を蔽ふ、宮中の嬪御閣上を望めば丹霞あり、霞滅して赤龍の棟間に盤廻するを見る、景帝占者姚翁を召して之を問ふ、翁曰く、之れ吉祥也、夷狄を攘つて嘉瑞を獲、劉宗盛主と爲らんと。

◇

景帝乃ち王夫人をして崇芳閣に移居し、以て姚翁の言に從はんと欲す、旬餘にして景帝復た神女の日を捧けて以て王夫人に授くれば夫人之を呑むと夢む、夫人娠む有り、十四箇月にして武帝を生む。王は名くるに吉を以てす、三歳に至り、景帝は膝上に抱き、之を撫てて試みに問ふて曰く、天子と爲るを願ふや否やと、對へて曰く、是れ天に由て敢て兒に由らずと、帝聞て愕然たり、遂に敬を加へて之を訓育す。

◇

他日復た之を抱き、前の如く試問す、兒は何の書を悦習するや、朕の爲に之を言へと、乃ち伏羲を誦し、群聖所錄、陰陽診候及龍韜策數萬言、一字の遺落無し。

七歳に至りて聖徹人に過ぐ、景帝乃ち名を徹と改めしむ、即位に及び、神仙の道を好み、常に名山大川五嶽に禱り、以て神仙を求む元封五年正月甲子高山に登り道宮を起し、帝は齋戒七日にして祀訖はり、乃ち還る。

◇

四月戊辰、帝は承華殿に閑居す、東方朔、董仲舒側に在り、忽ち一女子を見る、靑衣を着け、美麗なること常人に非ざるが如し、帝愕然として之に問ふ、女對へて曰く、我は墉宮の玉女王子登なる者也、王母の使として崑崙山より來る、帝に語て曰く、聞くならく、子は四海の祿を輕んじ、道を求め生を欲し、帝王の位を降て、屢々山嶽に禱ると、勤めたる哉、敎ゆ可きに似たり、今日より齋戒し、七月七日に王母の來るを待てと、帝は席を下て跪諾し、言訖はるや玉女は忽然として之く所を知らず。

◇

武帝乃ち東方朔に問ふ、之れ何人ぞや、是れ西王母紫蘭の宮玉女常に使命を傳へて扶桑に往來し、瀛州に出入す、昔出てて北獨仙人に配し、近頃又召還すと、帝は是に於て延靈の臺に登り、天下の禮は宰相に委ね、七月七日に到り乃ち宮中を修除し、坐を大殿に設け帝は盛服して階下に立ち、門の內外を戒めて竊ひ見るを得ざらしめ內外寂然たり、二更の後に到り、忽ち見る西南に白雲起り、鬱然として直來し、雲中簫鼓の聲を聞く、暫らくにして王母至る、群仙の從ふ者數千、或は龍虎に駕し、或は白麟に乘じ、或は白鶴に乘り、或は軒車に乘り、或は天馬に乘る。

◇

既に至れは從者の所在を知らず、唯た見る王母は紫雲の輦に乘り九色の班龍に駕し、別に五十の天仙有りて傍に守る、鸞輿は皆其高さ一丈餘、金剛の靈璽を佩び、天眞の冠を戴き、皆殿下に駐す、王母は唯だ二侍女に扶けられて上殿す、侍女年十六七、神姿淸發、眞に美人也、王母は殿に上りて東向す、之を見れば年は三十許り、顏容は絕世の眞靈人也。

◇

武帝乃ち跪拜し、遠來の勞を謝す、王母は乃ち帝を呼んで共に坐す、帝は南面し、王母は自ら天厨を設け、豐珍の上果と、芳華の百味、淸香の酒を出す、世上在る所の香氣殊絕に非ず、又侍女に命して更に桃果を索め、須叟にして玉盤に仙桃七個を盛り、大なること鴨卵の如し、形圓くして靑色、以て王母に呈す、王母は四個を以て帝に與へ、三個を以て自ら食す、桃味甘美にして口に盈味有り、帝之を食して其核を收む、王母之を問ふ、帝曰く、之を種へんと欲すと。

王母曰く、此桃は三千年にして一生す、且つ中夏は地薄ふして之を種するも生へずと、帝乃ち止む。

◇

坐上に於て酒を酌むこと數過し、侍女王子登に命して彈琴せしめ、侍女董雙成をして雲和の笙を吹かしめ、石公子をして昆應の劍を擊たしめ、其他の諸樂を連ねて、衆聲朗々、王母は帝に謂て曰く、夫れ身を修めんと欲せば、當に其氣を營み、太仙眞經は、謂はゆる益易を行ふの道也。

益は益精、易は易形、益易を行ふ者は、常に靈寶を思ふを謂ふ也靈は神也、寶は精也、但だ精を愛して握固し、氣を閉ぢて液を吞み氣化して血と爲り、血化して精と爲り、精化して神と爲り、神化して液と爲り、液化して骨と爲る、之を行ふて倦まずんば、神精充溢し、之を行ふこと一年なれば易氣し、二年なれば易血し、三年なれば易精し、四年なれば易脉し、五年なれば易髓し、六年なれば易骨し、七年なれば易筋し、八年なれば易髮し、九年なれば易形し、易形すれば則ち變化し、變化すれば則ち道を成し、道を成せば則ち仙人と爲る、六氣を吐納すれば、口中甘香に、微息を呼吸すれば、長生す、氣は水也、成らざる所無し。

◇

元始天王が、丹房の中に在て說く所の微言有り、今侍女李慶孫をして、之を書寫して子に與ふ、子は善く之を寫錄して修道せよと、是に於て王母は武帝との談話既に畢つて去らんと欲す。

武帝は席を下て叩頭し、留まらんことを請ふこと懇懃、王母乃ち止まる、王母は更に侍女郭密香を遣はし、上元夫人（仙女）に言はしめて曰く。

相見ざること四千餘年天事我を勞すること太た多く劉徹（武帝を云ふ）道を好み、適々來つて之を觀るに、了了として道に進む可きに似たり、而も慢にして神穢る、腦血淫濁にして五臟淳ならず、骨に津液無くして脉浮び、肉多くして精少なく、瞳子不純にして三尸狡亂し、玄白時を失ひ、之に語るに至道を以てすと雖も、殆んど仙才に非るを恐る、吾れ久しく人間に在り、寔に臭濁に堪へず、今庸主を念ふて之と對坐し、悒々として樂まず、夫人暫らく來るや否やと

◇

時に武帝侍女を見れば、侍女は殿を下り、俄かにして其所在を失ふ、須臾にして郭侍女歸り、上元夫人亦一侍女を遣はし、答問して云ふ、阿環（上元夫人）再拜謹んで起居を問ふ、遠隔絳河、加ふるに官

事を以て擾動し、遂に音問の禮を失ふこと四千年、而も光潤（光澤ある尊顔）を戀慕して敢て違ふことなし、今密香來りて信を奉ず、劉徹（武帝を云ふ）の處に降臨せらるると聞く、命に因り直ちに拜謁せざる可からざるも、太帝君の勅を奉して、使して玄州に詣らんと欲す、暫らく滯留を願ふのみと。

武帝因て王母に問ふて曰く、上元夫人は何の眞ぞやと、王母曰く是は三天上元の官にして、十萬玉女名錄を統率する者也と、數日を經て夫人至る、亦雲中簫鼓の聲を聞く、既に至れば從官文武千餘人是皆女子にして年十八九許り、形容明逸多く靑衣を服し、光彩目を耀かす、眞に是れ靈官也。

◇

夫人は年二十餘、天姿精耀にして靈眸、靑霜の服を着け、雲彩亂色、鉛に非ず繡に非ず、名狀す可からず、頭には三角の髻を作り、餘髮垂れて腰に至り、九雲夜光の冠を戴き、六出火玉の佩を曳き、鳳文林華の綬を垂れ、流黃揮精の劍を腰にし、殿に上り王母に向て拜す、王母は坐して之を受く、夫人は厨を設く、厨亦精珍、王母の設けし所のものと相似たり。

◇

王母は武帝に勅して曰く、是れ眞元母尊貴の神女也、當に起拜す可しと、帝は起て拜問して坐に還る。

夫人笑て曰く、五濁の人は酒に耽り利に榮へ、味を嗜み色に淫す固より其常也、且つ徹（武帝を云ふ）は天子の貴を以て、其亂淫亂利は凡人に倍す、而も華露の墟を以て、嗜慾の根を拔き、無爲の事を願ふ、眞に志有りと。

王母曰く、謂はゆる心ある哉ミ、夫人帝に謂て曰く、汝道を好む乎、聞く數々方術を招き、山嶽に登り、靈神を祀り、山川に禱るこ亦勤めたる哉、汝の此くも勤めて道を得ざるは、寔に由ある也、汝胎性暴に、胎性淫に、胎性奢侈に、胎性酷に、胎性賊に、此五者常に心中に舍し、五臟の中良針を獲るこ雖も、固より瘉やすこミ能はず暴なれば、則ち氣奔て神を攻めしむ、是故に神擾て而して氣竭く、淫なれば則ち精漏れて而して魂疲る、是故に精竭きて而して魂消ゆ奢なれば則ち眞離れて而して魄穢る、是故に命逝て靈失ふ、酷なればば則ち仁を喪て自ら攻めしむ、是故に仁を失て眼亂る、賊なれば則ち心鬪して口乾かしむ、是故に内戰て外絕ゆ。

◇

此五事は皆身を截るの刀鋸、命を刻むの斧斤、汝若し今より汝の五性を捨て、諸善に反へり、身は恒に陰德を爲し、死危を救濟し、且夕孜々として精液を泄らさず、諸淫を閉ぢ、汝が神を養い、諸奢を放棄し、飲食を節し、五穀を絕ち、肉を去り、天鼓を鳴らし、玉漿を飲み華池を蕩滌し、金梁を叩き、按して之を行へ。

今阿母（西王母を敬稱）天尊の重きを以て、蟪蛄の窟に下降して、汝を道に導かんとせらる、汝命を奉して修むる所あらば、百年の後（死後を云ふ）阿母は必ず汝を玄都の墟に誘ひ、汝を昆閬の中に迎へ、位は仙官を以て十方に遊ばん、汝我言を信ぜよ、汝之を勵めよやと。

◇

武帝席を下り跪謝して曰く、臣受性凶頑、濁亂に生長し、生を貪ほり死を畏る、敬神を奉靈して今日之を受くるは乃ち天也、徹は聖命を粟めて範と爲し、必す違はざるを期ぜんと、上元夫人乃ち武帝なして坐に遶らしむ。

王母因て帝の背を撫して曰く、汝上元夫人の至言を用いなば、必ず長生するを得ん、勉めざる可けん耶、帝跪て曰く、徹は之を金簡に書し、身を以て之を佩びんと、又見る、王母の中笈中に一卷の書あり、盛るに紫錦の嚢を以てせり、帝問ふ此書は是れ仙靈方なる耶と、王母出して以て之に示して曰く、此は五嶽の眞形圖也、昨靑城の諸仙吾に就て請求す、今當に過りて以て之を與へんとす、乃ち三天太上の出だす所、文秘にして禁重、豈汝が穢賓の佩用す可きものならんやと、帝地に下て叩頭し固く請ふ。

◇

王母曰く、汝不正と雖も而も數々仙澤を訪い、道を求めて已まず子の心有るを欣ぶ、今之を與へん、當に深く奉愼して君父に事ふるが如くし、敢て或は凡夫に洩らす勿れ、若し之を洩さば禍立ろに至らん。

上元夫人帝に語て曰く、阿母は今汝に八會の書を賜ふ、五嶽眞形は至珍且つ貴こ謂ふ可し、受命合神に非るよりは、此文を見るを得可からず、今汝其眞形を得るこ雖も、其妙理を得て而して、五帝六甲左右靈飛の符こ、太陰六丁通眞逐靈玉女の籙こ、太陽六戊招神天光策精の書こ、左乙混沌東蒙の文こ、右庚素收攝殺の律こ、壬癸六遯隱地八術こ、丙丁入火赤班符こ、六辛入金致黃水月華の法こ、六己石精金光藏景化形の方こ、子午卯酉八稟十訣六靈威儀こ、丑辰未戌地眞素訣長生紫書三五順行こ、寅申巳亥紫度炎光內視中方こ無く此十二事を缺がば、何を以て山靈を召さん、又何を以て虎豹を束ね蛇龍を役せんや、子は謂はゆる其一を知て、未だ其他を見ざる也こ武帝跪拜し叩頭して曰く、徹は下土の濁民、清眞を識らず、今日の開道は是れ生命、遇々聖母に會ふて今當に賜ふに眞形を以てす、修めて以て世を度らん、夫人今徹に告ぐるに、五帝六甲六丁六符致靈の術を以てす、願はくは其術を授け玉へと、叩頭已まず。

王母亦夫人に告けて曰く、夫れ眞形は靈宮の貴ふ所、此子求めて已まず、誓て以て必ず道を得んと、故に科禁を犯して特に以て之に與ふ、此術は眇邈として、濁流の施行す可きに非ずと雖も、吾れ今既に徹に賜ふに眞形を以てす、夫人も當に之に授くるに致靈の術を以てす可しと。

◇

上元夫人曰く、阿環は術を傳ふるを苟くも惜まず、之を傳ふるに既に自ら男女の限禁あり、又宜しく道を得たる者に授く可し、而も徹の下才未た之を傳ふ可からざるを恐るゝ。

王母は色太た不平也、乃ち曰く、天禁を漏泄して明科に違反すこ爲さば、夫人は何故に下才に向て其靈飛の編目を說きたる耶、妄りに說て則ち泄る、泄らして傳へず、是れ天道の眞乎、此禁豈に傳ふるより輕からんや、吾れの五嶽眞形太賓は、乃ち太上天皇の出す所其文は賓妙にして天仙の信たり、豈に劉徹に下授す可けんや、而も徹は孜々の心を以て數々山嶽に請い、齋戒勤修し、以て神仙の應を求む、志世を度るに在り、然れごも明師に遭はず、故に吾等之を顧眄する有るのみ、夫人は致靈の術有り、能く獨り之を私する乎、吾れの今ま徹に授くる眞形文なるものは、其必らずしも道を得るを謂ふに非ず、其精誠をして、仙を求むる者をして惑はしめず、悠々たる者をして天地間に此靈眞の事あるを知らしむるに驗有らしめんこする也、乃ち不信の狂を却けなば足る也、吾が意は此に在るのみ。

◇

思ふに此子性氣は淫暴、服精純ならず、何ぞ能く眞仙を成すを得ん、又何ぞ空に浮び十方に參差せんや、勤て之を行へば、適々不死を度る可きのみ、明科に謂はゆる、長生難きに非ず、道を聞くこご難き也、之を行ふの難きは、行ふの難きに非る也、之を終ふるの難きのみ、良匠は能く人を使役して規矩す、人をして必ずしも巧ならしめざる也、何ぞ之を隱すに足らん耶こ。

夫人謝して曰く、謹んで命を受く、但た環は曾て倒景眞君無上先生二君より靈飛の術を受け、約するに四千年に一傳を以てし、女に授けて男に授けず、太上の科禁已に昭生の符に表はる、環は書を受けて以來、凡そ六十八女子に傳ふ、固より男に授く可からざるを約す、伏て扶廣山青眞小童を見るに、六甲飛靈術を授かり、凡て十二事、環の授くるものと同じ、青眞は是れ環が入火の弟子、彼は男官也、今之を敕取して徹に授く可き也と。

◇

上元夫人は則ち侍女紀離容に命し、直ちに扶廣山に到り青眞小童に敕して、六甲左右靈飛致神の方十二事を出し、以て劉徹に授く可しと、小童は命を奉じて、徹に授くるに靈飛及六丁左右招神天光策靖を以てす。

武帝は拜受すれば、夫人は自ら雲林の曲を彈し、步玄の曲を歌ひ王母は侍女に命し歌て而して之に答へしめ、歌畢て後ち王母は上元夫人と共に駕を同ふして去る、人馬龍虎從者を導くもの初の如し時に彩雲鬱勃として、盡く香氣を發し、西南を極望すれば稍や久ふして乃ち絕ゆ。

◇

武帝旣に王母及上元夫人を見て、乃ち天下に神仙の事有るを信じ王母授くる所の五眞圖靈仙經、上元夫人授くる所の六甲靈飛十二事を以て、自ら撰集して一卷と爲し、諸經圖は皆之を黃金の箱に奉じ封するに白玉の函を以して、珊瑚を以て軸と爲し、柏梁臺上に安置し、武帝は自ら法を受け、勵精六年にして意旨淸暢高韻、自ら許して神眞と爲し、此を特んで至德を修めず。

◇

更に臺館を起し、萬民を疲らし、降を坑にし、服を殺し、夷狄を遠征し、血を流し城を膏らにし、敢て王母の訓敎に從はず、太初元年十一月乙酉に至り、天は火して柏梁臺を燒き、眞形圖、靈飛經錄十二事、靈先經、及自撰凡そ十四卷は、並に函と共に燒失す、蓋し王母は、武帝が訓に從はざりし故に火災を下せし也、其後東方朔は龍に乘て飛ひ去り、之く所を知らず、元狩二年二月に至り、武帝病み、丁卯に崩ず。

◇

南冥曰、武帝は仙人に非ず、道を求め汲々として倦まず、仙人たらんと欲して能はさりし破戒者也、余の之を仙人傳に列せしは武帝の求道傳中、西王母が帝に道を授けし言論の、取て長生法に資するものあれば也。

又曰、世道人心囂々として歸趨するなきを慨し、學者天仙に假托して、俗人を導かんとす、其用意の周到なるを感謝せずんばあらず、蓋し世の博識善智に示すものに非るは論無し、讀者須らく心して可也矣。

太一眞人曰。子有經三部。共只六字。儒者誦之成聖。道士誦之成仙。和尙誦之成佛。而功德甚大。但要體認奉行。一字經曰忍。二字經曰方便。三字經曰依本分。是也。三經不在大藏。只在靈臺。有味乎言哉。

◎劉　憑

三百餘歳にして忍術を使ふ

◇

劉憑は沛の人、軍功有り、壽光金郷侯に封せられ、道を稷丘子に學び、常に石桂英及中嶽石硫黄を服し、年三百餘歳にして童顔也。憑、能く術を行ひ、尤も禁氣に長ず、嘗て長安に到る、市人は憑の道有るを聞き、乃ち往て之を拜見し、就て道を學ばんと乞ふ、憑曰く可也と、又百餘人有り、憑に隨て行く雜貨買額約萬金有り、山中に於て賊數百人に逢ふ、刄を抜き弓を張り、四方より集まつて之を圍む。

◇

憑は泰然として賊に語て曰く、汝が幹才を展べ、德を布き、官に仕へて食祿する能はずんば、身を勤め體を苦めざるや、其心を豺狼にし、人を危ふして己れを利せんこ欲す、憎む可き也。

我れ鳥鳶の法を行へば、汝等の弓箭は用を爲す能はずこ、賊怒て之を射れば、箭は皆反つて其身に着く、須臾の間大風木を折り、砂を飛ばし塵を揚ぐ、憑は大に呼て曰く、小物聾敢て天兵を以て汝等を殺戮す可しこ、言未だ終らざるに、衆兵一時に起つて賊を背上より捕へ、賊は敢て動き抗敵する能はず、賊魁三人は鼻中より血を出し頭裂て而して死す。

餘賊は手を束ねて哀を乞ひ、惡を改めて善を爲さんこ誓ふ、是に於て憑は、諸客に賊を斫殺するを禁止し、乃ち賊を責て曰く、盡く汝が輩を殺さんこ思ひしも、之を忍びず、今汝等を赦す、猶敢て賊を爲す乎こ、皆命を乞ふて曰く、今より我等の行を改めんこ、憑は則ち天兵に勅して之を赦さしむ、賊は一人の傷く者なく奔走して去る。

◇

嘗て居人有り、其妻邪魅を病み、累年癒へず、其家の傍に泉水有り、愻は術を以てすれば、水自ら竭く、中に一蛟の枯死せる有り、又古廟有り、廟間に樹有り、樹上常に異光有り、人其下に止まれば多くは頓死す、禽鳥も敢て其樹枝に巢らず、愻則ち術を以てすれば盛夏に樹則ち枯死す、大蛇の長さ七八丈なるものあり、其間に懸つて死す、此二物を除て後ち復た患を爲さず、時人愻の道術を敬重す

◇

愻に姑子有り、人と地を爭ふ、倶に太守の坐に在り、姑子は少壯にして敵家は親助多し、之に加擔する者四五十人、愻は反覆良や久

ふし、忽然として大怒して曰く、汝が輩敢て強壓せんとする乎と、聲に應じて電雷霹靂として赤光有り、滿屋を照耀す、是に於て敵人の黨一時に地に頓し、知覺無きが如し。

太守甚だ怖れ跪謝して曰く、願はくは君侯少しく威靈を寛ふせよ當に理斷を爲す可しと、遂に之を公判せり、漢の武帝之を聞き、詔して召して其術を試む、武帝曰く殿下に怪異有り、數十人一隊と爲り、髮を披きて燭を持し、走馬之に隨ふと、憑曰く、此れ小鬼のみ何ぞ敢て意に介せらるるに足らんと。

◇

夜に至り武帝は、令人をして之を爲さしむ、憑は殿上より之を見符を以て一聲に之を擲つ、人馬皆地に倒るれば、憑は火を以て口を焠せんとす、武帝大に驚て曰く、此れ鬼に非る也、朕以て之を試むるのみこ、乃ち之を解く、後ち太白山に入り、数十年にして復た郷里に歸り顔色小童の如し。

太乙眞人曰。心靜可以通乎神明。事未至而先知。是不出戸知天下。不窺牖見天道也。蓋心如水也。久而不撓。則澄徹見底。是謂靈明。故心靜可以固元氣萬病不生。百歳可活。若一念撓渾。則神馳於外。氣散於內。榮胃昏。而病相攻壽元自損。

◎董奉

◇死人を活かし病者を治す

董奉字は君異、候官の人、吳の先主の時に少年有り、董奉其縣長と爲り、年四十餘、其道を知らずして官を罷め去る。其後五十餘年、復た他職と爲りて候官に來る、諸舊吏皆老て董奉は顏貌舊年の如し、皆問て曰く、公は道を得たる乎、吾れ昔公を見るに今日の如し、吾れ今已に白首、而して公の此の如く少きは何ぞやと董奉曰く、偶然のみと。

又杜燮なる者、公州刺史と爲り、毒病を得て死す、死後已に三日奉は時に彼地に在り、乃ち往て藥三丸を與へ、口中に水を以て之を灌ぎ、人をして其頭を捧け動かして藥を下さしむ。

◇暫らくにして手足微動し、顏色漸く元に還り、半日にして乃ち能く起坐し、後ち四日にして乃ち能く談話せり、杜焚の死するの時は忽焉として夢の如く、十數の烏衣の人有り、來つて杜焚を收めて車に乘せ、大赤門に入り獄中に投ず、獄は各一戶、一戶は纔かに一人を容る、焚の獄中に入るや、外より之を閉塞し、光りを見る能はず忽ち聞く戶外に人言有り、使を遣はし來りて焚を召し、戶を開いて之を引出し、良や久ふして車馬の赤布を蓋へるもの有り、三人共に車上に坐し、一人は節を持し、焚を呼んで車に上せ將に還らんとす門に至て而して覺むれば、焚は遂に活く。◇

因て起て謝して曰く、甚だ大恩を蒙る、何を以て報効せん乎と、乃ち奉の爲めに樓を庭中に起す、奉は他物を食はず、唯だ脯棗を食ひ、少しく酒を飮む、燹は一日に三度之を設く、奉は每に來つて飮食し、或は飛鳥の如く空を飛んで來り坐し、食ひ了はれば飛び去る人之を覺らず、是の如くすること一年餘、辭して燹の樓を去る、燹は涕泣して之を留めんとするも應ぜず。

燹は其留む可からざるを知り、大船を準備せんとすれば、奉曰く船を用ひず願はくは一棺を與へよと、燹則ち之を具ふれば明日日中時に至りて奉は遂に死せり、燹は其棺を奉じ、殯殮を以て之を埋葬す、七日の後人有り南昌より來る。奉は其人に囑して謝の厚誼を謝せしむ、燹之を聞て狂喜し且つ怪しみ、乃ち棺を開いて之を視れば唯棺中一帛を存するのみ、而して一面に人形を畫作し、一面に丹書を以て符を作りたり。

後ち還て廬山に居る、一人有り癘役に罹りて死に垂んとす、載せて以て奉に詣り、叩頭して哀を求め之を活さんことを乞ふ、奉は病人をして房中に坐せしめ、五重の布巾を以て之を蓋ひ、動くこと勿らしむ、一物有り來りて病者を舐む、身痛みて忍ふ可からず、其舌の廣さ一尺餘、氣息牛の如く、其何物たるを知らざる也、良や久ふして物去る、奉乃ち池中に往て水浴せしめて之を去らしむ、病者去らんとするに望み、之に告けて曰く、久しからずして當に癒ゆ可し、愼んで風に當る勿れと。

十數日にして、病者は身赤くして皮無く、甚だ痛む水浴すれば痛乃ち止む、二十日にして皮生じ則ち癒ゆ。

◇　◇

異日大旱す、縣令丁士彦議して曰く、聞く董君道有りと、或は能く雨降らすの術有らん、乃ち自ら酒脯を齎らし、奉を見て大旱の意を陳ぶ、奉曰く、雨は之を降らすこと易きのみ、因て屋を視て曰く貧道の家は屋皆天を見る（屋敗れ雨降らば漏るを恐る）雨至らば何そ堪へんやと。

縣令其意を解して曰く、先生但だ能く雨を降らせよ、當に架を立て屋を修す可しと、明日士彦は自ら吏民百餘人を發し、竹木を運びて屋を立て、將に土を聚め泥を作りて壁を成さんとするも、水を取らんとせば數里の外に求めざる可からず、吏民大に苦慮す。

◇

奉笑て曰く、諸君苦慮することを止めよ、今夕當に大雨到る可しと、吏民大に喜び乃ち止む、暮に至り果して大雨し、高下皆平に人民大に悦ぶ、奉は山居して田を種へず、日に人の爲に痛を療し、亦錢を取らず、病重ふして癒ゆる者は、杏五株を栽へしめ、其輕き者は一株を栽へしむ。

此くの如くするもの數年、十萬餘株を得たり、鬱然として林を成す、乃ち山中の百禽群獸をして、其下に遊戯せしめ、草を生ぜしめず、後ち杏子大に熟す、林中に於て一草倉を作り、時人杏を買はんこ欲する者は、奉に告げずして、但だ穀一器を倉中に置き即ち自ら往て杏一器を取り去る。

◇

人有り若し穀を置くこと少ふして、杏を取り去る多き者有る時は林中の群虎出て吼へて之を逐ふ、人大に怖れて急に杏を以て走れば路上に傾覆す、家に歸つて杏を撿すれば、遂に穀の量に過ぎず。

或は又人有り、杏を盗み去れば、虎は之を逐ふて其家に到り、之を嚙で死に至る、家人其杏を盗みしを知り、乃ち奉に送還して叩頭過を謝すれば、乃ち之を活かす、奉は毎年杏を賣て穀を得、以て貧窮を賑救し、或は又行旅に供給するもの歳に二萬餘斛。

◇

縣令に女有り、精邪の魅ずる所こ爲る、醫療も効有らず、乃ち奉に托して之を治せんこす、縣令曰く、女若し治せば當に公に與ふ可しこ、奉は之を諾し、即ち治して之を妻こ爲す、久ふして兒無し、奉は毎夜他出し、女は獨居する能はず、乃ち一女を養ふて之を子こす、年十餘歳、奉は後ち雲に入て去り、妻は女こ共に猶其家に住し杏を賣て自活す、之を欺く者あれば、虎來て之を逐ふ。

奉の人間に在るここ三百餘年、顏貌は三十の時の如し。

◎薊子訓

◇老人と對坐して白髮を黑くす

薊子訓は齊の人、少ふして嘗て任州郡に在り、郎中に除せらる、又軍に從て駙馬都尉に除せられ、人は未だ其道有るを知らず。鄕里に在るや、其行信讓、此くの如くにして三百餘年顏色老ひず人之を怪しみ、事を好む者子訓が服する藥物を發見せんこ欲するも皆遂に之を見るこミを得ず。

性淸澹を好み、常に閑居して易を讀み、又文を能くす、一日近隣の者嬰兒を抱て來る、子訓求めて之を抱き、誤つて地に落し、兒は即死す、隣家素より子訓を尊敬し、敢て悲哀の色を發せず、乃ち之を埋葬す

◇後ち二十餘日、子訓は隣家に往き之に問ふて曰く、復た兒を思ふや否やと、隣人曰く、死して既に日を積む、又思はざる也と、子訓因て外より兒を抱て其家に還る、其家人怪んで之を受けず、子訓曰く、是れ汝の兒也と、兒は其母を識り、見て而して欣笑す、母之を取て抱かんと欲するも猶疑て信ぜず。

子訓既に去り、夫婦は往て兒を埋葬せし棺中を視れば、唯一泥兒有り、長さ六七寸、此兒は遂に生長するを得たり。

◇又諸老人髪盡く白き者、子訓と對坐對談すれば、明朝其髪盡く黑し、京師の貴人之を聞き、虛心謁見を欲せざる者無し。

年少書生有り、子訓と隣居す、後ち太學生と爲りて京に留まる、諸貴人計を設けて太學生を呼び、之に謂て曰く、子の勤苦讀書するは、富貴を期せしならん、但だ子訓を召し得て來らば、汝をして勞せずして得せしむ可しと、學生之を許諾し則ち還て子訓に事へ、左右に侍する數百日、子訓は其意を知り、書生に謂て曰く、卿は道を學ぶに非ず、然るに余に事ふる何ぞ此くの如きやと、書生は意之を恥づるも、道を學ぶを以て答ふ。

◇

子訓曰く、汝何ぞ眞實を以て對へずして、妄りに虛飾を爲すや、吾れ已に具さに卿の意を知る、諸貴人我を見んと欲す、我豈一行の勞を以て、卿をして榮位を獲ざらしめんや、汝速かに京に還る可し、吾れ某日當さに往く可しと、書生甚だ喜び、辭して京に至り、之を諸貴人に告げ、某日を約す、期に至りて子訓未だ發せず。

書生の父母之を促さんとして子訓の家に詣る、子訓曰く、汝吾れの忘れて、汝が兒をして信を失し、仕へざるを恐るる乎、我れ今日食後則ち發す可しと。

◇

子訓則ち發し、半日にして二千里を行く、既に至れば書生急に往て拜迎す、子訓曰く、誰れか我れを見んと欲する、書生曰く、先生を見んと欲する者は甚だ多し、敢て枉駕せざるは、先生の到着を待て當に自ら來らんとする也と。

子訓曰く我れ千里を遠しとせずして來る、豈歩を惜まんや、我れを見んと欲する者に語れ、各人をして賓客を絕たしめば、我れ明日當に各貴人の宅に詣る可しと、書生は其言の如く、諸貴人を訪ふて各々賓客を絕ち、灑掃して時の到るを待つ可しと。

時到れば子訓果して來る、凡て二十三家、各一人の子訓有り、諸朝士各々謂ふ、子訓は最初に我家に到ると、明日朝に至りて各々子訓は何時宅に到るやを問へば、二十三人見る所皆時を同ふす、而して服裝顏貌異なる無し、唯言語は主人の意に隨て答へしのみ、即ち同しからざる也、京師の人大に之を驚異す、其神變此くの如し。

◇

諸貴人並に子訓を訪はんと欲す、子訓は書生に謂て曰く、諸貴人我を重瞳八彩と謂ふ、故に我を見んと欲す、今我を見るも道を論するに非ず、吾れ去らんと、既に門を出づれば、諸貴人の冠盖路を塞で來る。

書生曰く先生は既に去れり、彼方を指ざして云ふ、縣に乘て往く者乃ち是れ也と、諸貴人馬を走らして之を逐ふも及ぼず、此くの如くすること半日、相去ること常に一里許り、遂に及ぶ能はずして罷め還る。

子訓陳公の家に至り言て曰く、吾れ明日正午當に去る可し、陳公遠近の行なるやを問ふ。

◇

子訓曰く、一たび去て復た還らざる也と、陳公驚き悲み、葛布單衣一を以て之に贈る、到る時子訓則ち死す、屍を見れば手足腦上に交はり、伸ぶることと能はず、其狀宛かも屈鐵の如し。

又其屍より五香の芳氣を發し、遠近に達す、之を棺に納むれば、暫らくにして棺中に嗡然として雷霆の音を發し、其光り宅宇を照らす、坐人皆な頓伏す、良や久ふして其棺蓋を視れば、乃ち分裂して空中に飛び、棺中人無く、但だ一隻履を遺すのみ（完）

大正十三年八月十二日印刷
大正十三年八月十五日發行

定價金參圓

著作兼發行人　京城府黄金町二丁目百四拾八番地
青柳綱太郎

印刷人　京城府黄金町二丁目百四拾八番地
甲斐久男

印刷所　京城府黄金町二丁目百四拾八番地
隆文館印刷所

發行所　京城新聞社

仙人の遺道を伝ふる
百歳長寿法

定価　一八〇〇円+税

大正十三年　八月十五日　初版発行（京城新聞社）
平成十四年　三月二十二日　復刻版発行

著者　青柳南冥

発行　八幡書店
東京都品川区上大崎二—十三—三十五
ニューフジビル二階
電話　〇三（三四四二）八一二九
振替　〇〇一八〇—一—九五一七四